Hunkel

Das Arbeitsbuch zur richtigen Farbentscheidung

Karin Hunkel

Das Arbeitsbuch zur richtigen Farbentscheidung

als Quelle von Schönheit,
Harmonie und Gesundheit

KAILASH

KAILASH
Eine Buchreihe herausgegeben von Hajo Banzhaf

Die Zeichnungen stammen von Elke Gutbier,
die Fotos von Rut Neidhardt.

Die Deutsche Bibliothek – CIP-Einheitsaufnahme
Hunkel, Karin:
Das Arbeitsbuch zur richtigen Farbentscheidung als Quelle von
Schönheit, Harmonie und Gesundheit / Karin Hunkel. – 2. Aufl. –
München: Hugendubel, 1996
(Kailash)
ISBN 3-88034-801-4

2. Auflage 1996
© Heinrich Hugendubel Verlag, München 1994
Alle Rechte vorbehalten

Umschlaggestaltung: Zembsch' Werkstatt, München
Produktion: Tillmann Roeder, München
Satz: Uhl + Massopust, Aalen
Druck und Bindung: Jos. C. Huber, Dießen
Printed in Germany

ISBN 3-88034-801-4

INHALT

»… und war dankbar gegenüber all jenen weisen Stimmen,
die mir auf meinem Weg zugeflüstert haben.«
Dhyani Ywahoo

»Die Heilung ist ein Prozeß, kein einmaliges Ereignis.«
Anne Wilson Schaef

»Der neue Raum …
ist für jene, die ihn noch nicht betreten haben,
auch nicht wirklich sichtbar.«
Mary Daly

Vorwort

Es war im Mai '89, als ein Astrologe verheißungsvoll aus meinem Horoskop las, ich »müsse« schreiben. Mehr als fünf Jahre hat es gedauert, bis ich die ersten Zeilen dieses Buches in den Computer tippte. Die »richtige« Zeit war gekommen. Meine Fragen, Vermutungen und Zweifel, die sich im praktischen Umgang mit Farben all die Jahre vorher zeigten, konnte ich mit unermüdlichem Forschergeist in der Arbeit mit anderen Menschen beantworten und lösen.

Mit diesem Buch will ich dazu anregen, in die Welt der Farben einzutauchen. Gleichsam möchte ich das Bewußtsein schärfen für die große Kraft, die wir mit Farben für uns nutzen können. Farben erreichen uns auf allen Ebenen. Das Besondere an ihnen ist ihre **Alltäglichkeit**. Wir sind ständig mit Farben umgeben, wir sehen Farben, kleiden uns in ihnen. Wir essen und trinken Farben, drücken Musik (Klangfarbe) und sogar Gemütszustände (»Ich sehe rot«) farbig aus. Farben erregen und beruhigen, erwärmen und unterstützen uns. Sie sind allgegenwärtig und heilend wie das Licht.

Der etwas strenge Titel »**Arbeitsbuch zur** …« soll anzeigen, daß dieses Buch als Handwerkszeug verstanden werden will und Ihnen als solches dazu dienen kann, Farben für sich und andere sinnvoll anzuwenden. Es ist etwas

»Arbeit« dazu nötig, sich diesen Bereich – der genauso komplex ist, wie die Welt bunt ist – zu erschließen. Als Ergebnis sehe ich für jeden die Möglichkeit, die »**richtige Farbentscheidung**« für den gesamten Lebensbereich zu treffen.

Dabei habe ich die Vielschichtigkeit der Auseinandersetzung mit Farben miteinander verwoben, während der Bereich der Farbheilung den Schwerpunkt meiner praktischen Arbeit bildet. Den Farben sind heilende Kräfte so immanent, wie der Sonne das Licht und der Liebe die Freude. Farben helfen, in jedem von uns einen Selbstheilungsprozeß in Gang zu setzen. Jede der Spektralfarben hat eine bestimmte Aussage, Wirkung und Kraft und korrespondiert mit jeweils einem unserer Energiezentren (Chakras). Sind wir in der Lage, unsere Chakras zu aktivieren, ist die Möglichkeit, krank zu werden, nur noch gering. Farben unterstützen die Aktivierung, weil sie mit den Chakras »partnerschaftlich« verbunden sind.

Den Begriff »Heilung« benutze ich als Zustand, längst bevor der Körper Anzeichen für Erkrankungen zeigen könnte. Heilung oder ›heil sein‹ bedingt eine bestimmte Lebensweise, die jeder Mensch für sich selbst in seinem ihm möglichen Rahmen finden muß. Das Fundament wird durch ein Leben in ZuFRIE-

DENheit und Harmonie, in Wachsamkeit für die eigenen Bedürfnisse und Grenzen sowie in einem Leben mit ökologischem Bewußtsein gebildet.

Wichtig ist für mich auch die naturwissenschaftliche Sicht, den theoretischen Hintergrund der Farben zu vermitteln. Farben sind ein Naturphänomen und als solches seit Jahrhunderten erforscht worden. Viele Verwirrungen lassen sich durch die Kenntnis der physikalischen Auseinandersetzungen über Farben und das Licht klären. Die physische Erscheinung der Farben unterliegt Gesetzmäßigkeiten, die – wenn sie nachvollzogen werden können – das Wesen der Farben enthüllen.

Zu guter Letzt wollte ich das Thema »Farbberatung« so vermitteln, daß dieser Bereich aus dem Image der Oberflächlichkeit herausgehoben wird. Eine Farbberatung kann mehr sein als eine Beratung über das passende Outfit. Sie kann einen Bewußtseinsprozeß für Farben eröffnen und damit für jeden auch einen Selbstheilungsprozeß. Der Inhalt einer Beratung über Farben ist nicht damit erschöpft, die Menschheit in bestimmte Farbtypen einzuteilen und mit diesen »Schubladen« deren Glück zu verheißen. Folgen wir dem Prinzip, anderen Menschen in ihrer Entwicklung weiterhelfen zu wollen, kann eine Farbberatung nur »ganzheitlich« unter Einbeziehung der Bedeutung und Wirkung der Farben erfolgen.

Die Arbeit an diesem Buch war eine schöne und wichtige Erfahrung, aus der ich bereichert hervorgetreten bin. Sie hat mir geholfen, zum für mich »Wesentlichen« zurückzukehren. In den Wochen kurz vor der Abgabe gipfelte die Organisation des »letzten Schliffs« in einer großartigen Teamarbeit mit allen Menschen, die um mich waren. Ihnen allen gilt mein Dank. Besonderen Dank möchte ich meiner Freundin Elke Gutbier aussprechen für ihr *Feedback* durch alle Kapitel und dafür, daß sie mit Freude die Illustrationen in diesem Buch übernahm. Dank auch an Angelika Runge, die mir geholfen hat, immer klarer und präziser zu werden sowie meinem Freund aus Berlin, der wie ein Engel plötzlich da war und meine Texte rauf, runter, kreuz und quer las.

Allen Menschen, mit denen ich in den letzten Jahren Erfahrungen im Umgang mit Farben machen konnte, möchte ich versichern, daß sie den maßgeblichen Anteil an der Entstehung dieses Buches hatten. Allen gilt meine tiefe Dankbarkeit und Liebe. Nun ist daraus »mein Buch« geworden, wissend daß es ohne den Segen und »das Flüstern« der geistigen Kräfte nicht entstanden wäre. Es ist geboren und Kalli gewidmet, der meine praktische Arbeit mit Farben all die Jahre begleitet hat.

Frankfurt, Mai 1994   Karin Hunkel

I.
Farben – unsere alltäglichen Heiler

Farben mobilisieren unsere Selbstheilungskräfte

»Licht verwandelt sich in Farben,
um uns zu erfreuen,
um uns zu heilen,
um uns zu lehren,
in Schlichtheit und Schönheit,
in Liebe,
in Harmonie und im Frieden
mit uns und der Welt zu sein.«
Angelika Runge

Solange wir die Ursache aller Krankheiten ausschließlich im Körperlichen sehen, werden die feinstofflichen Schwingungen der Farben keinen Zugang zu dem **großen Heiler in uns** finden. Mit jeder Farbe, die wir unserem Körper »geben«, erfüllen wir unser Wesen mit Licht. Wir selbst sind Licht-Wesen und Farb-Körper.

Die Frage: Was sind Farben? führt uns zu dem Rätsel:

Was ist Licht? Eine eindeutige, klare Antwort gibt es weder auf die eine noch auf die andere Frage. Die Antworten sind jeweils abhängig vom Interesse und der Art, wie wir an das Thema herangehen.

Farben sind »die Kinder des Lichtes« ist im Grunde die zutreffendste Erklärung für ihre Existenz. Sie sind das – auf einem Objekt offenbarte – Erscheinungsbild des Lichtes. Das Licht der Sonne läßt uns die Erde in ihrer bunten Herrlichkeit erleben. Viel zu selten nehmen wir das große Geschenk der Farbenpracht, das uns die Natur bietet, bewußt wahr. Aber nicht nur die Natur komponiert ihr farbi-ges Lied. Wir selbst gestalten unsere Welt in den Farben, die wir lieben. Wir lassen uns von ihnen erwärmen und entspannen, stimulieren und unterstützen. Farben sind alltägliche Wunder, die uns das Licht beschert. Sie sind für alle Geschöpfe so lebensnotwendig wie Sonne, Wärme, Liebe und Nahrung.

Das Besondere der Farbwirkung liegt zum einen in ihrer **Alltäglichkeit**, die uns ständig umgibt. Zum anderen liegt es in der **Dreidimensionalität** ihrer Anwendungsmöglichkeit:

a) Sie wirken als Mittel zur **Diagnose** der organischen Verfassung und psychischen Blockaden.
b) Sie haben direkten **Einfluß** auf den Körper, die Psyche und die Stimmungen.
c) Sie sind **Ausdruck** der Chakras und somit der geistigen Entwicklung.

Zwei der drei Punkte möchte ich in diesem Kapitel erläutern. Punkt c, in dem es um die Chakras geht, finden Sie in Kapitel II des Buches thematisiert.

Farben als Mittel zur Diagnose

Anhand der Kleidung, die wir tragen, gehen wir auch immer eine Identität mit den Farben unserer Garderobe ein. Die Farbe, die wir bei einem Kleidungsstück ablehnen, ist die, mit der wir nicht »versöhnt« sind und damit genau der Farbton, der uns »fehlt«. Die meisten Menschen treffen große Unterscheidungen zwischen ihren Kleidungsfarben und denen, die sie mögen – aber niemals tragen würden. Dabei sind **gerade diese Farben** dazu geeignet, unser Bewußtsein für das im Schatten (d. h. im Unbewußten) Verborgene zu öffnen. Solange wir bestimmte Farben bei unserer Bekleidung strikt ablehnen, liegt der Verdacht nahe, daß bestimmte Gefühle, die mit diesen Farben im Zusammenhang stehen, nicht »hochkommen« dürfen und in uns verdrängt und unerledigt sind. Ist dieser Schatten »erhellt«, werden wir heil.

Ein altes Sprichwort, das auf die Kabbala zurückgeht, sagt:

»Haben wir unsere sieben Sachen beisammen, so brauchen wir nichts mehr.«[°1]

In ihm steckt die ganze Weisheit über bewußten Umgang mit Farben. Wenn wir uns mit allen Farben des Regenbogens:

Rot – Orange – Gelb – Grün – (Türkis) – Blau – Violett

versöhnt haben, fehlt uns nichts mehr. Mit anderen Worten, wenn wir alle Farben am Körper tragen können, sind unsere Blockaden, die mit ihnen auf gleicher Ebene schwingen, gelöst. Farben sind sehr sanft dosierbar und sehr fein in ihrer Kommunikation mit den Menschen, die sie nutzen. Sie sind jedoch äußerst wirkungsvoll im Resultat.

In diesem Zusammenhang möchte ich zwei amerikanische Farbtherapeuten vorstellen, deren Untersuchungen mit den Erfahrungen, die ich mit Teilnehmern meiner Seminare machen konnte, übereinstimmen:

Die Arbeiten des Psychologen Richard Frenkel ergaben, daß streßerfüllte und traumatische Situationen – im Gehirn des Menschen – offenbar zusammen mit Farbinformationen gespeichert werden. Auch ich konnte feststellen, daß schmerzliche Erfahrungen, beispielsweise im sexuellen Bereich, mit den Farben Braun, Rot und Orange gespeichert sind. Immer, wenn in der Kindheit sprachlicher Ausdruck unterdrückt wurde, ist dies zusammen mit Blau verdrängt. Bei den einzelnen Farberläuterungen führe ich diese Erfahrungen differenzierter aus.

Jacob Liberman (Farbforscher und Augenarzt) bestrahlte Menschen nicht mit der Farbe, die ihnen angenehm war, sondern mit der Komplementärfarbe[1] oder mit derjenigen, gegen die die Patienten einen Widerwillen hegten. »Manche wurden traurig, weil alte schmerzliche Ereignisse in Form klarer Träume oder intensiv erlebter Rückblenden an die Oberfläche kamen.«[°2]

Beide Farbtherapeuten sind überaus erfolgreich in der Therapie mit Farben und für uns deshalb von besonderem Interesse, weil sie mit den verdrängten Anteilen arbeiten, die mit einer Farbaversion einhergehen.

Die Komplementärfarbe hat sich auch für mich als ein wichtiger Schlüssel zur Tür der verschütteten Energien (Blockaden) herausgestellt. Im praktischen Umgang mit Farben wird klar, daß es niemals einfach nur eine Farbe ist, die abgelehnt wird. Für die Menschen, mit denen ich gearbeitet habe, stand

---

[°1] Ziffern mit ° verweisen auf das Literaturverzeichnis im Anhang.

[1] Komplementärfarben sind sog. Nachbilder, die wir sehen, wenn wir eine Farbe lange angeschaut haben (z. B. Rot) und dann die Augen schließen. Daraufhin haben wir an dieser Stelle mit geschlossenen Augen das komplementäre Nachbild »Grün« (in diesem Fall). Siehe dazu Abb. II im Anhang und die Erläuterungen in Kapitel IV.

ihre Aversion immer in enger Verbindung mit traumatischen Erlebnissen, die für nahezu alle gleich oder ähnlich waren.

Tatsächlich ist es bedeutungsvoller für die persönliche Entwicklung jedes einzelnen, sich mit der Farbe auseinanderzusetzen, **gegen** die eine Aversion besteht. Wenn wir uns nicht von der Stelle fortbewegen, an der wir uns »sicher« fühlen, hemmt dies unsere Weiterentwicklung. Eine Lieblingsfarbe ist immer der Weg des geringsten Widerstandes. Das sind die Farben, in deren Themenbereich keine psychischen Schwierigkeiten bestehen, wohingegen es sehr wohl genau die Farben sein können, die jemand wegen organischer Probleme instinktiv auswählt.

Unter der nachfolgenden Überschrift »**Auseinandersetzung mit...**« beschreibe ich Erfahrungen, die ich in der praktischen Arbeit mit Seminar-Teilnehmern machen konnte. Es sind Workshops, in denen ich durch die Selbsterfahrung der Teilnehmer die Wirkung der Farben für jeden einzelnen erfahrbar machen möchte. Die Mitglieder der Gruppe wählen zu Beginn eine Farbe aus der Palette: Braun[1], Rot, Orange, Gelb, Grün, Türkis, Blau und Violett aus, die ihnen **im Moment** am angenehmsten ist und mit der sie gerne arbeiten möchten. Daraufhin »sollen« die Personen in der Komplementärfarbe der vorher ausgewählten Farbe malen. Jedes Bild wird ausschließlich in einer einzigen Farbe gehalten, aber mit verschiedenen Nuancierungen, wie z. B. kaltes und warmes Rot. Auch die Verwendung verschiedener Materialien, wie Wasserfarbe, Wachs, Öl-, Mal- und Filzstifte, Kreide und Fingerfarbe, ist möglich.

Die Momentaufnahme der Farben, die gefallen, ist ein Seelenspiegel, kein Charakterspiegel. Sie dienen nicht dazu, Aussagen über einen Menschentypen zu treffen, sondern verdrängte Aspekte der Biographie bewußt werden zu lassen. Durch das Malen geschehen zwei farbtherapeutische Wirkungen gleichzeitig. Zum einen bringt jeder Mensch durch die künstlerische Arbeit seine Kreativität in das Bild ein.

Zum anderen wird die Farbe während des Malens intensiv über die Augen aufgenommen, organisch »verwertet« und psychisch verarbeitet. Somit befindet sich der Malende in einem Prozeß des Hineingebens und Aufnehmens. Die Teilnehmer des Seminars sind ausnahmslos Menschen, die sich auf Farben einlassen wollen oder sich schon lange mit Farben beschäftigen. Dennoch ist die erste Reaktion, im Komplementär der vorher ausgewählten Farbe malen »zu müssen«, meist schockartig.

Die Themen, die bei der Beschäftigung mit einer bestimmten Farbe »aufbrechen«, stehen immer in direkter Verbindung mit Aussagen über das Wesen des entsprechenden Chakras, dem diese Farbe zugeordnet wird oder dessen Blockaden. Die Geschichte unserer persönlichen Entwicklung ist identisch mit der Entwicklung unserer Chakras; diese korrespondieren mit dem charakterlichen Ausdruck einer Farbe. In den nachfolgenden Farberläuterungen stelle ich am Schluß immer ein paar Fragen an die jeweils »eigene Farbe«. Dadurch wird die Reflexion darüber erleichtert, ob das Prinzip einer Farbe in einem Menschen auf der psychischen Ebene »erledigt« ist.

---

[1] Ich beziehe immer auch Braun in meine Arbeit mit ein, wenngleich diese Farbe gemeinhin nicht mit den Chakras verbunden wird und auch nicht zu den Regenbogen- oder Spektralfarben gehört. Dennoch ist sie meiner Erfahrung nach starker Träger von Informationen über Blockaden, Charakter und Psyche eines Menschen.
Fällt die Wahl auf Grün, lasse ich als Komplementär zwischen Braun und Rot entscheiden.

Der Einfluß der Farben

Durch bewußte Farbwahl entdecken wir die, den Farben innewohnende Kraft und können sie für uns und andere Menschen nutzen.

Bewußte Farbwahl finden wir natürlich auch in der Werbung und in der Industrie, speziell im Verpackungsdesign. Leider ist dieser Bereich bislang noch derjenige, der die Wirkung der Farben am stärksten nutzt.

Mir geht es um die **heilende** Wirkung von Farben und ihre Anwendbarkeit für jeden einzelnen.

Meine Vorschläge zur Anwendung von Farben sind denkbar einfach nachvollziehbar. **Ich bitte Sie allerdings dringend, die angegebenen Behandlungszeiten nicht zu überschreiten.**

Unsere Psyche geht in ähnlicher Weise mit den »aufgenommenen« Farben um wie unsere Augen (siehe Kapitel IV). Wir bilden nach einer gewissen Zeit das Komplementär in uns und reagieren auch darauf. Wenn Sie beispielsweise länger als 20 Minuten unter der beruhigenden Wirkung von Grün stehen und es ist die einzige Farbe, die Sie sehen (z. B. unter einem Farblichtgerät oder einer Lampe in einem geschlossenen Raum), werden Sie nach 20 Minuten aggressiv. Die Psyche reagiert auf die Überladung durch Grün mit Abwehr, wandelt die Farbinformation in ihre Gegenfarbe um und reagiert dann auf Rot statt auf Grün. Mit der Kleidung oder beim Malen kann das nicht passieren, weil unsere Augen zwischendurch immer wieder die Abwechslung anderer Farben suchen. Ein Übermaß an Farbwirkung ist nur dann möglich, wenn wir uns bestrahlen lassen oder unsere Augen sich dem Farbeinfluß nicht entziehen können. Deshalb muß diese Art Behandlung mit größter Behutsamkeit durchgeführt werden.

Bei der Behandlung mit Farben ist es wichtig, daß wir von einem übereinstimmenden Farbverständnis ausgehen. Die Farben, von denen ich spreche, sind – wenn sie nicht anders benannt sind – **Spektralfarben** (siehe

dazu Abb. III im Anhang und die Erläuterungen in Kapitel IV). Wir kennen Spektralfarben auch als Regenbogen- oder Prisma-Farben. Von Physikern können wir lernen, daß Farben keine Materie sind, sondern nur als Schwingung in der Länge ihrer Wellen definiert und gemessen werden. Die Maßeinheit für diese Wellen sind Nanometer (*nm*). Ein Nanometer ist 1 milliardstel Meter. Der *nm*-Bereich einer Farbe geht fließend in die nächste Farbe über. Rot, mit den längsten Wellen, beginnt mit ca. 780 *nm* und ist bis zu dem Bereich von ca. 630 *nm* noch als Rot definierbar, danach wird es zu Orange. An Orange schließt sich Gelb an, gefolgt von Grün, dann Blau bis hin zu Violett. Das sichtbare Violett endet mit 396 *nm*. Danach geht es in den unsichtbaren Ultraviolett-Bereich über. Rot wird – wenn es die Wellenlänge von 780 *nm* überschreitet – zu Infrarot.

Es wird immer wieder versucht, jeder Spektralfarbe nur einen einzigen, einen idealen *nm*-Wert zu geben. Die Zahlen weichen aber durch unterschiedliche Untersuchungsvoraussetzungen bei jedem Wissenschaftler voneinander ab. Was bei dem einen ein ideales Rot mit 656,5 *nm* ist, ist für den anderen schon Orange (656 *nm* bei dem Naturwissenschaftler Hans Cousto). Ich halte es für sinnvoller, Bereichsangaben zu machen. Bei digital einstellbaren Farblichtgeräten lassen sich die Bereiche auch sehr gut optisch nachvollziehen.

Erfahrungen mit Heilkräften der Farben, die sich außerhalb des Spektralbereichs befinden, habe ich mit

Braun, Weinrot, Gold, Silber, Rosa und Weiß

gemacht.

Wie finde ich heraus, welche Farbe »gebraucht« wird?

Über ein intensives Beratungsgespräch erfahren wir von den Klienten, wo Blockaden sitzen. Sie werden hauptsächlich über die Antipathie gegen eine Farbe sowie über körperliche Leiden offenbart. Eingehende Beschäftigung mit den Chakras macht eine Querverbindung zwischen dem kranken Organ und dem in dieser Region befindlichen Chakra möglich. Jedem Chakra ordnen wir seine Farbe zu, deren Heilenergie wir dann für das betreffende körperliche Leiden nutzen können.

Eine andere, sehr einfache und überzeugende Möglichkeit, herauszufinden, welche Farbe gebraucht wird, ist, in ein Prisma zu schauen. Ein Prisma ist ein Dreieckskörper aus Kristallglas, der 1666 von Isaac Newton erstmals zur wissenschaftlichen Ergründung der Frage, was Farben seien, benutzt wurde. Fällt ein Lichtstrahl auf das Prisma, so wirft es – in der Anordnung des Regenbogens – Farben an eine gegenüberliegende Wand.

Sehe ich selbst durch ein Prisma und nehme die Farben, die in ihm gebrochen werden, auf, sehe ich entweder diejenigen Farben,

die mir im Moment zur Heilung **fehlen nicht**

oder ich sehe eine als besonders **breiten** Streifen.

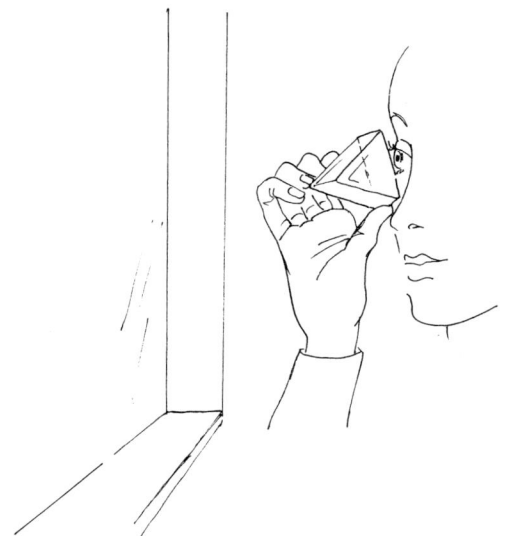

Anwendung eines Prismas

Halten Sie dazu das Prisma so wie in der obigen Abbildung und schauen Sie mit ihm auf eine **Fläche, die heller ist als der Raum,** in dem Sie sich befinden. Dies kann eine Fensterbank o. ä. sein. Auf jeden Fall muß diese Fläche weiß sein, damit sich die Farben darauf unverfälscht zeigen.

Mit diesem Experiment kann sich jeder eine Diagnose über seinen eigenen momentanen physischen Zustand stellen. Wir können von jeder Farbe, die wir nicht oder besonders breit sehen, auf eine – dem Chakra-Bereich entsprechende – organische Blockade schließen.

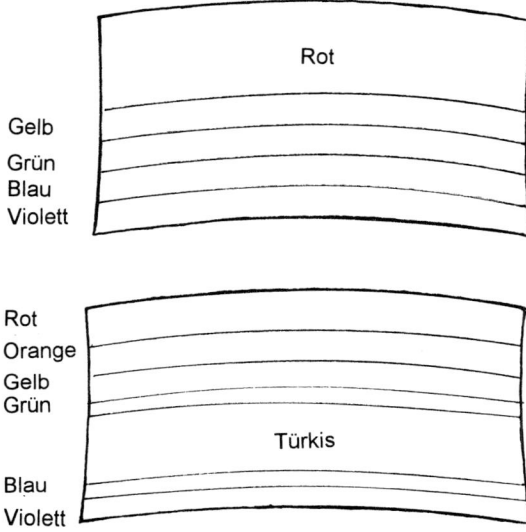

Zwei Prismenbeispiele

Im 1. Beispiel oben sehen Sie, was Sie durch ein Prisma erblicken, wenn Sie Unterleibsprobleme haben, im 2. Beispiel oben die Sicht, wenn Ihr Immunsystem angegriffen ist.

Über das Prisma ist mir ein interessanter Text »zugefallen«, der »gechannelt« wurde und den ich Ihnen am Ende dieses Kapitels (Seite 37) auszugsweise vorstellen möchte.

Haben wir herausgefunden, welche Farbe wir für die Heilung brauchen, müssen wir immer auch die Bedeutung der Komplementärfarbe als versteckte Krankheitsursache mit einbeziehen. Sie kann die seelische Ursache für die organische Krankheit sein. Nehmen wir beispielsweise »rote« Krankheiten, wie: niedriger Blutdruck, Blasenentzündung, sexuelle

Probleme – so können wir leicht sehen, daß sie eng mit einer »grünen Unterversorgung« einhergehen. Es fehlt an Liebe (= grün).

Fehlt die Farbe Gelb im Prisma und es liegt bei dem Betreffenden eine Gastritis aufgrund von Streß vor, können wir daraus schließen, daß es an Klärung und Konzentration auf das »Wesentliche« mangelt, was der Komplementärfarbe von Gelb, also Violett entspricht.

Rot – Die Kraft des Lebens

Die positive Seite der Farbe Rot ist ihre Verkörperung von Leidenschaft, Feuer und Kraft. Ihr Wärmegrad ist eher im heißen Bereich angesiedelt. Rot ist als die aktivste Farbe der Farbpalette Ausdruck von »Power«. Rot wird als »ganz weit vorn« empfunden, ist wie der Motor allen Neubeginns.

Wegen des aktiven Charakters wird Rot von den meisten Menschen als männlich angesehen, obgleich es in der Kleidung hauptsächlich an Frauen vorstellbar ist. Interessanterweise ist in Japan Rot *die* Frauenfarbe schlechthin. Auch die Hopi[1] bringen die Farbe mit einer Frau zusammen. Ihre Legende spricht von einer »roten Frau« die kommen und der ganzen Welt die »geheimen Lehren« verkünden wird. Von da an werden sich die Lager spalten in die Menschen, welche in der Wahrheit leben und die anderen, die untergehen. So lautet die Legende.

Das negative Gesicht der Farbe Rot ist von Assoziationen an Gewalt, Zerstörung, Macht und Autorität gezeichnet. Dort erinnert sie an Verletzungen, Blutopfer, Mord und Kampf.

Die organische Ebene

Auf der organischen Ebene ist Rot die Farbe des Blutes und nimmt Einfluß auf die Blutzirkulation sowie auf die Bildung des Blutplasmas. Rot unterstützt die Entstehung roter Blutkörperchen und erhöht die Pulsfrequenz sowie den Blutdruck. Es verstärkt die monatliche Periode und intensiviert die Rötung bei mangelhaft durchbluteter Haut. Bei Erkältungen steigert es das Fieber und beschleunigt somit den Heilungsprozeß.

Diese Farbe sollte von lethargischen Personen getragen werden und von jedem, der vorübergehend an fehlender Vitalität leidet, weil sie den für die Aktivität zuständigen Sympathikusnerv anregt. Rot ist die Farbe mit der größten Stimulierungskraft, insbesondere für die Genitalorgane. Es regt die Produktion der Sexualhormone an und sorgt außerdem noch dafür, länger wach zu bleiben (was sich sogenannte »Red-Light-Districts« zunutze machen). Da Rot auch eine Triebfarbe ist, sollte sie nur von Menschen genutzt werden, die mit ihren Trieben umgehen können.

Rot regt das Nervensystem an. Deshalb werden nervöse Menschen unter dem Einfluß der Farbe nervöser – auch wenn sie von einer anderen Person getragen wird. Bei einem zu erwartenden Streitgespräch sollte auf Rot verzichtet werden, sonst könnte der Gesprächspartner, wie wir selbst auch, schneller »rot« sehen. Das gleiche gilt, wenn wir mit aggressiven Menschen zusammentreffen, die cholerisch reagieren. Menschen, die sehr dominant sind, verstärken durch das Tragen roter Garderobe zusätzlich diesen Eindruck. Umgekehrt können Selbstbehauptungsprobleme mit roter Kleidung kaschiert werden.

Rot darf **nicht** bei akuten Entzündungen angewendet werden, weil es sie verstärkt. Speziell bei Blasenproblemen ist Rot als Langzeittherapeutikum zu empfehlen, jedoch sollte bei akuten Entzündungen mit Blau gearbeitet werden. Bei Akne, Geschwüren, Bluthochdruck und Couperose[2] ist das Tragen der Farbe am Oberkörper unbedingt zu vermeiden.

[1] Die Hopi sind eines der ältesten nordamerikanischen Völker.

Das Komplementär Grün

Um Zugang zu den Krankheitsursachen, die wir mit Rot behandeln, zu finden, ist es hilfreich, auf die Prinzipien der Komplementärfarbe zu schauen. Jede Farbe bildet mit ihrem Komplementär die Einheit zur Totalität – zur Ganzheit. Wird eine der beiden Farben zu stark oder ausschließlich gelebt und das Prinzip der anderen vernachlässigt, entsteht ein Ungleichgewicht, das sich in Krankheit in dem jeweiligen farblichen Organbereich ausdrücken kann. So fehlt es bei niedrigem Blutdruck und Durchblutungsstörungen an innerer Wärme, was eine Herzensqualität ist. Das Herz wiederum ist die organische Entsprechung der Farbe Grün. Der starke Harndrang bei Blasenentzündungen sind nicht geweinte Tränen (Herzeleid, Liebeskummer). Nicht zuletzt verlangt die sexuelle Stimulanz des Rot nach Liebe aus dem Herzen.

Die Auseinandersetzung mit Rot

Die Farbe ist – ähnlich einem Traum – nur das Symbol für einen Aspekt unserer Psyche und unseres Lebensmusters. Bei dem Vorschlag, sich mit Rot zu beschäftigen, erscheinen oftmals diffuse Ängste. Das kommt in den Bildern, die in meinen Seminaren entstehen, zum Ausdruck. Sie sind entweder chaotisch und wirken destruktiv oder es wird auf dem Papier weitgehend auf diese Farbe verzichtet. So wird ihr Einfluß auf ein Minimum reduziert und der Malende braucht sich nicht mit sich auseinanderzusetzen.

Die Konfrontation mit Rot vermittelt eine Ahnung, wie stark der Vulkan brodelt, auf dem man jahrelang lebensstrategisch »so erfolgreich« gesessen hat. Es ist ein großes Maß an verdrängter Wut, die nie gelebt werden durfte. »Das brave Mädchen trägt kein Rot.« Nein,

dann wäre es nämlich nicht mehr lange brav. Besonders Frauen haben verstärkt Angst vor den Konsequenzen ihrer *Power* und Aggressivität. Man(n) könnte sie nicht mehr mögen. Rot in der Kleidung bleibt sehr oft der Femme fatale vorbehalten und hat dort auch die Signalwirkung von Verführung und Leidenschaft. Rot lackierte Fingernägel und feuerrote Lippen zählen zu den »Waffen einer Frau«.

Natürlich finden wir auch bei Männern die Kombination: Vermeidung roter Kleidung und Angst vor Aggression und Impulsivität. Meist wird die Farbe jedoch von Männern lediglich aus konventionellen Gründen des beruflichen Erscheinungsbildes abgelehnt. In der Freizeit haben Männer selten Schwierigkeiten, diese Farbe zu tragen. Wenn doch, sind sie eher sachlich oder schüchtern und konfliktscheu. Den gleichen Männern fehlt es oftmals an erfüllter Erotik. Sie leiden unter starkem sexuellem Leistungsstreß. Sie haben entweder große Angst vor Impotenz oder Angst, ihre Triebhaftigkeit nicht kontrollieren zu können.

Blockaden, die in der Assoziation mit Rot deutlich werden, sind für beide Geschlechter zusammen mit früheren körperlichen und psychischen Verletzungen im Genitalbereich gespeichert. Als Erwachsener wird dann das Tragen dieser Farbe für ordinär und geschmacklos gehalten. Rot an sich ist jedoch keineswegs ordinär, sondern eine sehr kraftvolle Farbe (übrigens die erste, die wir alle als Baby sehen), die uns nicht nur auf der körperlichen Ebene anregt und vitalisiert, sondern auch seelisch Kraft gibt. Beginnen wir, unsere Kleidung rot zu gestalten, können wir unser Kräftepotential um ein großes Maß steigern.

Fragen an das eigene Rot

Kenne ich mein Aggressionspotential?
Stehe ich mit beiden Beinen fest auf dem Boden?
Lebe ich im Hier und Jetzt?
Habe ich Mut und Energie für das Neue?
Kann ich anderen Kraft geben?
Gehe ich *meinen Weg* unbeirrt?

---

[2] Als Couperose wird bezeichnet, wenn Äderchen dicht unter die Hautoberfläche dringen. Meist treten diese im Gesicht auf und schaffen ein sehr rosiges Aussehen.

Strebe ich Dominanz oder Gleichberechtigung an?

Spezielle Farbanwendungen

Gut ist, wenn die rote Farbschwingung körperlich »von unten« kommt. Rote Strümpfe und Schuhe helfen speziell gegen kalte Füße und heben obendrein den Blutdruckwert. Auch Handtücher und Badezimmerteppiche in Rot ermöglichen ein Großmaß an Aufnahme der Energie und sind – im Intimbereich – auch am richtigen Wirkungsort. Rote Decken wärmen stärker als blaue, geben aber auch keine Ruhe. Ein Bad in rot gefärbtem Wasser erweckt sofort alle müden Lebensgeister. Vorsicht: Dabei dringend auf den Pulsschlag achten, nur bei gleichzeitig niedrigem Blutdruck und höchstens 15 Minuten anwenden.

Wenn Sie eine Lampe mit einer roten Birne gemeinsam mit einer Zeitschaltuhr und Ihrem Wecker verbinden, sorgt der allmorgendliche Farbwecker dafür, daß Sie nach ca. dreiwöchiger Anwendung keine Aufstehschwierigkeiten mehr haben. Auch dies soll nur bei gleichzeitig niedrigem Blutdruck angewendet werden.

Musik Rhythmusbetonte Musik, indianische und afrikanische Trommeln »Habanera« aus »Carmen« von Bizet, »Carmina Burana« von Carl Orff

Heilton C

Speisen Erdbeeren, Granatäpfel, Himbeeren, Kirschen, rote Äpfel, Johannisbeeren, Wassermelone, Hagebutten, Preiselbeeren, roter Paprika, rote Bete, Tomaten, Rotkraut, Radieschen, Chili, Cayennepfeffer

Orange – Der Lebensfluß

Positive Assoziationen mit Orange sind Gedanken an Wärme, südländische Abendsonne und Orangen. Gegen Depressionen und fehlenden Lebensmut aktiviert Orange – zusammen mit Gelb – Freude und Kraft. Als »stand-up« ist die Farbe morgens sehr geeignet. Deshalb wird ein Orangensaft – unbewußt – meist nur zum Frühstück getrunken. Abends wird er gemieden. Da Orange auch die stärkste Leistungsfarbe ist, sollte sie von Menschen umgangen werden, die sich in sogenanntem Streß befinden. Außer jemand möchte sich mit dem, was als Streß bezeichnet wird, auseinandersetzen. Dann ist die Farbe Wegbegleiter des Prozesses, sich aus der Enge herauszubewegen.

Die organische Ebene

Orange bezeichne ich als *die* Frauenfarbe, weil ein enger Zusammenhang zwischen sogenannten Frauenleiden und dieser Farbe besteht. Wird Orange von Frauen abgelehnt, erfahre ich meist von Schwierigkeiten im Un-

terleib, wie Gebärmutter- Eileiter- und Eierstockerkrankungen. Es wird verständlich, wenn wir daran denken, daß Orange der Zugang zum 2. Chakra ist, das im Gebärbereich seinen Sitz hat. Ebenso lassen sich diese Probleme wiederum mit der Farbe heilen. Sie durchströmt den gesamten Gebärbereich mit Energie. Malt eine Frau bei Periodenkrämpfen ein Bild in Orange, entspannt sie sich so stark, daß die Schmerzen vergehen, ohne daß sie ein Mittel einnehmen muß.

Das Komplementär Blau

Die Ursache für Krämpfe im Unterleib liegt sehr oft in dem nicht ausgesprochenen Wort »Nein«. Alles sagen zu können und sich zu erlauben, ist Ausdruck eines energiestarken Hals-Chakras, das wiederum mit Blau schwingt.

Was hat nun der Hals mit dem Unterleib zu tun? Das gleiche wie Orange mit Blau. Jedes körperliche Leiden hat das Organ ausgewählt, mit dessen Hilfe uns am deutlichsten gesagt werden kann: »Schau hin.« Wenn sich ein Mensch im Kindesalter immer »klein machen«, sich selbst verstecken und verleugnen mußte, besteht als Kind nur die Möglichkeit, diesen Schmerz durch schreien auszuagieren. Ist das nicht möglich, überträgt sich das Drama des »Zusammenziehens« im Erwachsenenalter auf ein Organ, das sich für diesen Menschen ersatzweise zusammenzieht. Wurde die kindliche Situation als lebensbedrohend empfunden, verlagert sich das Krampfen später genau in das Zentrum für Lebensfluß, den Unterleib bzw. das 2. Chakra. Für Frauen bedeutet das »in der Regel« die Gebärmutter.

Die Auseinandersetzung mit Orange

Auch ich wollte vor Jahren alle Farben meiner Palette tragen, außer – mit strikter Ablehnung – Orange. Zu dieser Zeit hatte ich erhebliche Unterleibsprobleme. Mein Gynäkologe meinte, daß dafür mein »berufsbedingter Streß« verantwortlich sei. Heute weiß ich es besser. Das »zufällige« Malen eines Bildes in verschiedenen Orangetönen, ließ meine Schmerzen wie »vom Winde verwehen«. Der zaghafte Versuch, die Farbe als Kleidung nun auch an meinen Körper zu lassen, stürzte mich jedoch in ungeahnten Aufruhr. Tiefe ungeheilte Wunden verlangten jetzt nach Klärung, Läuterung und Erlösung.

Ich trug mit Absicht hauptsächlich Orange, was die Konfrontation mit dem Problem intensivierte. Außerdem gab ich mir damit die Schwingung und Energie für das 2. Chakra. Dieser Bereich war für mich einfach nicht mehr fühlbar. So unwahrscheinlich es klingen mag – aber es ist manchmal leichter, sich über Schmerzen und Arbeit zu verwirklichen, als in Frieden und im Einklang mit allen Menschen und sich selbst zu leben. Jetzt liebe ich Orange, nutze diese Kraft und gefalle mir darin. Wann immer ich trotzdem beim morgendlichen »Check-up« am Kleiderschrank Abwehr gegen die Farbe empfinde, weiß ich, daß es an der Zeit ist, mir Ruhe und Gelassenheit zu geben.

Bei Männern hat die Antipathie gegen Orange andere Hintergründe, die jedoch für einen Teil der Frauen ebenfalls zutreffen. Oft ist es die Schwierigkeit Kreativität zu entfalten, die mit der Ablehnung von Orange einhergeht. Angst, die Idee von etwas »Neuem« anzuerkennen, verhindert die Fähigkeit, der Idee Gestalt zu geben. Ebenso wie in der Schwangerschaft ein neuer Mensch in einer Frau entsteht, haben wir alle die Möglichkeit, einer neuen Idee Leben zu geben. Dieses Prinzip hat für Frauen, die keine eigenen Kinder haben wollen oder können die gleiche Relevanz wie für Männer. Das ist es, was dem Thema Orange innewohnt: Etwas »anderem« Leben zu geben. Ob es eigene Ideen sind, fremde Vorstellungen, andere Menschen oder ein Kind. Alle brauchen ihre eigene Zeit. Es geht darum, dem Fluß des Lebens Raum und Zeit zu geben.

In dem Maß, wie von Streß gesprochen wird, könnten wir auch von »permanenten Eingriffen in unseren Lebensfluß« sprechen. Wann immer wir dirigierend eingreifen, verzögern wir die Chance, uns dem Fluß unseres Daseins hinzugeben. Der Begriff »Streß« gaukelt Druck von außen vor, der real nicht existiert. Streß ist immer das Resultat eigener Überaktionen. Die Farbe Orange ist dann nicht auszuhalten, weil sie zu noch mehr Leistung anspornt. Einem Menschen, der sich im (relativen) Gleichgewicht befindet, kann dieses Stimulans willkommen sein, um das innere Pendel einmal etwas weiter ausschlagen zu lassen. Menschen unter Streß sind gemeinhin so weit von sich selbst entfernt, daß sie nicht mehr die geringste Ahnung von dem Wert innerer Stille entwickeln können. Der einzige Lichtblick und gleichfalls Ausweg scheint der Urlaub zu sein. Solche Art der Lebensführung wird meist früher oder später mit Krankheit bezahlt. Die Auseinandersetzung mit der Ablehnung der Farbe Orange kann die erste Brücke zum Erkennen der Gründe für dieses – von sich entfremdete – Leben sein.

Fragen an das eigene Orange

Befindet sich mein Leben im Fluß?
Muß ich so viel leisten, wie ich es tue?
Will ich die Sexualität, die ich lebe?
Will ich empfangen, annehmen, aufnehmen?
Will ich gebären, Existenz geben, kreativ sein?
Bin ich bereit, mich wirklich hinzugeben und Kontrolle aufzugeben?
Liebe ich meinen Körper mit meiner sexuellen Ausstrahlung?

Spezielle Farbanwendungen

Orange Unterwäsche bei den allmonatlichen Periodenschmerzen helfen, die Muskulatur zu entspannen. Orangen auf dem Frühstückstisch aktivieren die Lebensgeister schon am frühen Morgen.

Musik Arabische Klänge, Bauchtanz-Musik

Heilton D

Speisen Orangen, Mandarinen, Nektarinen, Mango, Melonen, Papaya, Aprikosen, Datteln, Karotten, Kürbis, süße Kartoffeln

Gelb – Das Licht der Sonne

Gelb steht symbolisch für Sonne und Licht. Dennoch entsteht bei der Konfrontation mit der Farbe die Angst, sie könnte die Kraft haben, die verdunkelten Seiten und unbewußten Anteile der Psyche zu »erhellen«, so daß sie an die Oberfläche kommen. Dann wird Gelb als unangenehm, grell und zu hell wahrgenommen. Menschen, die so empfinden, bevorzugen in ihrer Kleidung Dunkelblau, Schwarz und Weiß. Weiß als Stoff ist zwar noch heller, hat aber aufgrund dessen, daß es keine unmittelbaren Heilkräfte besitzt, keine einflußnehmende Wirkung auf unsere Psyche oder die Chakras. Gelb hingegen »erleuchtet«.

Die organische Ebene

Gelb ist die Farbe, die für die meisten unserer Organe heilende Wirkung hat. Sie »erleuchtet« verhärtete Strukturen und löst sie damit auf. Sie wirkt deshalb auch heilend bei Arthritis und Arthrose, wenn die Gelenkknorpel noch nicht zerstört sind. Wie die Sonne, ist sie der »große Heiler« bei Rheuma. Im Gürtelbereich können wir mit Gelb bei Beschwerden des Pankreas (Diabetes), des Magens, der Leber, Galle, Nieren und des oberen Darmbereichs arbeiten. Wie die Farbe alle Verhärtungen erhellt, löst es auch Verhärtungen im Darm.

Gelb fördert die Verdauung und steigert dadurch auch den Appetit. Sollten also Gewichtsprobleme bestehen, ist angeraten, die Farbe nur zu tragen, wenn man sich mit dem dahinterliegenden Problem auseinandersetzen will. Geschieht dies nicht, regt der Kontakt mit Gelb erneut den Appetit an und verstärkt das Problem, da man noch mehr zunimmt. Erfolgt jedoch eine Auseinandersetzung mit dem Prinzip, das mit dem gelben Bereich einhergeht, so kann die Farbe zur Heilung, d. h. letzten Endes auch zur Gewichtsreduktion genutzt werden. Dennoch ist geraten, sich Gelb nur langsam zu nähern, wenn Blockaden gegen die Farbe bestehen. Die Angst, Licht in das Dunkel der Psyche zu lassen, kann dazu führen, sich massiv zu verschließen.

Das Komplementär Violett

Gelb als die Farbe, die erhellt, hat genau das Komplementär, das als Farbe der Erleuchtung gesehen wird: Violett. Beide brauchen einander, um zum Ganzen zu werden. Das Yin/Yang-Symbol kann ich mir nicht idealer, als in diesen beiden Farben ausgedrückt, vorstellen.

20

Wenn wir die *eine* Farbe ansehen, realisiert sich die andere vor unserem geistigen inneren Auge. Verschließen wir vor dem einen die Augen, sehen wir das andere. Beide sind gleich und ihr Gegenteil. Wenn wir Gelb brauchen, fehlt uns das Helle. Haben wir genug, befinden wir uns in der Schwingung des Violett.

Yin/Yang-Symbol

Die Auseinandersetzung mit Gelb

Gelb ist eine der Farben, gegen die in meinen Seminaren anfänglich sehr große Widerstände bestehen. Ausdrücke wie »nichts mit der Farbe anfangen zu können« bis hin zu »völlig angewidert« von ihr zu sein, sind die Regel. Erst beim Malen stellt sich langsam Entspannung und ein Wohlgefühl ein, obgleich es sehr schwierig ist, Nuancierungen in das Gelb zu bringen. Fast immer ist es eine Sonne, die auf dem Bild erscheint. Gelb ist in der seelischen Qualität die Farbe der Balance zwischen Geben und Nehmen. Eine wichtige Variante beim Geben und Nehmen ist das »Loslassen« alter Vorstellungen, erschöpfter Gefühle und Menschen, die sich von einem abwenden wollen. Bei der Gelb-Aversion geht es am meisten darum, nicht »loslassen« zu können.

»Ich gebe und gebe und gebe – und bekomme nichts zurück«, höre ich immer wieder, wenn es um die »Gelb-Übung« geht. Es scheint in vielen Menschen die grundsätzliche Selbsteinschätzung vorzuherrschen, daß sie mehr geben, als sie bekommen. Von 400 Menschen sagten mir lediglich zwei, sie hätten Schwierigkeiten mit dem Geben und würden mehr nehmen oder bekommen. Hier müssen wir uns fragen, ob dieser Eindruck, den viele von sich haben, der Realität entspricht. Könn-ten wir wirklich im Übermaß geben, wenn die Balance nicht stimmte und wir nichts nehmen oder erhalten würden?

Warum auch sollten wir beim Geben etwas *zurück*bekommen? Alles, was wir geben, sollte der andere auch **behalten** und in seinem Sinne nutzen dürfen. Wir können nicht **erwarten**, etwas zu bekommen. Aber wir können lernen, ohne Bedingungen zu geben und uns von demjenigen das zu **holen,** was wir von ihm wollen oder brauchen. Bleibt dies ohne Erfolg, sollten wir aufhören, uns zu bemühen und ihn **loslassen**. **Erst durch das »Hergeben« geben wir wirklich.** Sonst sind es doch nur unsere eigenen Vorstellungen, die vom anderen erfüllt werden sollen.

Im Folgenden möchte ich Ihnen den Text »Vom Geben« von Khalil Gibran[*3] vorstellen:

»Dann sagte ein reicher Mann: Sprich uns vom Geben.

Und er antwortete:

Ihr gebt nur wenig, wenn ihr von eurem Besitz gebt. Erst wenn ihr von euch selber gebt, gebt ihr wahrhaft.

Denn was ist eurer Besitz anders als etwas, das ihr bewahrt und bewacht aus Angst, daß ihr es morgen brauchen könntet?

Und morgen, was wird das Morgen dem übervorsichtigen Hund bringen, der Knochen im spurlosen Sand vergräbt, wenn er den Pilgern zur heiligen Stadt folgt?

Und was ist die Angst vor der Not anderes als Not? Ist nicht Angst vor Durst, wenn der Brunnen voll ist, der Durst, der unlöschbar ist?

Es gibt jene, die von dem Vielen, das sie haben, wenig geben – und sie geben um der Anerkennung willen, und ihr verborgener Wunsch verdirbt ihre Gaben.

Und es gibt jene, die wenig haben und alles geben. Das sind die, die an das Leben und die Fülle des Lebens glauben, und ihr Beutel ist nie leer.

Es gibt jene, die mit Freude geben, und die Freude ist ihr Lohn.

Und es gibt jene, die geben und keinen Schmerz beim Geben kennen: Weder suchen sie Freude dabei, noch geben sie um der Tugend willen;

sie geben, wie im Tal dort drüben die Myrte ihren Duft verströmt. Durch ihre Hände spricht Gott, und aus ihren Augen lächelt Er auf die Erde.

Es ist gut zu geben, wenn man gebeten wird, aber besser ist es, wenn man ungebeten gibt, aus Verständnis; und für den Freigebigen ist die Suche nach einem, der empfangen soll, eine größere Freude als das Geben.

Und gibt es etwas, das ihr zurückhalten werdet?

Alles, was ihr habt, wird eines Tages gegeben werden; daher gebt jetzt, daß die Zeit des Gebens eure ist und nicht die eurer Erben.

Ihr sagt oft: › Ich würde geben, aber nur dem, der es verdient.‹

Die Bäume in eurem Obstgarten reden nicht so, und auch nicht die Herden auf euren Weiden.

Sie geben, damit sie leben dürfen, denn zurückhalten heißt zugrunde gehen.«

Fragen an das eigene Gelb

Kann ich nehmen, ohne zu warten, bis man mir gibt?
Nehme ich genausoviel, wie ich gebe?
Gebe ich bedingungslos?

Bin ich anderen Menschen gegenüber offen?
Nehme ich »Fremdes« an?
Lasse ich andere Meinungen gelten?
Bin ich gern freigebig?

Spezielle Farbanwendungen

Legen Sie beim Sitzen ein gelbes Tuch auf die an Rheuma oder Arthrose erkrankten Gelenke und benutzen Sie zusätzlich gelbe Handtücher.

In einer Situation, in der Sie das Gefühl oder die Angst haben, angegriffen zu werden, atmen Sie mit der ganzen Kraft Ihrer Vorstellung aus dem Solarplexus heraus die Farbe Gelb. Lassen Sie das Gelb richtig aus sich herausströmen, wie eine strahlende Sonne. Sie werden feststellen, daß man einen Bogen um Sie herum macht. Sie werden nicht attackiert. Es ist, als seien Sie durchsichtig.

Musik Harmonische Musik, weiche Stimmen (z. B. Laurie Anderson: »Strange Angels«)

Heilton E

Speisen Mirabellen, Ananas, Zitronen, Grapefruit, Äpfel, Pfirsiche, Honigmelonen, Bananen, Chicorée, gelber Paprika, Mais, Sonnenblumenöl, Eidotter

Grün – Das Herz aller Dinge

Grün ist die ruhigste Farbe, »ein mit sich zufriedenes Element«, wie Kandinsky sagte. Die grünen Bilder, die in meinen Seminaren gemalt werden, sind auch meistens die schönsten. Es gibt selten Ablehnung, sich mit dieser Farbe zu beschäftigen. Auf dem Papier erscheint die Natur in ihren unterschiedlichen Grünvarianten. Grün ist die innere Kraft allen Lebens und die Seele der Harmonie aller Existenzen. Goethe sagte es treffend in seinem Faust:

»Grau, teurer Freund, ist alle Theorie, und grün des Lebens goldner Baum.«

Die organische Ebene

Grün ist die Heilfarbe für alle Herzleiden, aber auch bei Liebeskummer. Das »gebrochene« Herz verlangt nach Grün. Da es die Grundfarbe der erblühten Natur ist, fällt es nicht schwer, uns die grüne Farbschwingung »zu geben«. Energetisch ist das Blattgrün (Chlorophyll) der Pflanzen vergleichbar mit unserer eigenen inneren Strahlkraft (Photonenemission), die über die Farben unserer Aura sichtbar wird. Menschen, die im Asphalt-Dschungel leben, erkranken in weit größerem Maße am Herzen als Dorfbewohner. In den Wintermonaten nivelliert sich dieser Unterschied wieder. Wir sollten deshalb nach Möglichkeit für Grünpflanzen in unserem Lebensbereich sorgen und grüne Speisen zu uns nehmen. Grün ist wichtig für das gesamte Nervensystem und harmonisiert uns körperlich und geistig. Es ist – neben Rosa und Gold – eine Farbe, die keine Kontraindikationen hat.

Für Hildegard von Bingen[*4] war die Grün-Kraft »Gottes ureigene Heilkraft«, die sie »Viriditas« nannte. Sie lebte als Nonne im 12. Jahrhundert in einem Kloster bei Bingen und erhielt eines Tages »Durchsagen« über Behandlungen und Rezepturen von Naturheilmitteln sowie über die Heilkräfte der Edelsteine. Ihre beiden Schriften *Physica* und *Causae et curae* geben eine Naturbeschreibung aus ärztlicher Sicht und erwähnen zahlreiche Volksheilmittel und Behandlungsmethoden. Soweit man ihre Lehre umsetzen kann, wird auch heute nach ihren Aufzeichnungen unter dem Begriff der »Hildegard-Medizin« geheilt. Grün-Kraft nennt sie alles, was im Zustand der Lebendigkeit ist: die Jugend, Sexualität, Lebensenergie, die Kraft in den Keimen, die Regenerationskraft und die Kreativität.

Das Komplementär Rot

Schlägt das Herz (Grün) durch das Blut (Rot) oder fließt das Blut durch das Schlagen des Herzens? Diese Frage ist immer wieder Gegenstand medizin-philosophischer Betrachtungen über den Menschen. Allen, auch dem Laien ist klar: Das eine bedingt das andere, wie auch in der Welt der Farben. So können wir sagen, daß genauso wie es den »roten Beschwerden« an Herzensqualität mangelt, den »grünen Leiden« die *Power* des Rotes guttäte. Denken wir an organische Herzleiden, so hat das Organ nicht mehr die nötige Kraft, ausreichend Blut in der richtigen Geschwindigkeit durch die Venen zu pumpen.

Auseinandersetzung mit Grün

Ein interessanter Aspekt ist, daß »rote Menschen« sehr enttäuscht und gelangweilt reagieren, wenn sie – statt mit ihrer Wahlfarbe Rot – mit der Gegenfarbe Grün malen sollen. Enttäuschung kommt auf, weil sie sich mit dem Grün zurücknehmen müssen. Daß die Farbe auch mit wirklicher Liebe zu sich selbst in Zusammenhang steht, bleibt ihnen vorerst verschlossen. Am liebsten würden sie dem ganzen Kurs sofort zeigen, wer und wie sie sind. Die Bandagierung durch die Beschäftigung mit Grün führt sie am Ende jedoch in den eigenen »inneren Raum«, der manchmal auch schlichtweg »leer« ist. »Rote Menschen« machen selten die Erfahrung, daß ihre Innenwelt für andere von Interesse ist. Sie sorgen ja auch – meist mit sehr viel Gepolter – für ein glanzvolles Image. Wenn es dann zu einem Zustand kommt, wo es ruhig um sie wird und die Fassade weniger schillernd ist, droht »das Haus« einzustürzen. Aber darum geht es nicht, sondern darum, sich selbst und anderen eine Tür nach innen öffnen.

Grün findet Zugang zum Herz-Chakra. Das Herz ist das Organ der Liebe und somit ist Grün der farbliche Ausdruck unserer Liebeskraft. In den seltenen Fällen, wo Grün abgelehnt wird, bestehen große Schwierigkeiten, Liebe für sich selbst aufzubringen.

Tatsächlich werde ich oft gefragt, was es heißen soll, »sich selbst zu lieben«. Ich will mich dazu nicht eindeutig äußern, aber ich möchte doch meine Verwunderung darüber ausdrücken, daß der Begriff der Liebe offenbar entweder dem Bereich der Sexualität verpflichtet ist oder ausschließlich als Gefühl für andere Menschen denkbar ist. Wir müssen uns fragen, ob wir andere wirklich lieben, wenn wir mit uns selbst nicht vorsichtig umgehen können, wenn wir es uns nicht gutgehen lassen und uns selbst behüten können. Denn all dies kann bedeuten, sich selbst zu lieben. Kennen wir unsere eigene Zartheit, d. h. die Grenze zur Verletzbarkeit? Denn »innen« sind wir alle zart.

Hildegard von Bingen hat ihren Rat so wunderbar ausgedrückt:

»Halte Deinen Tempel mit Umsicht in Ordnung,
damit jene Grünheit, mit der Du Gott
in Liebe umfängst, nicht Schaden nehme.«[°4]

Fragen an das eigene Grün

Liebe ich mit dem Herzen?
Spüre ich die Energie der Liebe in mir?
Nehme ich mich selbst an?
Strebe ich nach innerer Harmonie?
Bin ich in Balance zwischen »oben« und »unten«?
Achte ich auf meine Grenzen?
Kann ich mir und anderen vergeben?

Spezielle Farbanwendungen

Nehmen Sie das Grün der alten Kirchenfenster (z. B. in der Kathedrale von Chartres) in sich auf, da es außerdem noch Gold enthält. Im vorigen Jahrhundert haben die Gestalter der Kirchenfenster Blattgold zur Herstellung von Grün mitverwendet, um die grüne Strahlung zu verstärken. Wie wir aus der Farbheilung wissen – wirken beide Kräfte vereint harmonisierend auf das Herz.

Täglich das Grün der Natur genießen.

Musik »Ave Maria«, »Samson und Dalila«, »Madame Butterfly«, Händels »Messias«,
Clannad: »The Circle«
Michael Jackson: »Will you be there«

Heilton F

Speisen Äpfel, Birnen, Limonen, Kiwi, Weintrauben, Avocados, Blattsalat, Broccoli, Bohnen, Erbsen, grüner Paprika, Spinat, Zucchini, Kohlgemüse, Artischocken, Mangold, grüne Oliven, Kräuter

Türkis – Der »Hüter des Hauses«

Türkis wird oft – im Gegensatz zu Blau – als »sehr kalt« empfunden, obgleich Türkis erst durch den Gelbanteil im hellen Blau zu seiner Farbe wird und dadurch natürlich »wärmer« als Blau ist. Wir reagieren jedoch psychisch auf den Charakter der Farbe. Türkis ist die Farbe der antiseptischen Reinheit. Der Ausdruck »klinisch clean« trifft auf sie zu. Sie hat etwas Unantastbares, wehrt als Farbe der Abwehr den Betrachter ab.

Die organische Ebene

Der türkise Bereich ist dort, wo die Thymusdrüse sitzt. Diese Stelle ist für jeden etwas anders plaziert. Wenn wir das Wort »ich« sagen und dabei mit dem Zeigefinger auf die Mitte unserer Brust deuten, zeigen wir genau auf die Stelle, wo der Thymus liegt. Diese Drüse ist maßgeblich verantwortlich für ein gut funktionierendes Immunsystem. In ihr werden die T-Lymphozyten produziert. Zusammen mit den B-Lymphozyten, die im Darmkanal ausreifen, gehören sie zu den weißen Blutkörperchen. Sie haben für uns physischen Schutzcharakter.

Die fortwährend ablaufenden Immunreaktionen in unserem Organismus machen uns unempfindlich gegen eindringende Erreger und Toxine. Fremdstoffe (wie Eiweiß) und fremde Zellen werden abgewehrt und vernichtet. Ist die Abwehr geschwächt, bilden sich beispielsweise Allergien.

Leidet ein Mensch unter Allergien, erhebt sich die Frage, ob er sich gegen den Einfluß, in dem er lebt, nicht anders wehren kann, als über eine »Abwehr«-Krankheit. Sicher ist es bei schweren Erkrankungen nicht allein ausreichend, einen türkisen Pullover oder ein Tuch in dieser Farbe zu tragen. Ich konnte jedoch feststellen, daß Menschen mit schwacher »Abwehr« die Schwingung der türkisen

Farbe spürbar hilft, sich zu stärken. Häufige grippale Infekte können mit der Farbe genauso ferngehalten werden, wie Einflüsse, vor denen man sich schützen will. Die Farbe wirkt auch antiseptisch, weshalb sie bei Akne – am Oberkörper getragen – empfehlenswert ist. Der indische Farbtherapeut, Dinsha Ghadali, beginnt z. B. alle Bestrahlungen bei akuten Erkrankungen mit Türkis, um die Entzündung zu stoppen und einen Weg für alle weiteren Farben zu bahnen.

Auseinandersetzung mit Türkis

Bestehen Schwierigkeiten, sich selbst gegen andere abzugrenzen, wirkt die Farbe wie ein Spiegel, in dem wir sehen, was uns selbst nicht gelingt. Wenn man sich im Alltag gegen die Anforderungen anderer nicht behauptet, kann dies zu Skepsis und Mißtrauen führen. Der Weg zur eigenen Mitte wird dann schwierig und erst recht das Durchsetzen eigener Vorstellungen. Die Anwendung der Farbe hilft, sich zu wehren und »nein« zu sagen.

»Sich zu wehren« klingt wie eine Kampfansage. Wehren kann aber wichtig werden, um »bei sich bleiben« zu können. Viel Stärke und Sicherheit sind nötig, um sich mit seinem ganzen Sein zu akzeptieren und nach außen zu öffnen. Wenn wir von unserem Ist-Zustand ausgehen und einfach annehmen, wer und was wir sind, erlangen wir Kraft und Sicherheit. Türkis-Ablehnern fällt diese Sichtweise schwer. Sie machen sich oft zum Spielball der Meinungen anderer. Kein Mensch hat jedoch das Recht, einen anderen zu verändern. Wenn mir jemand in seinem Verhalten nicht gefällt, sollte ich mich *wegdrehen*, statt den anderen *zurechtzudrehen*. Wird die Farbe in der Kleidung getragen oder darin gemalt, erfährt man sie bei sich selbst zuerst als Reserviertheit. Später gelingt dann die Konzentration auf die eigenen Bedürfnisse.

Fragen an das eigene Türkis

Spüre ich fremde, für mich ungünstige Einflüsse?
Verhalte ich mich bereitwillig entsprechend den Meinungen anderer?
Kann ich mich schützen?
Kann ich andere beschützen?
Wehre ich mich rechtzeitig?
Bin ich hellwach und aufmerksam?
Kann ich »bei mir« bleiben?

Spezielle Farbanwendungen

Besonders empfehlen kann ich das Tragen eines Türkis-Steins direkt auf dem – oder in der Nähe des – Thymus. Es ist gleich, ob im Stein mehr Gelb- oder mehr Blauanteile sind.

Heilton OM-Ton (Ist auch gleichzeitig Heil-Frequenz für das Herz.)

Es gibt keine »Abwehr«-Musik und auch keine türkisen Speisen.

Kleiner Exkurs über das »Acquired Immune Deficiency Symdrom«:

Türkis kann HIV-infizierte Menschen gegen die sogenannten »opportunistischen« Erreger stärken. Das HIV (Humanes Immundefizienz Virus) ist ein erworbener Defekt des Immunsystems, eigentlich ein Immundefekt-Syndrom. Dieses Virus schädigt an sich nur die sogenannten »Helferzellen«. Wenn die Helferzellen bei dem »Erstangriff« auf das Immunsystem jedoch versagen und dem Angriff unterliegen, machen die Erreger die Erkrankten in ihrer Abwehr so schwach, daß sie besonders anfällig für die verschiedensten Infektionskrankheiten werden, woran sie letztlich auch sterben. Man sagt dann, sie seien an AIDS gestorben, was nicht ganz richtig ist. Der Erkrankte leidet an einer oder an mehreren spezifischen Krankheiten – wie z. B. Lungenentzündung, Pilzerkrankungen der Speiseröhre oder des Darms, Erkrankungen des Gehirns wie Toxoplasmose (Gehirnschwund) oder Cytomegalie (Viruserkrankung im Gehirn, die mit Erblindung beginnt), Geschwülste wie Karposi-Sarkom (Hautkrebs) oder Lymphknotentumor –, gegen die der Körper irgendwann keine Kraft mehr hat, anzukämpfen.

Die Mittel, die verabreicht werden, sollen zwar die Krankheit zerstören, zerstören den Kranken aber gleich mit, weil sie zusätzlich die Abwehr drastisch reduzieren. Die Krankheit wird zwar behandelt, doch wird die Abwehr nicht aufgebaut, weil dies mit den verabreichten Mitteln gar nicht möglich ist. Dennoch ist es bislang die am häufigsten praktizierte Möglichkeit, das Leben eines Menschen mit einem Immundefekt-Syndrom zu verlängern.

Eingangs sagte ich, daß wir auch bei einer HIV-Infektion Türkis geben können. Natürlich weiß ich, daß mit Türkis AIDS nicht *geheilt* werden kann. Wir können aber mit Türkis – und allem, was uns zur Verfügung steht – die Abwehr stärken. Darüber hinaus muß sich jeder vor Infektionsmöglichkeiten schützen. Menschen mit »schwacher Abwehr« sind in jedem Fall gefährdeter als solche mit intaktem Immunsystem. Ich denke, daß die Statistik der Risikogruppe »Homosexuelle, Fixer und HWG-Personen[1]« äußerst oberflächlich und tendenziös ist. Damit kann sich die »normale« Bevölkerung schnell und zufrieden in die Gruppe der nichtbetroffenen »Saubermänner« fügen.

Selten werden differenzierte Untersuchungen bei am AIDS-Syndrom erkrankten Homosexuellen durchgeführt. Litten sie vielleicht früher an Gonorrhoe, Hepatitis B oder anderen Krankheiten, die man mit Medikamenten behandelte, wodurch das Immunsystem zerstört wurde? In unseren Zeiten haben junge Menschen kaum mehr die Möglichkeit, Immunität auf natürlichem Wege – beispielsweise über eine Maserninfektion – aufzubauen. Sie werden als Baby schlichtweg gegen alle Kinderkrankheiten geimpft. Liegt nicht auch in den Schutzimpfungen eine Gefahr für das Immunsystem?

Es ist mittlerweile bekannt, daß hauptsächlich junge Menschen sehr schnell am AIDS-Syndrom sterben. Untersuchungen, deren Interesse nicht darin bestünde, AZT und DDC (AIDS-Mittel) zu verkaufen, könnten die bisherigen Statistiken in ein völlig anderes Licht rücken. Jetzt scheint die »Schuld« in dem – nicht als normal geltenden – Sexualleben der Betroffenen zu liegen.

Ein HIV-Infizierter muß erst einmal die Liebe zu sich selbst rückgewinnen. Mit dieser Liebe (gesunde, körperliche wie geistige Ernährung) und Achtsamkeit für die eigenen Grenzen (Auswahl der Sexualpartner) kann auch die Abwehr gegen negative Einflüsse von außen gestärkt werden, was sich stärkend auf die organische Abwehr auswirkt. Meiner Überzeugung nach kann dies ein Schlüssel zur Wandlung und Heilung sein. Wenngleich meine Erfahrung mit HIV-Infizierten dahin geht, daß sie sehr schwer an den »eigenen Heiler in sich« glauben können, bin ich doch sicher, daß es Rettung und Leben für sie gibt. Ich möchte nicht darüber streiten, ob es bislang Heilung von AIDS gibt. In jedem Fall besteht die Möglichkeit, den Erkrankten in Liebe und Hingabe so viel Zeit und Auseinandersetzung mit sich selbst zu ermöglichen, daß sich daraus für sie eine Chance entwickelt, ihr Leben zufrieden abzuschließen.

Blau – Unendlich weit, unfaßbar tief

Blau als »Himmelsfarbe« ist Sinnbild für Weite und Freiheit. Blau wird dem Himmel im religiösen Sinn zugeordnet. Es ist aber auch die Farbe des Meeres und damit Symbol für Tiefe und Ernsthaftigkeit. Blau symbolisiert die Sehnsucht und die Farbe der Träume. Das helle Blau hat etwas Leichtes, Beglückendes, Träumerisches und führt nach außen und nach

---

[1] HWG ist ein soziologischer Ausdruck und steht für häufig wechselnden Geschlechtsverkehr.

oben. Wird sie dunkler, geht sie weiter nach innen. Yves Klein sagt über Blau: »*Hinter dem Blau ist mehr, als das Auge trifft.*« Er wurde bekannt als Maler, der das ultimative Blau fand.

Die organische Ebene

Beim Betrachten von Blau tritt auf der organischen Ebene vegetative Beruhigung ein. Blau wirkt entspannend, beruhigend und klärend. Herz- und Pulsschlag verringern sich, ebenso senkt sich der Blutdruck. Blau drängt das Blut gewissermaßen von einer Hyperaktivität zurück in »low motions«. Mit Blau wird die Atmung gleichmäßig und tief. Es verhilft dem Körper zum trophotropen (Ruhe-)Zustand. Die ganze Physis wird auf Erholung eingestellt. Deshalb können wir mit Blau auch leichter einschlafen und ruhiger durchschlafen. Wenn Aufregung oder Erregung erwartet wird, hilft dagegen, einfach ein blaues Kleidungsstück zu tragen, um die »Wogen zu glätten«. Es beruhigt nicht nur Sie selbst, sondern auch Ihr Gegenüber. Sind Sie jedoch müde und erschöpft, sollten Sie auf Blau verzichten.

Couperose und Akne pulsieren unter Einfluß von Blau nicht mehr so stark. Bei Akne verringert die Farbe sogar die Entzündlichkeit. Überhaupt wirkt Blau gegen jede Art von Entzündungen, besonders jedoch im Hals- und Kopfbereich. Je stärker sie sind, desto dunkleres Blau sollte zur Anwendung kommen. Das dunkle Indigoblau, das immer auch eine unmerkliche Spur Violett enthält, fördert die Heilung in jedem Fall mehr. Machen Sie die Verwendung der Farbe von der Stärke der Beschwerden abhängig.

Das Komplementär Orange

Orange erhält besondere Aufmerksamkeit als Ausdrucksfarbe für »hohe Leistungen« bei der Schilddrüsen-Überfunktion, einer »blauen Krankheit«. Menschen, die unter dieser Erkrankung leiden, sind **seelisch** schon lange überfordert. Nicht nur der Körper befindet sich bei ihnen im Streßzustand, sondern auch die Seele. Der Zusammenhang zwischen den beiden Komplementärfarben ist, daß Streß als »orange Krankheit« die Ursache für das Krankheitsbild sein kann, das sich im blauen Bereich befindet. Es ist erstaunlich, daß diese »Störung« überwiegend von Frauen gewählt wird. Als erstaunlich kommt hinzu, daß Orange **die** Frauenfarbe ist. Frauen mit Schilddrüsen-Problemen erlauben sich nicht zu sein, wer sie sind. Ihr Anspruch an sich selbst ist sehr hoch und befindet sich eigentlich »neben ihnen«. Sie haben keinen Zugang zu ihren Bedürfnissen und Grenzen. Das Idealbild, das sie von sich geschaffen haben, hat keine Ähnlichkeit mit ihrem wahren Wesen, somit können sie diesem Bild nicht gerecht werden.

Auseinandersetzung mit Blau

Trotz der positiven Symbolkraft und beruhigenden Wirkung von Blau transportiert die Auseinandersetzung mit der Farbe eine weite Palette unangenehmer Gefühle an die Oberfläche, wenn die Prinzipien der Farbe nicht gelebt wurden oder gelebt werden können. Das bloße Auflegen eines blauen Tuches kann dann zu heftigsten Reaktionen führen. Es treten Atemnot und asthmatische Anfälle auf. Plötzliche Weinkrämpfe sind ebenfalls keine Seltenheit. Für die Beteiligten ist es erst mal unfaßbar, daß sie so stark auf »einfach nur« die Farbe Blau ansprechen. Aber es ist eben niemals einfach nur die Farbe, die wirkt. Ich brauche nur zu fragen, ob es etwas gibt, das die Person zwar unbedingt sagen möchte, aber zurückhält. Sofort wird ihr deutlich, worum es geht und die Ursache für ihre Verfassung kann ihr bewußt werden.

Vielen Menschen »bleibt« in den unterschiedlichsten Situationen einfach »die Luft« oder »die Sprache weg«. Im Beruf, beim Vorgesetzten, in der Partnerschaft oder in der Kindheit zieht man es oft vor, an sich zu halten, statt zu schreien, etwas zu sagen oder in einem Gespräch zu einer Klärung zu kommen. Gemeinsam mit Blau ist diese Selbstverleugnung gespeichert und kommt bei der Beschäftigung mit der Farbe sofort an die Oberfläche.

Die Frage drängt sich auf: Warum passieren diese starken Farbreaktionen nicht auch im täglichen Leben, beispielsweise beim Kleiderkauf? Im Grunde passieren sie jedesmal dann, wenn wir eine Kleidungsfarbe ablehnen. Der Unterschied zur Einkaufssituation liegt darin, daß bei intensiver Auseinandersetzung mit der Farbe klar wird, daß es nicht das Kleidungsstück ist, das abgelehnt wird, sondern mit dessen Farbe ein tiefliegendes Problem.

Die Ursache für Antipathie gegen Blau kann auch fehlende innere Ruhe sein. Manchmal entsteht das Gefühl, daß mit Blau alle Kraft aus den Gliedern gezogen wird. Es ist eben auch eine kühle »Kopffarbe«, die »roten« und »orangen Menschen« oft einfach zu introvertiert ist. Dabei wäre dieser ruhige Ausgleich gerade für sie hilfreich.

Fragen an das eigene Blau

Bin ich klar in meinen Worten?
Strahle ich Ruhe aus?
Bin ich ein guter Zuhörer?
Fällt es mir leicht, zu reden, ohne geschwätzig zu sein?
Bin ich identisch mit dem, was ich sage?
Kann ich schweigen?
Spreche ich die Wahrheit?

Spezielle Farbanwendungen

Bei Halsschmerzen sollte ein blauer Schal (Tuch) getragen werden.

Blaue Bettwäsche entspannt und beruhigt, hilft gegen Einschlaf- und Durchschlafschwierigkeiten.

Schauen Sie so oft wie möglich in das ferne Blau des Himmels. Es beruhigt, schafft Weite im Geist und entspannt die Augen.

Durch eine indigoblaue Folie zu schauen, wirkt bei starken Kopfschmerzen oder beginnender Migräne Wunder.

Musik des Blau	Obertonmusik, Vokalgesang, beides in hoher Tonlage (wie die Nachtigall)
Musik des Indigo	Klänge in heilender Harmonie, sphärische Klänge
Heilton des Blau	G
Heilton des Indigo	A
Blaue und Indigo-Speisen	Heidelbeeren, Brombeeren, schwarze Johannisbeeren, Pflaumen, Feigen, Weintrauben, Holunder, Auberginen, Kohlrabi, schwarze Oliven

Violett – Die Vereinigung

Violett gilt als »hohe« Farbe und diente – ob im Hinduismus oder in der katholischen Kirche – als farbliches Symbol der Verbindung zu Gott. Sie gilt als Vereinigungsfarbe zwischen dem warmen Rot und dem kalten Blau und wurde deshalb auch Ausdruck der Vereinigung von Gegenpolen, wie weiblich/männlich, geistig/körperlich, himmlisch/irdisch.

Violett hat viele Varianten, die jeweils eigene Namen tragen. Durch Erhöhung des Rotwertes erhalten wir ein Purpur oder Magenta[1]. Durch stärkeres Blau plus Weiß wird es zu Lila oder Flieder. Lassen wir es dunkler werden, nähert es sich der Farbe Indigo.

Die organische Ebene

Mit den kürzesten Wellen hat Violett die Kraft, sogar auf die Zellstruktur einzuwirken. Dies ist aber nur möglich, wenn die Farbe aus einer

---

[1] Magenta ist vergleichbar mit kräftigem, dunklem Pink zu Violett tendierend. Es entsteht, wenn wir zu Violett mehr und mehr Rot hinzugeben.

Lichtquelle kommt – etwa mit einem Farblichtgerät. Erstaunliche Erfolge werden damit bei Cellulitis erreicht. Unterstützend wirkt dabei auch die entwässernde Eigenschaft der Farbe. Besteht der Wunsch abzunehmen, wirkt Violett – egal, wie es angewendet wird – unterstützend.

Die psychische Ebene

Der Anwendungsbereich von Violett liegt weniger auf der körperlichen als auf der psychisch-geistigen Ebene. Die Farbe hilft, sich besser zu konzentrieren und auf sich selbst besinnen zu können. Damit erleichtert sie auch den Prozeß der Abnabelung bei einer Trennung. Achten Sie jedoch darauf, die Farbe nicht zu lange zu tragen, weil die Gefahr besteht, anderen Menschen nicht mehr nahe zu kommen. Von egoistischen Menschen wird sie gern als Haupt-Kleidungsfarbe bevorzugt. Um von dieser Schwingung wieder wegzukommen, sollten Sie auf Braun und Rot überwechseln.

Violett wird oft als Farbe bezeichnet, die den Zustand der Meditation erleichtern oder gar ermöglichen soll. Das kann ich nicht bestätigen. Ich denke, daß dieser Glaube entstand, weil die Farbe dem 7. Chakra zugesprochen wird, was mit höchster geistiger Entwicklung in Zusammenhang gebracht wird. Für mich gibt es keine hohen oder niederen Chakras. Sie sind gleichwertig. Wenn unser Geist eine höhere Stufe der Entwicklung in der Meditation erreicht, sind wir bereit, »im Hier und Jetzt« auf dieser Erde zu leben. Wir brauchen für unser geistiges Wachstum alle anderen Farben mindestens ebenso nötig wie Violett, wenn nicht gar nötiger.

Violett, zu Flieder aufgehellt, bekommt etwas sehr Leichtes, was uns ebenfalls leicht macht. Ist jemand bis hin zur sozialen Starrheit festgewurzelt, nimmt die Farbe dem Zustand die Schwere und das Leben bekommt mehr Lebendigkeit. Umgekehrt ist bei fehlender Bodenständigkeit oder »Erdung« dringend von ihr abzuraten.

Verstärken wir den Rotwert des Violett bis zum Magenta, erhalten wir in ihr eine »Notfall«-Farbe, die ähnlich dem Rescue der Bach-Blüten[1] wirkt. Eigentlich gehört ein Tuch in dieser Farbe in jede Reiseapotheke und in jedes Auto. Die Farbe hat auch die Kraft, Gedanken negativer Art abzuwehren, die von außen kommen. Der Unterschied zum Schutzcharakter von Türkis liegt darin, daß sie auf einer subtileren Ebene wirkt. Sie bietet Schutz gegen Gedanken, die schneller und feinstofflicher sind als das Licht. Sollten Sie also einmal erfahren oder wissen, daß es einen Menschen gibt, der »schlecht« über Sie denkt oder redet, können Sie sich mit dieser Farbe vor ihm schützen. Wollen Sie Magenta nicht tragen, können Sie lernen, die Farbe zu imaginieren.

Aura-Seher und -Leser sagen, daß Magenta die Farbe sei, die sich – wie eine Eierschale Eiweiß und Dotter schützt – als Hülle um alle Farben der Aura legt. Die Vorstellung, uns in einem magentafarbenen Ei zu befinden, gibt uns das Gefühl, sicher wie in »Abrahams Schoß« zu sein. Magenta ist – stärker als Violett – die Integration des warmen Rot mit dem kalten Blau.

Das Komplementär Gelb

Der entgegengesetzte Pol der Farbe für Spiritualität und geistige Entwicklung kann nur die Farbe der inneren Strahlkraft sein: Gelb.

Wenn wir unsere eigene innere Sonne frei von Blockaden scheinen lassen können, so daß Liebe für alles und jeden in uns überströmt, erfahren wir die Göttlichkeit, die der Farbe Violett zugesprochen wird.

---

[1] Die Bach-Blüten sind 38 Essenzen, entwickelt von Dr. Edward Bach, die regulierend auf die Charakterstruktur einwirken und dadurch die Selbstheilungskräfte so weit mobilisieren, daß die Ursachen für Krankheiten aufgehoben werden. Rescue ist eine Mischung aus mehreren dieser Essenzen, die bei Notfall-, Angst- und Schocksituationen unmittelbar hilft.

Auseinandersetzung mit Violett

Zwei Themen, die in der Kindheit und Pubertät problematisch waren, sind mit dieser Farbe eng verknüpft. Das eine ist die Beschäftigung mit der Frage nach der eigenen möglichen Homosexualität, die für viele Jugendliche beiderlei Geschlechts in einem bestimmten Alter zentralen Raum einnimmt. In diesem Zusammenhang gemachte Erfahrungen können keineswegs immer positiv verarbeitet werden. Übrig bleiben die verdrängten Anteile, die später Ablehnung verursachen. Violett kann in diesem Fall nur noch als Farbe der Homosexualität gesehen werden und muß dann natürlich abgelehnt werden. Tatsächlich haben Homosexuelle (hauptsächlich Männer) eine Zeitlang Violett als »ihre Farbe« bezeichnet.

Der militante Flügel der Frauenbewegung der siebziger Jahre hat Violett ebenfalls als »die Frauenfarbe« auserkoren. Auch sie hatten sich zu dieser Zeit mit ihren Interessen vorwiegend auf das eigene Geschlecht besonnen, zwar größtenteils kämpferisch gegen das andere und nicht grundsätzlich homoerotisch. Dennoch hielt sich die Farbe Violett lange als Symbol der Abgrenzung und Kampfbereitschaft gegen das andere Geschlecht.

Die Antipathie gegen Violett geht zum anderen einher mit dem – in der Kindheit häufig erlebten – Zwang zur Religiosität. Erst die spätere Rückgewinnung einer Gottesbeziehung und vor allem eigene Gotteserfahrungen erlösen das Violett von seiner »geheimnisvollen Macht«. Gott und der Glaube an ihn sind in der westlichen Welt vorwiegend zu einer Beschäftigung alter Menschen geworden.

Die großen Weltkirchen haben in beträchtlichem Maße dazu beigetragen. Erst der amerikanische Einfluß der letzten Jahrzehnte auf unsere, meist junge, Bevölkerung hat Religiosität wieder »gesellschaftsfähig« gemacht. Natürlich sind die kirchlichen Institutionen schnell bereit gewesen, die Bewegungen des »New Age« und der Sanyassin[1] mit ihren unterschiedlichen Gruppierungen in die Ecke der Sekten und der Scharlatanerie zu drängen.

Dadurch kamen diese Gruppen in den Geruch krimineller Vereinigungen, was Neugierige abschreckte.

Gemeinsam zu beten und Lieder zu singen, bringt uns Gott freilich nicht näher. Die Erfahrung Gottes muß jeder in und mit sich selbst machen. Dazu ist nicht unbedingt eine Religionsgemeinschaft nötig. Es geht immer und überall darum, ob das Gesagte gelebt wird und ob dies aus dem Herzen heraus geschieht. Wir sind keine besseren Menschen, wenn Bilder von Jesus Christus, Buddha, OSHO oder Sai Baba unsere Zimmer zieren, und wir sind auch keine schlechteren, wenn sie fehlen. Ebensowenig sind Meditation und eine Edelsteinsammlung Indizien für spirituelles Leben. Den göttlichen Funken in sich selbst zu erkennen, ist eine Gotteserfahrung, die nicht enden will. Diese Art Religiosität hat nichts mit dem zu tun, was uns die Kirchenväter erzählt haben. Wir können vielleicht Christen und Anthroposophen »werden«, wir können aber auch einfach »sein«, was wir sind, und damit eins sein in Gott.

Fragen an das eigene Violett

Habe ich das Vertrauen, »geführt« zu werden?
Kann ich Gott an-erkennen?
Lebe ich selbstverantwortlich?
Welchen Stellenwert haben für mich materielle Werte?
Was ist meine Lebensaufgabe?
Kann ich aus dem, was geschieht, lernen?
Bin ich angstfrei?

Spezielle Farbanwendungen

Keine.

---

[1] Sanyassin nennen sich die geweihten Anhänger von Bhagwan Shree Rajneesh (seit ein paar Jahren OSHO genannt). Mit der Weihe (Celebration), die mit dem Annehmen eines indischen (spirituellen) Namens einhergeht, ist die Realisierung eines bestimmten Lebenskonzeptes verbunden, das Heilung sowie die Erfüllung von Lust für sich und andere integriert. Im Sinne OSHOs bedeutet Sanyassin: Die Suchenden.

Heilkräfte außerhalb des Spektralbereichs

Außerhalb des Spektralbereichs gibt es noch einige – von mir als Heilkräfte erfahrene – Farben, die auf der psychischen statt auf der körperlichen Ebene wirken:

Braun – Die Wurzel des Lebens

Grundsätzlich kann ich sagen, daß mit keiner anderen Farbe psychisch mehr abgespeichert und verdrängt wird als mit Braun. Viele Menschen – besonders Frauen – reagieren absolut ablehnend, wenn durch die Farbtyp-Bestimmung klar wird, daß sie ein »Herbst« sind und sich alle Braunvarianten ideal für ihre Kleidung eignen.

Dabei ist Braun weder eine »kranke« Farbe (als die sie manchmal bezeichnet wird), noch macht sie krank. Sie ist auch keine »schmutzige« Farbe, nur weil sie oft eine dunkle Tönung hat. Im Gegenteil: Sie ist eine sehr warme Farbe mit vielen gelben und roten Anteilen und außerdem – neben Grün – die Hauptfarbe unseres Planeten.

Wir sind auf dieser Erde geboren, nicht um in den Himmel abzuheben, sondern um mit beiden Beinen fest auf ihr zu stehen. Die Urkraft unseres Seins beziehen wir von »unten« aus dem Braun und dem Rot. Das rote Chakra ist unser aller Anfang und *unsere stete Lebensbasis*. In diesem Bereich müssen wir uns mit der »harten Welt« auseinandersetzen. Hier beginnt auch die Versöhnung mit unseren Einsichten und der Erlösung verschütteter Energien.

Braun ist die Farbe von »Mutter Erde«. Das gesamte Erdreich, der Sand der Wüste und die Stämme und Äste der Bäume zeigen sich uns in allen Braun-Varianten. Die industrialisierte Welt hat jedoch schon seit Generationen den Bezug zur Erde verloren. Trotz alarmierender Berichte über die allmähliche Zerstörung unseres Planeten, setzt unsere individuelle Erkenntnis nicht in dem Maße ein, wie sie notwendig wäre, um die Natur zu retten und zu heilen.

Die Ureinwohner Amerikas[1] sind das einzige Volk auf der Erde, deren Hauptaufgabe es ist, ihr Leben so zu gestalten, daß weitere sieben Generationen genauso gut leben können, wie sie selbst. Uns gelingt das nicht einmal für die Generation, der wir selbst angehören. Es gibt in Nordamerika Stämme, die heute noch keine Elektrizität und auch keine Wasserleitungen haben. Nicht etwa, weil sie derart rückständig seien, nein, weil sie überaus »fortschrittlich« leben. Sie sagen: »Wenn ich das Wasser aus dem Fluß holen muß, achte ich darauf, daß er sauber bleibt. Wenn ich die Energien auf der Erde sparen will, lebe ich mit Licht und Finsternis der Natur.«

Die Ureinwohner Amerikas haben keine Probleme mit der Farbe Braun. Sie ist auch heute noch ihre häufigste Kleidungsfarbe.

Die Aversion gegen Braun geht meist einher mit einer fehlenden Beziehung zur Natur und zur Natürlichkeit in sich selbst. Frauen entwickeln diese Antipathie, wenn Aspekte ihrer Weiblichkeit abgelehnt werden oder nicht zum Tragen kommen. Das Thema »Mutter« drängt sich im Zusammenhang mit der Farbe immer wieder in den Vordergrund – ob es die eigene Frauen- und Mutterrolle ist oder die Beziehung zur leiblichen Mutter. Wenn der

---

[1] Die Ureinwohner Amerikas werden von den Weißen schlichtweg Indianer genannt, was ihren Stammes- und kulturellen Unterschieden keineswegs Rechnung trägt. Die USA feierten erst kürzlich ihr 200-jähriges Bestehen, womit sie einen Zeitraum zelebrierten, der begann, als die eigentlichen Einwohner Amerikas bereits ausgerottet waren. Die Weißen, die vor ca. 500 Jahren beschlossen, dieses Land für sich zu erobern, waren anfangs ausnahmslos Europäer (!), die aus den verschiedensten Gründen Europa verlassen mußten und in dem neuen Kontinent ihre zweite Lebenschance zur Existenz sahen. Bevölkert war das Land jedoch lange vorher. Die »Vereinten Nationen« der Irokesen dienten Benjamin Franklin zum Vorbild für den Zusammenschluß der USA. Der Bund der Irokesen wurde spätestens Mitte des 15. Jahrhunderts gegründet.

Mutterbegriff negativ besetzt ist, können wir immer von einer Blockade sprechen.

Die Fruchtbarkeit der Frauen liegt in der Möglichkeit zur Mutterschaft. Damit will ich nicht sagen, daß Mutterschaft gleich Natur sei und Kinderlosigkeit widernatürlich. »Mutter« ist nicht nur ein Wort oder ein Name oder ein Begriff. Es ist das Geschöpf, welches sich bereit erklärt, uns das Leben zu geben, dessen wir hier auf Erden bedürfen, um unseren Weg gehen zu können.

Alle Frauen tragen genau dieses Potential in sich. Sie können – und sollten selbst – entscheiden, ob sie es nutzen oder darauf verzichten möchten. Wenn allerdings – durch Konventionen, Partner oder Eltern – über die Frau hinweg entschieden wird, ob sie schwanger sein darf bzw. soll oder nicht, führt das zu Verwundungen der weiblichen Psyche. Die Frau muß mit dem Potential, Kinder gebären zu können, frei und selbstentschieden umgehen können.

Wird das verhindert, entsteht eine Wunde in ihrem »braunen Thema«. Die Auseinandersetzung mit dem Bild, sich als Mutter zu sehen, bleibt unerledigt. Ist die Wunde erst einmal »verbunden« (versteckt), wird die Farbe Braun künftig einfach abgelehnt. Das Problem bleibt unbearbeitet – aber noch lange nicht geheilt.

Ein ähnliches Drama wird mit Braun an die Oberfläche transportiert, wenn die Erziehung des eigenen Kindes mit starken Schuldgefühlen belegt ist. Oft bleibt nach Jahren der Mutter- oder Vaterschaft der Eindruck zurück, nicht genügend Zeit für das Kind aufgebracht zu haben, kein »gutes« Beispiel gewesen zu sein oder auch, kein Wunschkind aufgezogen und dies an das Kind übertragen zu haben.

Fragen an das eigene Braun

Bin ich eins mit der Natur?
Bin ich mit meiner Mutter in Liebe versöhnt?
Habe ich einen unbefriedigten Kinderwunsch?

Empfinde ich Schuld in meiner Mutterrolle?
Stehe ich mit beiden Beinen fest auf dem Boden?
Ist Tradition einer der wichtigsten Werte für mich?
Kann ich auf die Natürlichkeit eigener Prozesse vertrauen?

Weinrot – Die Wunde

Es ist ein tiefes, dunkles Rot, bei dem man mit ungeübtem Auge kaum zu erkennen vermag, ob es einen blauen Unterton hat oder ins Braun tendiert. Farbberatern ist es als *Herbst-Rot* bekannt. Es ist die Farbe der Blutkruste bei Verletzungen. Diese Farbe hat starke Kraft, frühere Verletzungen im Genital- und Unterleibsbereich, die noch nicht verarbeitet sind, auf der psychischen Ebene zu heilen. Auch gegen die psychischen Verwundungen durch Unterleibsoperationen wirkt sie tröstend. Für Meditationskissen eignet sie sich als Farbe vortrefflich, weil sie beim »Sitzen« hilft, den Kontakt zur Erde zu bewahren. Sie befindet sich zwischen dem lauten Rot und dem erdigen Braun und kann als Zwischenstation den Zugang zum Braun auf der einen Seite und zum Rot auf der anderen Seite ermöglichen.

Gold – Der Schutz

Gold als Metall wirkt harmonisierend auf das Herz und entkrampfend. Jeder, der Gold tragen will, »braucht« es auch. Deshalb sollte wirklich niemandem dieses Metall ausgeredet werden. Gold besitzt außerdem die Kraft starken Schutzes, wenn wir es uns als Hülle über und um uns herum imaginieren. Ich benutze diese Hülle gern, wenn ich in Kaufhäusern einkaufen gehe oder mich in einer großen Menschenmenge aufhalte.

Ebenso können wir alte Muster, Vorstellungen und Dinge, von denen wir nicht loskommen, mit Gold einfach durchtrennen. Stellen Sie sich eine goldene Schere vor, mit der Sie die Gedanken und Verbindungen zu einem anderen Menschen einfach vor Ihren Augen »durchschneiden«. Dies schadet dem anderen kein bißchen und Sie selbst machen sich von ihm frei.

Silber – Die Klarheit

Es hat die Kraft, zu klären, wenn wir in Problemen stecken, die uns wie ein Irrgarten umgeben. Silber »erhellt«, macht frei, leicht und weit. In diesem Sinne hat es, eher als Gold, dieselbe Wirkung wie Gelb. Deshalb können wir es als Ersatz für Gelb nutzen, wenn wir diese Farbe nicht tragen wollen. Allerdings fehlt dem Silber die Wärme und Sonnenkraft, die dem Gelb innewohnt; beides können wir uns aber zusätzlich aus einer anderen Farbe »holen«.

Rosa – Die Zartheit

Rosa ist nur stofflich und nicht als Licht herstellbar. Rosa ist in seiner Wirkung keinesfalls vergleichbar mit abgeschwächtem Rot. Es ist die Farbe der Zartheit, die uns hilft, sensibler im Umgang mit uns selbst und anderen zu werden. Laute Menschen macht sie besonnener, grobe Menschen feiner. Sie wirkt Schuldgefühlen entgegen und hilft – wie der Rosenquarz – uns selbst zu lieben.

Die »Nichtfarbe« Weiß – Die Leere

Weiß ist keine Farbe. Es ist das in Materie festgehaltene Erscheinungsbild vom Licht. Weiß hat nur als Licht optimale Heilkräfte, weil es alle Farben in sich vereinigt. In der Kleidung kann es die Abkehr vom Weltlichen und Körperlichen aussagen. Es ist auch die ideale Gewandung für Menschen, die der Auseinandersetzung mit sich selbst aus dem Weg gehen. Jede der Spektralfarben würde sie zur Konfrontation mit sich führen. Wenn wir gerne anders wären als wir sind – wir trinken zu viel, wären gern intelligenter, anständiger, dünner, jünger, etc. –, beruhigt Weiß in der Selbstlüge.

Wenn jemand dem Idealbild, das er sich von sich gemacht hat, nicht entspricht, hilft ihm Weiß, sein Thema nicht angehen zu müssen. Weiß ist Ausdruck vermeintlicher Unschuld und Reinheit (Brautkleider in unserem Kulturkreis).

Menschen, die sich dergestalt zeigen, verbergen ihre Schattenseiten. Meist sind sie von starken Schuldgefühlen geplagt, haben dauernd das Gefühl, sich reinigen und »entgiften« zu müssen und leben mit strengen Vorstellungen von Gut und Böse. Heimliche Alkoholiker und »Schein«-Heilige brauchen ihr weißes Erscheinungsbild, um »funktionieren« zu können.

Natürlich demonstriert Weiß in der Kleidung auch immer etwas Adrettes, »Feines« und vermittelt zudem Ordnung und Sauberkeit. Der »weiße Kittel« soll Reinheit bis zur Sterilität repräsentieren. Er ist für manche Menschen berufliche Pflichtkleidung. Weit öfter wird Weiß aber nur zu gern getragen, weil es Zugehörigkeit zu den »Göttern in Weiß« schafft. (Baumwollkleidung in anderen Farben wäre als Kochwäsche genauso intensiv zu reinigen, wie dieselbe Kleidung in Weiß.) Solange Weiß gebraucht wird, ohne daß es beruflich wirklich nötig ist, liegt der Verdacht von Identitätsproblemen nahe.

Ich möchte dabei hervorheben, daß dies nicht gilt, wenn ab und zu Weiß getragen wird, sondern ich meine den *Drang*, Weiß tragen zu müssen (zu wollen) und es zur Haupt-Kleidungsfarbe zu machen. Weiß – bewußt genutzt – hilft, genau wie Silber, klar im Kopf zu werden. Es sollte jedoch – genau wie Schwarz – so selten wie möglich getragen und immer bewußt eingesetzt werden.

Ohne Heilwirkung: Schwarz

Bekanntlich ist Schwarz keine Farbe, sondern »schluckt« alle Farben. Das Absorbieren von Licht und Farben bezieht sich für Schwarz auch auf die Heilkräfte anderer Farben. Zwar erscheint jede Farbe neben Schwarz leuchtender und intensiver. Dies ist aber ausschließlich ein visueller Eindruck. Ihre heilende Wirkung reduziert sich. Ebenso wie Schwarz alles absorbiert, haben die Menschen, die viel Schwarz tragen, die gleiche Tendenz. Zum einen sind sie selbst vom Licht abgekehrt, zum anderen saugen sie die lichten Kräfte anderer auf. Ihr Lebensinhalt ist das »In-sich-Aufnehmen«.

Schwarz ist die umstrittenste Farbe dieser Zeit. Sie hält Depressive in der Depression, Gewalttätige in der Aggression, ermöglicht aber auch Rückzug, Verneinung und Abgrenzung, was sehr oft fälschlicherweise als Sicherheit bezeichnet wird. Dabei bildet Schwarz nichts anderes als ein Loch, eine Mauer oder Festung. Dahinter verborgen bleibt der »schwache« Mensch. Viele tragen Schwarz wie eine Uniform und demonstrieren damit ihre Zugehörigkeit zu der Gruppe der Kreativen, der Avantgarde und der »Zeitgeistigen«. Zum Glück wurde dieses Bild etwas aufgeweicht, seit Gaultier[1] gewagt hat, apricotfarbene Herrenanzüge zu kreieren.

Wenn den Jugendlichen unserer Gesellschaft in einem bestimmten Alter Schwarz zum »Muß« wird, so ist dies vergleichbar mit Rebellion und Abgrenzung gegen gesellschaftliche und elterliche Werte und Vorstellungen. Es ist der Rückzug auf die Ebene von Verweigerung und Simplifizierung. In ihrer Clique

gelten sie damit als »cool« und vermitteln Stärke. Das ist ein Weg, den Jugendliche unserer Zeit gehen *müssen*, um zu den bunten, reichhaltigen Facetten ihrer Persönlichkeit zu gelangen. Erwachsene, die immer noch Schwarz als Kleidung »brauchen«, haben die Kraft und Schönheit ihrer eigenen Individualität noch nicht erfahren. Sie brauchen die Gruppenanlehnung sowie die Ausstrahlung von Härte und Mauern, um »bestehen« zu können.

Vor einigen Jahren war mein Schrank ebenfalls fast ausschließlich mit schwarzer Kleidung gefüllt. Es war die Mauer, hinter der ich mich verbarg. In »das Bunte« zu gehen, war ein *salto mortale* in ein völlig neues Da-Sein. Das »Bunte« in uns, die Farben, bedeuten immer Vielfältigkeit. Schwarz und Weiß ist der Zustand von entweder – oder. Diese Grenzen aufzubrechen und »in die Farben zu gehen« ist in jedem Fall mit Erfahrungen verbunden, die Neuland bedeuten, und in »inneres Chaos« stürzen können.

»Farbbewußtsein ist eine Suche, ein Abenteuer.
Es bedeutet, sich zu verlieren,
nur um sich erneut zu entdecken.«

Lilla Bek[5]

Farbbehandlungen und Farbtherapie-Möglichkeiten

Im Folgenden erhalten Sie für jede Farbe *»spezielle Farbanwendungen«*. Darüber hinaus zeige ich Ihnen hier einige Behandlungsmöglichkeiten, die Sie mit jeder Farbe realisieren können und die für jeden leicht anwendbar sind.

Suchen Sie sich daraus »**Ihre eigene**« Farbbehandlung heraus oder testen Sie sie einzeln aus. Allerdings dienen sie nicht dazu, Krank-

heiten zu »heilen« und auch nicht als Ersatz für einen Arztbesuch.

»Heilung« sehe ich als Begriff für ein bewußtes Lebenskonzept zum Wohle aller. Es ist ein Zustand, der Krankheit entweder nicht mehr nötig macht oder sie als Signal für Lebensänderung versteht. Mehr dazu in Kapitel II.

Nochmals: **Ich bitte Sie dringend, die angegebenen Behandlungszeiten nicht zu überschreiten.**

---

[1] Jean Paul Gaultier ist einer der an der Spitze stehenden französischen Modedesigner.

1. Die Garderobe, die wir tragen, könnte ausnahmslos in den Farben gehalten sein, die wir »brauchen«. Bedenken Sie, daß ein Kleidungsstück in den falschen Farben genausoviel kostet, wie eines in den richtigen. (Täglich!)

2. Wir können das Sonnenlicht so oft wie möglich in die Augen lassen. Das bedeutet nicht, daß wir in die starke Strahlung direkt hineinsehen sollen. Wir sollten unsere Augen jedoch nicht vor dem natürlichen Licht der Sonne – durch Sonnenbrillen – verbergen. (Siehe hierzu Kapitel IV)

3. Durch mundgeblasenes Glas – Kirchenfenster- oder Tiffany-Glas – zu sehen, ermöglicht große Farbintensität und -aufnahme. (Ca. 3–10 Minuten)

4. Wenn wir Plastikfolien in den Spektralfarben gegen eine beliebige Lichtquelle halten, werden die Farben in gleicher Qualität in unsere Augen geleitet, wie durch Glas. Sie sind außerdem leicht aufzubewahren. (Ca. 1–10 Minuten)

5. Wir können die Farbfolien auch auf ein Chakra legen und sie dann mit einer Taschenlampe bestrahlen. (Ca. 1–10 Minuten)

Dabei darauf achten, daß **die Stelle nicht warm wird!** Wärme beeinflußt das Organ direkt, weil sie in den grobstofflichen Bereich gehört. Farbe hingegen wirkt auf das Chakra feinstofflich. Das Grobstoffliche würde das Feinstoffliche überdecken.

6. Mit Tüchern in den Spektralfarben aus einem Naturmaterial oder Seide können wir uns zudecken oder sie um Bereiche des Körpers binden, wo die Farbe zur Heilung benötigt wird. Auch bei der Farbmeditation dienen sie zur Unterstützung. (Ca. 20 Minuten, als Kleidung unbegrenzt.)

7. Durch das Malen in den Farben, die wir brauchen, geben wir uns ein Optimum an Farbenkraft. Es ist wie das Ein- und Ausatmen: Unsere Kreativität geben wir in den Prozeß hinein, die Farbenkraft holen wir für uns heraus. (Ca. 20 Minuten)

8. Farbige Glühlampen in einer Wattzahl von 60 bis 300 sorgen für die Bestrahlung des ganzen Körpers sowie für die Atmosphäre, in der wir uns befinden. Die Farbe kommt immer dort an (ob auf der körperlichen oder psychischen Ebene), wo wir sie brauchen. (Nicht länger als 20 Minuten)

9. In Farben zu baden ist ebenfalls sehr wirkungsvoll. Bei rot gefärbtem Wasser sollte allerdings dringend auf Blutdruck und den Pulsschlag geachtet werden. Ebenfalls sollten Sie sich nach einem blauen Bad – außer Schlaf – nichts mehr vornehmen, weil es stark beruhigt. (Höchstens 15 Minuten, nicht zu warm!)

10. Alle Farben, die wir brauchen, können wir über die Nahrungsmittel aufnehmen. Unser Stoffwechsel steht an zweiter Stelle (nach den Augen) für die Rezeptionsfähigkeit der Farben. Danach kommt erst an dritter Stelle die Haut als Farb- und Lichtempfänger.

11. Farbmeditationen. Im meditativen Zustand brauchen wir nichts außer uns selbst, um uns mit Farben zu nähren. Farben mit der eigenen Vorstellungskraft entstehen zu lassen, ist einer der wirkungsvollsten und wichtigsten Selbstheilungsvorgänge. Es ist das Training des »geistigen Auges«.

Über den eigenen Anwendungsbereich hinaus gibt es natürlich Möglichkeiten, Farbtherapien unter der Leitung von Therapeuten, Heilpraktikern und Ärzten zu machen. Nachfolgend möchte ich Ihnen einige nennen, deren Arbeitsweise mir bekannt ist und die ich deshalb empfehlen möchte. Diese Liste erhebt jedoch nicht den Anspruch, alle farbtherapeutischen Richtungen aufzuzählen.

Beginnen wir mit einem, fällt uns alles andere zu.

1. Die Spectro-Chrom-zwölf-Farben-Therapie von Dinsha Ghadiali (1873–1966) ist die wohl älteste neuzeitliche Vollspektrum-Colortherapie. In Indien geboren, arbeitete er später als Arzt und Farbforscher in Amerika. Die Methode ist in dem Buch »Es werde Licht« von Dinshas Sohn Darius leicht verständlich dargestellt.
   Die deutsche Therapeutin *Dr. Bara Fisher* hat aus seiner Heilmethode die *Dinsha-Color-Medicine* entwickelt.

2. Farbtherapie bei Klausbernd Vollmar. Er ist Psychotherapeut und Leiter des Institutes für Analytische Körperarbeit in England. Er hat das wunderschöne Buch: »Farben – ihre natürliche Heilkraft«, geschrieben.

3. Farbpunktur von Peter Mandel. Dabei wird farbiges Licht mit einem kleinen Strahler über Akupunkturpunkte und die Meridiane ins energetische System geschleust.

4. Farblichtbestrahlung mit reinem monochromatischem Licht. Diese Geräte sind sehr teuer und daher leider auch sehr selten. Sie arbeiten mitttels eines Filtersystems, welches Bestrahlung mit reiner (ungemischter) Farbe ermöglicht. Somit sind sie sehr wirkungsvoll.

5. Farbbestrahlung nach Theo Gimbel. Er arbeitet seit 1956 mit Farben und hat ein eigenes System entwickelt. Für jede Farbe erstellte er eine bestimmte Form und einen Sound. Alle drei Elemente wendet er zur Heilung an. Auch er bestrahlt mit Farben und selbst entwickelten Lampen.

6. Meridiantherapie von Christel Heidemann. Sie arbeitet mit kleinen Farbpflästerchen auf Akupunkturpunkten, wobei sie nicht nur das lokale Leiden behandelt, sondern das Gleichgewicht des gesamten Körpers wiederherstellt.

7. Maltherapie bei besonders dafür ausgebildeten (meist anthroposophischen) Psychotherapeuten. Durch den künstlerischen Prozeß wird die Konfrontation mit sich selbst erfahrbar. Was auf dem Blatt entsteht, ist ein Abbild des eigenen Selbst.

Kontaktadressen:

1. Frau Dr. Bara Fisher
   Life Energy Research Institute
   P.O.Box 371
   Sedona, 86 339, Arizona/USA

   Spectro-Chrom-Lampen und
   Dinsha-Folien bei:
   Alexander Wunsch
   Bergheimer Str. 116
   69115 Heidelberg

2. Klausbernd Vollmar
   Cobblestones, Cley next the sea,
   Holt/Norfolk NR25 7 RE, Great Britain

3. Peter Mandel
   MeTe PRO GmbH
   Hildastr. 8
   76646 Bruchsal

5. Hygeia Studios
   Theo Gimbel
   Brook House, Avening
   Tetbury GL8 8NS, Great Britain

6.+7. Adressen bitte in anthroposophischen Zentren in Ihrer Nähe erfragen.

Das Prisma

Der folgende Auszug stammt aus einem Text von Wally und Jenny Richardson, Leonora Huett, den sie in ihrem Buch »Die geistigen Heilkräfte der Edelsteine«, veröffentlichen:

»(von Menschen geschliffen)

Obgleich das Prisma kein Edelstein ist, besteht es aus Kieselerde und in vielen Fällen aus Quarzkristall. Aufgrund seiner Eigenschaft, Lichtstrahlen zu brechen, die den Prismaeffekt hervorruft, sendet es Energieschwingungen über unser ganzes Seh-Spektrum aus und vermag einzelne Steine zu beeinflussen. (...)

Es gleicht in vielem dem Kristall und doch ist es anderer Natur. (...) Der Mensch sollte sich sein eigenes Wesen als Prisma vorstellen. Er würde gut daran tun, sich alle Veränderungen vor Augen zu führen, die er bewirken und die er seiner Umwelt bringen könnte, wissend, daß er ihr Licht zu verstärken und in viele herrliche Strahlen, Farben und Bilder umzuwandeln vermag, damit jeder Mensch die Entfaltung seiner eigenen inneren Schönheit erlebt. (...)

Die Hauptaufgabe des Prismas liegt darin, dem Menschen zu zeigen, daß alles eins und offenbar wird, wenn es sich ausgleichend miteinander verbindet. Es bewirkt die Vereinigung aller Dinge, die Einheit dessen, das ist. (...) Das Prisma erhöht den Wert jeden Steines, und es öffnet den Mental- und Ätherkörper für sein Wirken. (...) Es wäre gut, das Prisma an einem sonnenbeschienenen Platz im Zimmer stehen zu haben, damit es sein Licht im Zimmer verströmt, selbst wenn man sich seines Vorhandenseins nicht immer bewußt ist. (...)

Das Prisma wurde in großem Umfang benutzt: es diente dazu, die Strahlen der Sonne und die atmosphärischen Bedingungen des Universums nutzbar zu machen. Die Energie strömte auf die Erde ein, sie wurde aufgespalten und auf eine bestimmte Art neu angeordnet, um zu Energiezwecken genutzt zu werden. (...) Das Prisma stellte eine Lichtkraft dar, die Wesen aus dem Weltraum herbeilockte. (...)

Der Mensch forscht noch nicht in dieser Richtung. Doch wenn die Zeit reif ist, wird man wieder auf das Prisma stoßen. Nach dem Jahr 2000 wird man sich wieder seiner bedienen. (...) Ursprünglich war es ungefähr viereinhalb Meter lang, es wies gleichschenklige Dreiecke auf, deren Seiten neunzig Zentimeter maßen.«

Farbanwendungen

Farbe	Hilft bei	Nicht anwenden bei	Themen der Farbe
Rot stimulierend 780–630 *nm*	Durchblutungsstörungen, Orgasmus- und Potenzschwierigkeiten, Erkrankungen der Prostata, Bartholinitis, Eierstock- und Eileitererkrankungen, Blasenerkrankungen, niedrigem Blutdruck und kalten Füßen	hohem Blutdruck, Nervosität, Aggressivität, Akne, Couperose, akuten Entzündungen, Schlafschwierigkeiten	Kraft, Anfang, Initiative, Feuer, Hitze, Sexualität
Orange entkrampfend 630–600 *nm*	Gebärmutter-, Eierstock- und Eileitererkrankungen, Menstruationskrämpfen, Mineralstoffmangel, Ödembildungen im Körper, Erkrankungen im unteren Darmbereich, Depressionen	Streß, Schlaflosigkeit	Ausweitung, Fließen, Wärme, Erotik
Gelb erhellend 600–570 *nm*	Magen-, Leber- und Gallenproblemen, Erkrankungen im oberen Darmbereich, Verdauungsproblemen, Arthritis, Arthrose und Rheuma, Diabetes und Gastritis, Angst, Depressionen	Eß-Sucht, Gewichtsprobleme (ohne sich mit den Gründen auseinanderzusetzen)	Balance zwischen Geben und Nehmen, »Erhellung« der eigenen Schatten
Grün harmonisierend 570–490 *nm*	allen Erkrankungen des Herzens und Liebeskummer		Liebe, Harmonie, Nächstenliebe, Frieden
Türkis schützend ca. 490 *nm*	Bronchitis und Lungenentzündung, häufigen grippalen Entzündungen, Lymphdrüsenentzündung, HIV und anderen Immunschwächen, Speise- und Luftröhrenerkrankungen	betont kühlen Umgangsformen	Schutz und Abwehr, Kühle
Blau beruhigend 490–470 *nm* **Indigo** 470–460 *nm*	grundsätzlich allen Entzündungen, Hals-, Kiefern-, Zahn-, Lungen- und Kehlkopferkrankungen, Schilddrüsen-Über- und Unterfunktion, Akne und Couperose, Nervosität, Nebenhöhlen und Mittelohrentzündungen	niedrigem Blutdruck, Lethargie, Müdigkeit	Ruhe, Klarheit, Kühle, Zurückgezogenheit
Violett konzentrierend 460–ca. 400 *nm*	Konzentration, Ich-Zentrierung, zügelt Appetit, entwässert, Cellulitis (Bestrahlung) Als **Magenta**: bei Schock, Panik, Notfall, Angst, negative Einflüsse von außen	fehlender Bodenständigkeit (Erdung), egoistischen Tendenzen	**Violett**: Tiefe, Ernsthaftigkeit **Flieder**: Leichtigkeit **Magenta**: Integration von »oben« und »unten«, warm und kalt

II.

Chakras – Unsere Lebensenergie

Die Energie unserer farblichen Strahlkraft

»Betrachte Deine Essenz als Lichtstrahlen,
die von Zentrum zu Zentrum (Chakra zu Chakra)
die Wirbelsäule hochsteigen,
und so erhebt sich das Leben in Dir.«
Shivas Antwort an Devi°[6]

Das Wort Chakra ist indisch und kommt aus dem Sanskrit. Es bedeutet so viel wie (Licht-) Rad, das voller Energie strahlt. Chakra ist ein Wort, das Jahrtausende alt ist und das es von seiner Ursprünglichkeit her nur im Singular gibt. Setzen wir es in den Plural, ist es gleich richtig, ob wir Chakras oder Chakren dazu sagen. Ich habe mich dazu entschieden, sie im Plural *Chakras* zu nennen. Als Energie-Körper bleiben sie, ähnlich einem Vortex[1] – außer für »Seher« –, völlig unsichtbar. Sie sind zum einen mit dem Ätherleib (Aura) und zum anderen direkt mit dem physischen Leib über die Drüsen verbunden. Chakras bewegen sich zirkulierend aus ihrem Mittelpunkt heraus dreidimensional in alle Richtungen. Es sind energetische Schwingungsfelder, die scheinbar aus unserem Körper treten. Wir können auch sagen, daß sich unser Körper aus der spezifischen Schwingungsfrequenz der Chakras darstellt. Die Inder malten sie noch als Blütenräder und versahen sie in der Mitte ihres Kelches mit bestimmten Symbolen, welche die Aussage des jeweiligen Chakras erklärten. (Siehe Abb. IV im Anhang.)

Chakras sind nicht farbig, sondern gehen eine Partnerschaft mit einem der Farbe innewohnenden *seelischen* Ausdruck ein. Durch die Wesensgleichheit zwischen beiden können wir dem Chakra eine bestimmte Farbe zuordnen. Sie drücken sich als Lichtkörper zwar in der farbigen Aura aus, jedoch sagen die spezifischen Farben der Aura nicht unmittelbar etwas über ein stark energieversorgtes oder unterversorgtes Chakra aus. Die Farben der Aura sind zum einen energetische »Buntpausen« (Abbilder) des Bewußtseins. Zum anderen verändern sie sich in dem Moment, wo sich eine Person geistig beschäftigt. Spreche ich mit einem kleinen Kind oder einem geliebten Wesen, hat meine Aura eine andere Farbe, als wenn ich jemand argumentativ überzeugen will. Die Farben der Chakras hingegen stehen in direktem Bezug zum *Wesen einer Farbe*.

Farben und Chakras sind Partner wie ein Zwillingspaar, die Aussagen über die psychisch-geistige Entwicklung eines Menschen ermöglichen. Entscheidend ist hierbei, wie stark die einzelnen Chakras mit Energie versorgt sind. Transformiert auf die Ebene der Farben heißt dies: Wie stark wird oder wurde der Charakter einer bestimmten Farbe gelebt bzw. blockiert? Sogenannte Blockaden oder eine Unterversorgung der Chakras ergeben sich aus der eigenen Biographie. Es sind nicht Einflüsse von außen, die den Chakras Energie

---

[1] Ein Vortex ist eine Energie-Spirale, die aus der Erde kommt. Einige von ihnen befinden sich unter den Bergen von Sedona/Arizona, einer soll sich unter der Cheopspyramide befinden, einer an der Stelle, wo man glaubt, daß Atlantis untergegangen sei, und einer in der GUS.

geben oder deren Energiefluß hemmen, sondern die Art der eigenen Lebensführung.

Verantwortlich für Blockaden der Chakras sind Persönlichkeitsstrukturen, die aus dem Gefühl des Getrenntseins der Einheit entstanden sind und in Form von negativen Gedanken und Gefühlen gelebt werden, wie:

1. Ärger, Haß, Neid, Diskriminierung, Verleumdung, Rache
2. Fehlende Bereitschaft, zu geben: Geiz
3. Verschwendung
4. Täuschen, Lügen und Stehlen
5. Anhaftungen und Festhalten an Gefühlen und Menschen
6. Sorgen und Ängste (dazu gehören auch Geldschwierigkeiten)
7. Festhalten an einer Entwicklung in nur eine festgelegte Richtung
8. Depressionen

Chakras »öffnen« oder schließen zu wollen, ist zum geflügelten Ausdruck geworden. Ich muß sagen, daß geschlossene Chakras genauso unmöglich sind, wie tote Menschen leben können. Manche verhalten sich so, als seien sie tot und ebenso verhält es sich auch mit den Chakras. Es gibt keine geschlossenen Chakras. Es gibt nur solche, denen es durch Blockaden verwehrt ist, in der vollen Energie zu pulsieren. Es fließt weniger »Prana«, wie die Inder sagen würden, und meinen in unserem Sinn, *weniger Lebenskraft*. Dennoch fließt sie.

Verändern wir unser Leben auf der seelisch-geistigen Ebene und setzen, statt wie oben, für

1.	– Gedanken der Harmonie
2.	– das Gefühl des Friedens und der Liebe
2. und 3.	– das Bestreben, sich zum Wohle *aller* zu verhalten
4. bis 6.	– das Vertrauen, daß mir *alles* gegeben wird
5. und 6.	– Vertrauen, daß alles – so wie es ist – richtig ist
7. und 8.	– die Zuversicht auf göttliche Hilfe und in die eigene Kraft

so kann das gesamte, zur Verfügung stehende Kraft- und Lebenspotential ungehinderte Entfaltung finden.

Die Lebenseinstellung zu verändern heißt, sich selbst mit seinem Verhalten in eine veränderte Position zu begeben, so daß sich die Empfangsbereitschaft für Prana (Lebensenergie) vergrößert oder wiederhergestellt wird. Dieses Plus an Lebensenergie verändert jeden Menschen nach außen – für die Umwelt realisierbar – und nach innen einen Schritt weiter auf der Leiter der persönlichen Entwicklung. Jeder Mensch ist mit seinem individuellen Sein ein Resonanzfeld von Energie. Jede unserer Gedanken, alle Haltungen und Handlungen, beeinflussen unser gesamtes Umfeld. Sie steuern unsere Erfahrungen und unsere Geschichte – physisch, psychisch, emotional und geistig. Die Entfaltung der Chakras kann nichts anderes bedeuten als die Entwicklung geistigen Wachstums.

Der Weg geht von der Körperlichkeit und Ich-Findung zur Ego-Auflösung. (Siehe dazu die einzelnen Chakra-Erläuterungen.) Letzteres ist selbstverständlich ein großer Auftrag, und jedem Menschen obliegt es, ihn für sich zu wählen. Der Großteil der Menschen der westlichen Welt (die nordamerikanischen Ureinwohner ausgenommen) haben jedoch kein anderes Lebensziel, als es sich im Ausleben der ersten beiden Chakras »gutgehen« zu lassen und bleiben damit tatsächlich auf einer sehr niedrigen Entwicklungsstufe (mit allen Krankheiten, die die Blockierungen der beiden Chakras auf der körperlichen Ebene verursachen).

Der Versuch, Chakras mit Hilfe technischer oder medizinischer Mittel in eine höhere Schwingung zu bringen, ist zum Scheitern verurteilt. Auch Körperübungen, die versprechen, auf Chakras einzuwirken, bleiben erfolglos, wenn sie nicht aus der stofflichen Ebene erhoben werden auf die Ebene der geistigen Entwicklung.[1] Techniken, die unser Bewußt-

---

[1] Hier sei erwähnt, daß Körperübungen im Yoga ausschließlich der Entwicklung des Geistes und damit auch der Entwicklung der Chakras dienen.

sein auf eine höhere Stufe heben sollen, konzentrieren sich ohnehin hauptsächlich auf die oberen Chakras. Sind wir aber wegen unserer Lebensweise nicht fähig, die unteren Chakras mit Energie zu versorgen, wird uns das Tor zu den oberen verschlossen bleiben. Die Arbeit beginnt – wie im Leben mit der Geburt – mit dem ersten Chakra. Voraussetzung ist Fruchtbarkeit, Schöpferkraft und der Bezug zu »Mutter Erde« (Braun).

Stellen Sie sich sieben Zahnräder übereinander vor, von denen eines das nächste antreibt. Das unterste ist das größte, das oberste das kleinste. Wenn Sie nun versuchen, durch die Drehung des obersten auch das große Zahnrad unten in Bewegung zu setzen, müssen Sie das kleine sehr schnell drehen. Dennoch wird sich das untere kaum rühren. Umgekehrt verhält es sich, wenn Sie das untere, große Zahnrad in Bewegung bringen. Sie brauchen ganz wenig Kraft und alle anderen Zahnräder drehen sich mit – am schnellsten das oberste. Dieses Beispiel können Sie auf die Chakra-Entwicklung übertragen.

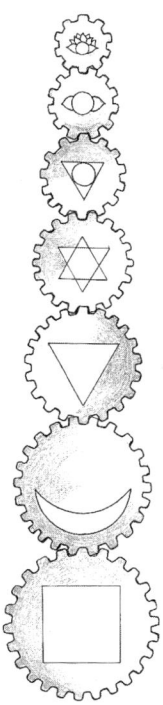

Chakra-Zahnräder

Wir haben gelernt, daß das Verschränken der Beine notwendig und wichtig für die Meditation ist. Dabei wird meist der so wichtige Bereich der Beine und des Gesäßes vom Rest des Körpers energetisch abgeschnürt. Ein Großteil des Bindegewebes befindet sich bei Frauen in den Beinen und im Gesäß, und nach R. Bruyere ist das Bindegewebe (38 Prozent unseres Körpers) einer der Hauptträger für elektromagnetische Felder. Wir sitzen, um zu klarem Geist, möglicherweise zur Erleuchtung zu gelangen und schneiden uns dabei den Energiefluß der unteren – nicht weniger »heiligen« – Chakras ab. Die Selbstakzeptanz, bei der Meditation aufrecht auf einem Stuhl zu sitzen, bringt uns sicher weiter.

Für alle alten Kulturen waren die Chakras wesentlicher Bestandteil des Lebens, der Weisheit und der Fähigkeiten, zu heilen. Sie haben sie teilweise anders genannt und ihnen unterschiedliche Farben zugesprochen. Menschen, die in anderen Kulturen leben und dadurch andere Denk- und Lebensweisen haben, strahlen auch in anderen Aurafarben.[*7] In unseren Breiten werden »Herzen der Liebe« beispielsweise rot gesehen, auch die Liebe selbst wird dem roten Chakrabereich zugeordnet, der jedoch nicht der Liebes-, sondern der Genitalbereich ist. Dadurch finden wir oft Rot in der Aura bei Liebenden unseres Kulturkreises. Für Menschen mit anderer Denk- und Bewußtseinsstruktur gehört die Liebe zweifelsfrei in den Chakra-Bereich des Herzens mit den Farben Grün und Rosa. Die Aura dieser Menschen offenbart sich dadurch ebenfalls in diesen Farben, wenn sie sich im Gefühl der Liebe befinden.

Es gibt differierende Anschauungen über die Anzahl der Chakras. Ein Grund für die Differenzen liegt ebenfalls in den Unterschieden der Lehren, Kulturen und Religionen. Manche Gelehrte konnten – oder durften – nicht über Sexualität referieren. Aufgrund dessen wurde das für die Sexualität entscheidende 2. Chakra kaum erwähnt, was zur Folge hatte, daß es in der Überlieferung für nebensächlich gehalten wurde. Statt vom Sakral- oder Sexualitäts-Chakra sprach man vom Milz-Chakra. Die meisten sprechen von sieben, manche von sechs oder neun, andere von dreizehn Chakras. 129 ist eine weitere Zahl: sieben Haupt- und 122 Nebenchakras. Natürlich haben die Hüter der großen Religionen, ob Hindus oder Buddhisten, mit den Lehren über die Chakras auch jeweils Regeln zur Erhaltung der Glaubenstreue vermittelt, was zu Abweichungen der einzelnen Chakralehren untereinander führte.

So hat das von uns im Westen praktizierte Tantra – und meist auch unsere Art von Yoga – wenig mit den alten indischen Überlieferungen zu tun. Dennoch sind es Heilungswege – und das ist entscheidend. Deshalb ist auch nicht wichtig, darüber zu streiten, wieviel Nebenchakras es – wenn überhaupt – gibt und ob das Scheitelchakra dem Heiligenschein der Christen gleicht oder dem tausendblättrigen Lotos. Es geht nicht darum, ein richtiges oder falsches Bild der Chakras zu erstellen, sondern es geht um die Entwicklung der Energiekörper für unser eigenes Wachsen im *freien Raum*.

Die Ureinwohner Amerikas haben ebenfalls mit den Kräften der Chakras gelebt und gearbeitet, ohne dem einen mehr und dem anderen weniger Bedeutung zuzumessen oder sie religiös zu verbrämen. Die Chakras sind in der Tat nur in ihrer Gesamtheit erfaßbar. Es gibt weder ein niederes und ein höheres, noch ein kaltes und ein heißes, noch ein offenes und ein geschlossenes Chakra.

Was bringt es, sich mit den eigenen Chakras zu beschäftigen?

Sie sind die Spiegel unserer Seele, die Engel unseres Bewußtseins und die Zentren unserer Energie. Sie sind die Wächter unseres auf dem Weg der Heilung befindlichen Seins.

Der Grund, warum wir mit Chakras und Farben interaktiv »arbeiten« können, liegt in der Feinstofflichkeit der Farbenenergien. Auf dieser Ebene können die Farben von den Chakras als eine der »Ihren« *erkannt und*

aufgenommen werden. Das Gleiche geschieht auch mit den Energien der Edelsteine und der Töne. Wir können sie jedoch trotzdem nicht wie ein Medikament in Anwendung bringen, und darauf hoffen, daß wir sie nur auf ein Chakra auflegen brauchen, um dies zu energetisieren. Der besondere Zugang, den Farben zu Chakras haben, liegt darin begründet, daß jede Farbe der charakterliche und seelische Ausdruck eines Chakras ist. Beispielsweise können wir über unsere Beziehung zu Rot verstehen lernen, wie das Basis-Chakra und damit die Vitalenergie unseres gesamten Seins strukturiert ist.

Lassen Sie uns die Chakras wie Energiekörper sehen, von denen jedes einen eigenständigen Charakter hat und ein bestimmtes Bild projiziert. Die Farben sind das jeweilige Erscheinungsbild eines Energiezentrums.

Drei Eigenschaften sind allen gemeinsam:

Sie nehmen auf,

und zwar jede Art feinstofflicher Schwingung: die Aura, Universelle Lebensenergie, geistige Kräfte, Gedanken (!), die Schwingung von Farben, Tönen, Mineralien, Düften, Homöopathie, Bach-Blüten, Kalifornische Blüten und anderes mehr.

Die Energie wird über das endokrine System (Drüsen) an unseren Körper und über den Geist an die Seele weitergeleitet.

Sie geben ab.

Sie geben feinstoffliche Schwingungen an die Menschen ab, mit denen wir zusammen sind und – darüber hinaus – an die Welt und den Kosmos.

Sie gleichen aus.

Ein Chakra balanciert zwischen Aufnahme und Abgabe innerhalb seines eigenen Systems. So können z. B. – aufgrund plötzlicher Verliebtheit – die beiden unteren Chakras mit derart viel Energie gefüllt sein, daß die oberen etwas abbekommen und sich so der Mensch insgesamt wohler fühlt. Der Ausgleich ist aber nur von den unteren zu den oberen Chakras möglich und nicht umgekehrt. Ebenso darf freies Fließen nicht durch massive Blockierungen verhindert werden.

Chakra-Soma

Eine Brücke von der körperlichen Erkrankung zur Blockade (oder Unterversorgung) eines Chakras zu schlagen ist viel leichter, als an die psychische Ursache bei psychosomatischen Erkrankungen zu gelangen. Jedes der Zentren versorgt in seinem Bereich Drüsen und Organe mit Energie. Reicht die Energie aus, besteht keine Chance, in diesem Bereich zu erkranken. Deshalb können wir umgekehrt auch von einer Erkrankung in einer bestimmten Körperregion auf eine Unterversorgung des Chakras, das sich dort befindet, schließen und sehen, ob das Prinzip dieses Chakras gelebt wird oder nicht. Finden wir den chakrasomatischen Bezug, so können wir zum einen mit der entsprechenden Farbe auf den Körper einwirken; zum anderen zwingt uns die Behandlungsfarbe zur Auseinandersetzung mit unserem »Ich« auf einer geistigen Ebene. Ganz leicht können wir an unseren Antipathien gegen bestimmte Farben die unerledigten Themen und Störungen erkennen.

Ich habe daher in den Chakraerläuterungen Krankheitsbilder, die sich aus Blockaden in der Persönlichkeitsentwicklung ergeben, beschrieben. Dies macht es nötig, vorweg klar zu sagen, daß Krankheit für mich kein Feind ist, den es zu bekämpfen gilt, sondern ein Signal – ähnlich einer Tankuhr, die aufblinkt, wenn das Benzin zur Neige geht –, hier meine Aufmerksamkeit hinzulenken und meine Lebensstrategie zu ändern oder das »Leck« aufzufüllen.

Hier sei Dr. Edward Bach – ein englischer Arzt, der auf der ganzheitlichen Ebene praktizierte und forschte und vor allem durch seine »Bach-Blüten« bekannt wurde, zitiert:

»Krankheit ist weder Grausamkeit noch Strafe, sondern einzig und allein ein Korrektiv, dessen sich unsere Seele bedient,
– um uns auf unsere Fehler hinzuweisen
– um uns von größeren Irrtümern zurückzuhalten

– um uns daran zu hindern, mehr Schaden anzurichten
– und um uns auf den Weg der Wahrheit und des Lichts zurückzubringen, von dem wir nie hätten abkommen sollen.«[8]

Natürlich möchte ich keinesfalls davon abraten, bei Krankheit einen Mediziner aufzusuchen. Wir können froh über medizinische Errungenschaften wie Antibiotika, Penicillin, Morphium und andere Medikamente sein. Wenn ich von Heilung spreche, meine ich einen Zustand des »Heil-Seins«, der weit über die körperliche Gesundheit hinausgeht. Heilung ist immer nur möglich durch mich selbst. Es gibt verschiedene Arten der Unterstützung, die ich auswählen kann. Aber Heiler als Personen, die mir helfen wollen, können immer nur mit dem *Heiler in mir selbst in* Kontakt treten. Ist der Kontakt geglückt – d. h. auch, ist mein innerer Heiler existent –, dann ist eine Heilung möglich.

Die unterschiedlichen Methoden – so auch die Farbbehandlungen – stehen nicht ersatzweise für den Besuch beim Arzt, sondern sollen eine Möglichkeit sein, »heil« zu werden im Sinne von:

Keine körperlichen Beschwerden zu haben
Sich schön zu fühlen
Keine Geldsorgen zu haben
Wahr zu sein
Glücklich zu sein
Sich selbst und andere zu lieben
»Bunt« zu sein.

Sich auf den Weg der Heilung zu begeben, wird selten wegen der Entwicklung der eigenen Chakras getan, sondern im allgemeinen, damit es einem »nicht mehr *so schlecht* geht«. Meist sind es dann aber mehrere Etappen, die sehr wohl – wenn auch unbewußt – einen Bezug zu den Chakras haben. Es wird damit begonnen, daß:

alle medizinischen Institutionen »abgeklappert« werden. Man geht auch zum Neurologen, versucht es mit Tranquilizern und anderen Medikamenten und medizinischen Behandlungen. → 1. Chakra

Der zweite Schritt ist, einen Heilpraktiker oder Homöopathen aufzusuchen. → 2. Chakra

Danach begebe ich mich in Psychotherapie, zur Akupunktur, Fußreflexzonen-Behandlung oder zu einem anthroposophischen Arzt.
→ 3. Chakra

Der nächste Schritt ist, daß ich mit Körperarbeit beginne, wie Yoga, Atemtherapie, Autogenem Training, Rolfing, Kranio Sakral-Therapie. → 4. Chakra

Ich öffne mich für feinstoffliche Energien, wie Farben, Bach-Blüten, Kalifornische Blüten, Edelsteine. → 5. Chakra

Ich vertraue spirituellen Heilmethoden, wie Reiki, Metamorphischer Methode, Geistheilung, Schamanismus. → 6. Chakra

Ich brauche Krankheit nicht mehr als Signal, sondern erkenne die Zeichen vorher auf der geistigen Ebene. → 7. Chakra

Damit möchte ich nicht sagen, daß diese Schritte die notwendigen Wege zur Heilung sind. Es sind nur Wege, die viele Menschen gehen, bis sie zu ihrer Bestimmung gefunden haben und – zumindest – nicht mehr krank sind.

Im Folgenden möchte ich die einzelnen Kategorien erläutern, die ich benutzt habe, um das »Prinzip« eines jeden Chakras darzustellen:

Die Chakra-Farben

Die Farben der sieben Hauptchakras sind die Spektralfarben und entsprechen den Farben des Regenbogens und des Prismas. An den Haupt-Chakras will ich mich in diesem Kapitel orientieren, wenn es um die Farbenkraft als Transformationsmittel der Energiekörper geht. Das bedeutet nicht, daß die sieben Farben der Hauptchakras die einzigen Heilfarben sind. In Fachkreisen spricht man von 160 deutlich unterscheidbaren Einzelfarben[*9], die alle eine eigene Wirkung auf unser Bewußtsein, den Emotionalkörper, die Physis und unseren Geist haben können. Von zwölf dieser Farben kennen wir bereits die jeweiligen Heilkräfte. Vielleicht erfahren wir bald auch die spezifischen Energien der übrigen 148 Farben.

Die bekannten zwölf Farben sind: Braun, Rot, Orange, Gelb, Grün, Türkis, Blau, Indigo, Violett, Rosa, Gold und Silber.

Die Entwicklung

Wir können davon ausgehen, daß es für jedes Chakra eine ideale Zeit in unserem Leben gibt, wo es entwickelt werden kann. Das heißt aber nicht, daß nur diese Zeiten dafür in Frage kommen. Natürlich ist die Entwicklung der oberen (5. bis 7.) Chakras zu allen Zeiten möglich, jedoch *nicht vor* der Reife der darunterliegenden. Für die Indianer gehört die Reifung der einzelnen Zyklen zum Sinngehalt jeder persönlichen Entwicklung. Menschen unseres Kulturkreises erscheint es eher merkwürdig, in Erwägung zu ziehen, sich mit dem 43. Lebensjahr zu großer Weisheit oder zum Heiler entwickeln zu *wollen*. Wir kennen diese Jahre weitgehend nur als das Ende von Attraktivität und nicht als Beginn einer neuen »großen« Zeit. Alte Menschen sind im Westen meist nur bestrebt, mit einer guten Rente »noch rüstig« zu sein. Es ist gar nicht einfach, in unseren Breiten jemanden zu finden, dessen geistige Entwicklung über das 3. Chakra hinausgewachsen ist. Deshalb leiden wir an einem kollektiven Defizit an Herzenswärme (4. Chakra), woraus sich wiederum die zahlreichen Herzerkrankungen und Infarkte erklären lassen.

Die Drüsen

Als westlichen Medizinern der Zusammenhang von Chakras und Heilung bekannt wurde, haben sie ihren Bezug zum Organismus untersucht. Tatsächlich fanden sie eine direkte Verbindung zum endokrinen System, unserem

Drüsenapparat. Er ist mit der Ausschüttung unterschiedlicher Hormone ein Steuerungssystem für den gesamten Organismus. So werden hier der Wärme-Kälte-Haushalt, das Säure-Basen-Gleichgewicht, der Blutzuckerspiegel, die Entwicklung der Sexualorgane sowie eine ganze Reihe anderer lebenswichtiger Prozesse geregelt. Ich habe den Drüsen – weil sie als einziges Körper-Organ und -System direkt mit den Chakras verbunden sind – etwas mehr Platz in den nachfolgenden Beschreibungen eingeräumt, als man es bei diesem Thema erwarten mag. Die Unterversorgung der Chakras findet für mich hier auf der körperlichen Ebene den klarsten Ausdruck. Zu den Ausführungen über Drüsen und Hormone vgl. bitte auch[*10].

Interessant ist die Wortbedeutung von Hormon (griech., in Bewegung setzen, anregen, antreiben). Hier finden wir einen sprachlichen Bezug zwischen den Drüsen – die die Hormone produzieren – und der Bewegung der Chakras.

Störungen

Meine Auffassung eines heilen Menschen ist nicht als *Ideal*-Zustand zu bezeichnen, sondern als *Normal*-Zustand. Jeder setzt mit seiner Biographie eigene Kriterien geistiger Entwicklung. Es geht darum, sich zum Wohle aller – auch sich selbst gegenüber – zu verhalten, die Natur zu achten und zu hüten, in Harmonie, Gesundheit und Glück zu leben und allen Nachkommen ein zukunftsreiches Leben zu ermöglichen.

Manifeste Krankheitsbilder sind Störungen dieses Zustandes. Das persönliche Wachstum hat einen Weg in die falsche Richtung eingeschlagen, wie eine Uhr, bei der sich die Zeiger linksherum drehen. Als Resultat sehe ich Krankheit.

Dabei liegt in der Krankheit eine unermeßliche Chance, den Schlüssel zu längst verschlossenen Türen wiederzufinden, und so tatsächlich die eigene Lebensstrategie zu verändern und andere Wege einzuschlagen.

Stagnation

Wir können uns die sieben Chakras auch wie Stufen einer Leiter vorstellen. Mit jeder Stufe entwickeln wir einen Aspekt unseres Seins und somit auch den Charakter eines Chakras. Je weiter wir nach »oben« steigen – dies ist nicht hierarchisch, sondern numerisch gemeint –, desto mehr Chakras sind mit ihren spezifischen Themen zum Inhalt unseres Lebenslaufes geworden. Es gibt Menschen, die im Prinzip eines Chakras mit all seinen tiefen Bedeutungen stagnieren und ihre Welt nur noch aus diesem Bereich leben.

Wenn ein Mensch im 1. Chakra stagniert und das Wesen seiner Persönlichkeit hauptsächlich aus diesem Bereich lebt, wird die Entwicklung der weiteren Chakras nur bedingt möglich sein. Diese Energie-Blockierungen der anderen Chakras werden entweder in negativen Persönlichkeitsstrukturen oder in Krankheit ausgelebt. In diesem Fall sind die Aspekte des Herz-Chakras nicht entfaltet und Sexualität wird ausschließlich triebhaft realisiert – ohne die Fähigkeit zu wirklicher Herzenswärme. Außerdem wird die Sprache gewaltvoll gegen andere Menschen eingesetzt oder die Person erkrankt an der Schilddrüse, weil das Hals-Chakra nicht entwickelt ist. Das blockierte Solar-Plexus-Zentrum, das mit der Stagnation im 1. Chakra einhergeht, führt dazu, daß andere Menschen verachtet und diskriminiert werden.

Der Weg

Der Weg soll eine Möglichkeit aufzeigen, wie es möglich ist, sich aus der Stagnation herauszuentwickeln. Ich habe diesen Teil der Erläuterung immer in »Ich«-Form geschrieben, weil ich mich selbst nicht aus der Auseinandersetzung herausnehmen möchte. Die Frage, ob ich oder du gerade in einem Chakra stagnieren, ist eine offene Frage, die jeder für sich immer wieder neu beantworten sollte.

Das freie Sein

Es ist der transformierte Zustand, wo Prana das Prinzip eines Chakras in voller Entfaltung durchfließt.

Die Edelsteine

Für diejenigen, die in die Arbeit mit Mineralien oder Steinen nicht tiefer eindringen wollen, sei gesagt, daß grundsätzlich die Farbe eines Steines den Zugang zu einer dem Chakra entsprechenden Farbe hat. Darüber hinaus gibt es aber auch noch viele Steine, die zur Heilung der Organe – die Thema des jeweiligen Chakras sind – dienen. Sie können eine andere als die mit dem Chakra verbundene Farbe haben oder sogar schwarz sein. Deshalb bin ich bei der Aufstellung der Edelsteine über eine farbliche Auflistung hinausgegangen.

Steine haben ein eigenes »Leben«, eigene Schwingungen und eigene Botschaften und Aussagen. Sie sind *farbverbunden*, aber dennoch *farbunabhängig*. Für die Farbheilung und Chakra-»Arbeit« können wir farbiges Glas, gefärbten Stoff, ja sogar Plastik nehmen, weil die Farbschwingung unabhängig vom Farbträger wirkt. Anders ist es mit den Edelsteinen. Sie wirken auf ihrer eigenen Schwingungsebene. Die jeweilige Farbe kann intensivierend wirken oder auch den Zugang zu einem Chakra erleichtern. Aber grundsätzlich ist die Farbe der Edelsteine nicht direkt und allein entscheidend für deren Heilwirkung in einem bestimmten Energiebereich.

Es gibt Steine, wie z. B. der Türkis, von dem der farbliche Anteil abgeschliffen und mit einem Bindemittel neu gepreßt wird. Dadurch erhält der Stein eine völlig andere Schwingung, die zwar auf der farblichen Ebene wirkt, aber kaum mehr eigene Heilkräfte als Edelstein besitzt. Ähnlich verhält es sich mit gefärbtem Citrin, der seine gelbe Farbe einzig durch Erhitzung erhält, mit blau gefärbtem Achat und mit gebrannten Amethysten. Es gibt mittlerweile sogar künstlich hergestellte Kristalle, die als Bergkristalle verkauft werden, aber nichts anderes sind als gepreßter Quarz. Dieser Quarz ist somit nicht organisch gewachsen. Die Farbe dieser Steine wirkt zwar auf der feinstofflichen Ebene, aber nur vergleichbar mit einem Stück Glas oder Plastik.

Bei der Anwendung von Farben zur Heilung sind die drei Nichtfarben Schwarz, Weiß und Grau keine Träger von Heilenergie. Interessanterweise sind aber gerade die schwarzen Edelsteine unter den Mineralien Steine mit besonders starker Kraft und oft auch »Schutzsteine« (beispielsweise der schwarze Turmalin, Onyx, Apachentränen, Obsidian, der grauklare Rauchquarz, der silbern glänzende Hämatit, der graue Boji-Stone, die golden, violett und grau-silbern schimmernde Pyrit-Sonne und viele mehr).

Zu meinen Ausführungen über die Heilkräfte der Edelsteine vgl. bitte auch in der Literaturangabe unter°[11].

1. Chakra – Basis- oder Wurzel-Zentrum

indisch	MULADHARA		und Vagina – bei **Männern**:
Farbe	Rot		vordere Anuswand, bei beiden
Aussage	»Ich bin der Anfang.«		ca. 5 cm geradewegs nach oben
	»Ich bin die Kraft.«	Element	Erde
Sitz	vom Steißbein bis zum Kreuz-	Entwicklung	Spüren
	bein im Genitalbereich		1. – 7. Lebensjahr
	bei **Frauen**: zwischen Anus		

Die Entwicklungszeit des Basis-Chakras ist die Zeit der Körperbildung. In den Stadien vom Embryo, Baby, Kleinkind und Schulkind stehen unsere Gliedmaßen und der Kopf jeweils in unterschiedlichem Verhältnis zueinander. Die anfängliche Übergewichtung des Kopfes verringert sich langsam. Mit der Bildung des Körpers bildet sich auch sein Ausdruck des ICH BIN auf der psychischen Ebene.

Drüsen

Bei *Frauen:* Eierstöcke mit den Hormonen Östrogen und Gestagen. Zusammen steuern sie den weiblichen Zyklus. Östrogen allein beeinflußt die Sekretbildung der Vagina in den Bartholinischen Drüsen[1].

Die Plazenta (der Mutterkuchen), die nur während der Schwangerschaft im weiblichen Körper ausgebildet wird, ist die erste Hormonlieferantin jedes Menschen.

Bei *Männern:* Die Hoden mit dem Hormon Testosteron, das die Bildung der Samenfäden, die Geschlechtsmerkmale, den Körperbau, den Bartwuchs und die Kehlkopfgröße beeinflußt.

Bei beiden Geschlechtern werden sie generell in dem Begriff Fortpflanzungs- und Keimdrüsen zusammengefaßt. Die Plazenta wird fast nie als Drüse erwähnt.

Zyklusstörungen und -schmerzen, Eierstockentzündungen sowie Bartholinitis rühren von

einem gestörten Verhältnis zu den eigenen Genitalien (»Mein Ge-schlecht ist schlecht«) her. Es ist wichtig, zu verstehen, daß es nicht normal ist, Menstruationsschmerzen zu haben.

Meist sind es alte Schmerzen, die nicht aufgearbeitet wurden und durch eine Sexualpartnerschaft »angerührt« werden. Als Reaktion und Vermeidungsstrategie (sich nicht mit den eigentlichen Problemen auseinanderzusetzen) bleiben nur die Krankheit oder Schmerzen.

Männer leiden im Bereich der Genitalien äußerst selten, es sei denn, sie sind impotent, haben auch nur selten frühe schmerzhafte Erfahrungen machen müssen. Ich denke hier an sexuellen Mißbrauch von Kindern, der vorwiegend Mädchen betrifft. Oft haben Männer jedoch Angst, von der Vagina »aufgefressen« zu werden, was zur »impotentia praecox« (vorzeitiger Samenerguß) führt. Sie verlieren sozusagen die »Be-herr-schung« über die Frau und somit über ihren Samenerguß.

Störungen

Findet die Unterversorgung des Basis-Chakras ihren Ausweg in Krankheit und Leiden, so äußern sie sich in Orgasmusschwierigkeiten, Impotenz, Erkrankungen der Prostata, Blasenentzündungen, Zyklusstörungen und -schmerzen, Eierstock- und Eileiterentzündungen, Bartholinitis, mangelndem Vaginalsekret, Hämorrhoiden, niedrigem Blutdruck, kalten Füßen, Durchblutungsstörungen.

Die Farbe Rot

kann nicht bei allen Erkrankungen im Bereich des Basis-Chakras angewandt werden. Entzündungen (in Enddarm, Blase, Eierstock und Eileiter) verstärken sich grundsätzlich durch Rot und sind im akuten Zustand mit Blau zu behandeln. Langfristig kann jedoch mit Rot auf die Unterversorgung des Chakras eingewirkt werden, so daß es nicht mehr zu Entzündungen kommen muß. Wirkungsvoll ist die

---

[1] Die Funktion der Bartholinischen Drüsen ist weitgehend unbekannt, obwohl sie überaus wichtig sind. Sie produzieren mit Hilfe des Hormons Östrogen das Sekret in der Vagina, das entsteht, wenn Frauen sexuell erregt sind. Die Drüsen haben ungefähr die Größe eines Stecknadelkopfes und befinden sich auf beiden Seiten des vaginalen Eingangs.
Bei Erkrankung (Bartholinitis) verschließt sich die Abflußmöglichkeit des Sekrets – was durch unbewußte Verweigerung oder schuldbeladene Sexualität hervorgerufen werden kann – und bildet eine Kapsel (Abszeß). Diese vereitert, was überaus schmerzhaft ist, und kann tennisballgroß werden. In der Regel wird der Abszeß operativ entfernt.

Farbbehandlung aber nur, wenn sie mit einer Auseinandersetzung und Bewußtwerdung in diesem Chakra einhergeht. Bei Zyklusstörungen wird durch Rot die Blutung stärker, auch Fieber erhöht sich. Hämorrhoiden sind zwar eine Erscheinung der Unterversorgung des 1. Chakras, können aber dennoch nicht mit Rot behandelt werden, weil dadurch der Blutdruck steigt und Hämorrhoiden häufig das Ergebnis von zu hohem Blutdruck sind. Statt Rot helfen hier der Heliotrop, Hämatit und Malachit.

Stagnation

Bleibt der Mensch in der Entwicklung des 1. Chakras stecken und regelt sein Leben hauptsächlich aus diesem Zentrum, führt dies zu Machtmißbrauch, Aggressivität, Cholerik, Gewalt, Despotismus, Sexualitätsmißbrauch, Alkoholismus und Kaufsucht. In gemilderter Form sind die Menschen laut, haben immer recht, spielen sich nach vorn, nehmen hauptsächlich sich selbst wahr, verachten gern andere, sind launisch.

Der Weg

Es gilt einzusehen, daß die eigene Kraft – wird sie destruktiv gelebt – gegen mich selbst gerichtet ist. Die Dominanz *muß* aufgegeben werden. Es gibt nichts, was erreicht werden muß. Es ist alles schon da und richtig, wie es ist. Es gibt keinen Menschen unter mir, der von mir lernen oder mir folgen soll. Es gibt keinen über mir, dem ich imponieren will. Der Kampf ist zu Ende.

Das freie Sein

Das ist ein Leben im Hier und Jetzt. Es ist Ausstrahlung von Kraft und Sicherheit, die Lust, aktiv und kreativ zu sein. Es ist die Fähigkeit, andere zu begeistern und mitzureißen, ohne sie zu beherrschen. Es ist die Liebe zur Natur und allem »Handfesten«, Praktischen. Es ist das Urvertrauen in sich selbst.

Edelsteine

Rote Steine:

Roter Jaspis	ist Geburtshelfer, Stein für die Blase, bei Menstruationsbeschwerden, Eileiterentzündungen
Schaumkoralle	für die Blase, bei Menstruationsschmerzen
Rubin	verbindet körperliche mit geistiger Liebe, fördert die Selbstachtung bei niedrigem Blutdruck, Menstruationsbeschwerden, Zyklusstörungen
Granat	gibt Mut für Neubeginn, bei niedrigem Blutdruck, ist potenzsteigernd
Achat	gibt Geborgenheit, Erdung, hilft bei Prostatabeschwerden

Andere Farben:

Karneol	Eierstöcke
Heliotrop	Blasensteine, Hämorrhoiden, Urintrakt, Prostata
Hämatit	zur Regeneration, bei Hämorrhoiden, für Steißbein, Wirbelsäule, Kundalini, 1. Chakra stärkend
Rauchquarz	aktiviert die Urkräfte des Körpers
Zoisit mit Rubin	Geschlechtsbereich, potenzsteigernd
Turmalin (Schwarz) (Grün) (Schwarz)	Blase, Menstruationsbeschwerden, Zyklusstörungen niedriger Blutdruck, Hodenentzündung Eierstöcke
Malachit	Hämorrhoiden, Menstruationsbeschwerden

2. Chakra – Sakral- oder Nabel-Zentrum

indisch	SVADISTHANA
Farbe	Orange
Aussage	»Ich empfange und gebäre.« »Alles ist im Fluß.«
Sitz	In der Höhe vom 5. Lendenwirbel und Kreuzbein. Sitzt etwa eine Handbreit unter dem Bauchnabel, der Stelle, welche die Japaner als HARA bezeichnen.
Element	Wasser
Entwicklung	Fühlen 7. – 14. Lebensjahr

Es ist die Zeit, wo die Hinwendung zum DU und der damit verbundenen Auseinandersetzung mit dem fremden »Außen« geschieht. Tiefe Freundschaften mit existentiellem Charakter werden geknüpft, womit das DU zum ICH »geholt« und als Instanz intergriert werden kann.

Um es vorwegzunehmen: Ich spreche beim 2. Chakra, wie schon in der Einleitung erwähnt, nicht vom »Milz-Zentrum«, weil diese Bezeichnung durch die Ablehnung von Sexualität kreiert wurde. Ebenso beziehe ich in das Chakra der Sexualität nicht die Genitalfunktionen mit ein. Beide schwingen zwar vereint und werden von den Japanern als HARA (Bereich für Lebensenergie) bezeichnet. Dennoch ist jedes mit seiner Energie unterschiedlich und auch voneinander getrennt zu sehen. Sexualität verstehe ich als Lebensmotor und Boden der Fruchtbarkeit. Der Genitalbereich mit seinen Funktionen und Drüsen ist dem 1. Chakra zugeordnet. Die Milz gehört für mich eindeutig in den Bereich des 3. Chakras.

Drüsen

Die **Nebennierendrüsen**: Die Nebennieren sind kleine Kappen, die auf den Nieren sitzen, aber mit der Nierenfunktion selbst nichts zu tun haben.

Die **Nebennierenrinde** bildet das Hormon für den Mineralhaushalt (z. B. Aldosteron) und Hormone für den Kohlehydrat- und Eiweißstoffwechsel (z. B. Kortisone).

Das **Nebennierenmark** mit den Hormonen Adrenalin und Noradrenalin ist für die Körperfunktionen bei Streß und in Ausnahmesituationen (wie körperliche Auseinandersetzungen) zuständig.

Menschen, die in ihrem Leben für dauerhafte Anregung des Nebennierenmarks (Dauerstreß) sorgen, haben als Grundthema die Schwierigkeit, fruchtbaren Boden für prozeßhaftes Wachstum zu bieten. Sie würden gern alles augenblicklich aus dem Boden stampfen. Dabei ist Streß die sichere Garantie, *alles* absterben zu lassen, was Emotionen, Liebe, Entwicklung und Wachstum bedeutet. Das Herz als Organ der Liebe reagiert auf Streß – im wahrsten Sinne des Wortes – am durchschlagendsten: mit Herzinfarkt. Streß ist der adäquate Ausdruck fehlender Liebe für sich selbst.

Mangelerscheinungen im Mineralhaushalt sowie Stoffwechselschwierigkeiten, die von der reduzierten Funktion der NN-Rinde stammen können, sind häufige Begleiterscheinungen bei dieser Art der Lebensführung.

Störungen

In Krankheit findet die Unterversorgung für Frauen ihren Weg in allen Gebärmuttererkrankungen und – wie beim 1. Chakra – in Periodenschmerzen. Beide Geschlechter erkranken an Streß, leiden an Mineralstoffmangel aufgrund NN-Unterfunktion, an Ödembildungen im Körper und an Erkrankungen des unteren Darmbereichs.

Die Farbe Orange

entspannt den gesamten Unterleib und bewirkt wahre Wunder bei Krämpfen und Erkrankungen der Gebärmutter sowie des unteren Darmbereichs. Sie macht wach und lebendig. Bei Streß sollte sie jedoch vermieden werden, weil sie noch stärker anregt. Hier hilft dann ein Rosenquarz oder Citrin, den Sie immer bei sich tragen können.

Stagnation

Bleibt der Mensch im 2. Chakra stecken, werden Sexualpartner ohne Gefühle von Liebe häufig gewechselt. Verführungssucht wird zum Lebensinhalt, aber gefühlskalt ausgekostet. Menschen werden konsumiert wie Waren. Nichts geht schnell genug. Solche Menschen sind im Dauerstreß. Das einzige, was sie ruhig erscheinen läßt, ist ihre gespielte »Coolness«.

Der Weg

Es gilt zu verstehen, daß alles, was entstehen soll, *von mehr als dem eigenen Willen* abhängt. Die psychische Voraussetzung für das was entstehen soll, ist erwarten und *empfangen* zu können. Dazu bedarf es eines anderen Menschen oder einer anderen Kraft, mit der Symbiose erfolgen kann. Allein geht es nicht . Das muß zum Kernsatz werden. Nichts geht allein, wenn wir auch so tun, als hätten wir alles »im Griff«. Einem anderen Menschen oder einer Sache Raum und Zeit zu geben, bis das Ergebnis *geboren werden will*, ist Hauptthema des 2. Chakras.

Das freie Sein

Das ist ein Leben, das als Fluß angenommen wird, ohne regelnd einzugreifen. »Ich kann weder starten noch aufhalten.«

Erotik und Sexualität werden liebevoll und offen gelebt. Partnerschaft wird auf der Ebene tiefer Gefühle möglich.

Edelsteine

Orange Steine:

Karneol	Stein für den Lebensfluß, hilft bei Eierstockentzündung und Menstruationsschmerzen
Feueropal	2. Chakra-Bereich wärmend
Selenit (Gelborange)	Gebärmutter; heilt Schmerzen aus der Vergangenheit

Andere Farben:

Rosenquarz	gegen Streß; hilft, sich selbst lieben zu können
Pyrit-Sonne	Streßabbau
Rubin	Nebennierendrüsen, bei Darmgrippe
Hämatit	*der* Schwangerschaftsstein
Citrin	Streßabbau, unterstützt den Eiweiß- und Kohlehydratstoffwechsel
Rutilquarz	Stein der »Annahme«, hilft bei Darmentzündung
Roter Jaspis	bei Dünndarmentzündung, Gebärmutter- und Menstruationsschmerzen
Turmalin	Dünndarmentzündung, Eierstockentzündung
Heliotrop	dünndarmstärkend, Gebärmutter
Achat	für Geborgenheit, dünndarmstärkend, Gebärmutter, Geburtsstein
Falkenauge	erhöht Toleranz, hilft bei Darmkrämpfen
Tigerauge	gegen Darmkrämpfe
Amethyst	Ödeme, Streßabbau
Smaragd	für Fruchtbarkeit, gibt Lebenskraft

3. Chakra – Solarplexus-Zentrum

indisch	MANIPURA
Farbe	Gelb
Aussage	»Ich gebe und werde angenommen.« »Es kommt und geht.«
Sitz	Im Gürtelbereich Zwischen 12. Brust- und 1. Lendenwirbel
Element	Feuer
Entwicklung	Orientierung 14. – 21. Lebensjahr

Die Offenheit im Charakter dieses Chakras tritt in diesem Lebenszyklus besonders deutlich in Erscheinung. Es ist die Zeit, wo die Orientierung in der Welt stattfindet. Reisen werden unternommen, die reich an Erfahrung und Wissen werden lassen. Jetzt ist es möglich, Beziehungen zu anderen Menschen auch locker knüpfen zu können.

Drüsen

Die Bauchspeicheldrüse (Pankreas) produziert die Verdauungssäfte sowie die Hormone Insulin und Glukagon. Insulin senkt den Blutzuckerspiegel, Glukagon erhöht ihn und wirkt leberanregend.

Die Bauchspeicheldrüse hat das Thema der sexuellen Wünsche, die man sich zu erfüllen verwehrt bzw. erfüllen läßt. Nie ausgelebte Phantasien von Berührungen und Zärtlichkeit aufgrund von Verklemmung können zu Beschwerden im Pankreas führen. Diese Menschen verwehren sich die Süße des Lebens und werden »Zucker«-krank.

Diabetiker unterwerfen sich meist schicksalhaft den Regeln, die die Krankheit fordert. So sind sie immerfort damit beschäftigt, »zu sündigen«, Verbote zu brechen und wieder zu befolgen, zu leiden und – vor allem – etwas Besonders zu sein. »Ich kann ja nichts dafür«, sagt man und ergibt sich dem Schicksal.

Störungen

Außer Zuckerkrankheit entstehen bei der Unterversorgung des 3. Chakras alle Krankheiten im Gürtelbereich an Magen, Leber, Galle, Nieren, im oberen Darm, sowie jede Art von Verdauungsschwierigkeiten.

Geld-Probleme sind immer auch Gelb-Probleme. Geldsorgen von Menschen, die ihr Leben erwachsen und selbständig gestalten können, sind für mich ein Krankheitssymptom. Natürlich gibt es Armut, für die die Betroffenen keine Verantwortung haben. Dies hat nichts mit einem Gelb-Problem zu tun.

Sehr oft finden wir hinter finanziellen Problemen einen stark ausgeprägten Suchtcharakter, z. B. immerzu kaufen »zu müssen«, wodurch Geldsorgen zum Gelb-Problem werden. Die Eigenverantwortlichkeit ist bei diesen Menschen auf ein Minimum reduziert, der eigene Wert kann nur über permanente Anschaffungen neuer Güter empfunden werden. Je teurer, desto besser – je heimlicher, desto interessanter. Diesen Menschen helfen zu können, ist sehr schwer. Oft nehmen sie gerne therapeutische Hilfe in Anspruch, weil sie sich durch die Therapiekosten erneute Aufwertung verschaffen können. Leider führt dies zu einem *circulus vitiosus*, und die Betroffenen auf der Suche nach einem Helfer, brauchen eigentlich Hilfe vor dem Helfer.

Die Farbe Gelb

kann zur Behandlung aller organischen Erkrankungen im Bereich des 3. Chakras angewandt werden. Zusätzlich hilft sie bei Verhärtungen, wie Rheuma, Arthritis und Arthrose. Sie durchstrahlt die Glieder wie die Sonne. Auch Depressionen, Niedergeschlagenheit und Angst erfahren mit Gelb Aufhellung und eine Wendung zur Heiterkeit.

Stagnation

Die Menschen, die das 3. Chakra zum Lebensinhalt erheben, geben der Angst den größten Raum in ihrem Alltag. Es ist Angst vor Realem wie vor Irrealem, Angst vor der Zukunft, vor Dunkelheit, Angst um die Menschen, mit denen sie zusammen sind, Verlustangst und Existenzangst.

Alles wird fest- und zusammengehalten: Besitz, Geld, Partner, Lebenseinstellungen, Dogmen. Oft sehen diese Menschen »verknöchert« oder »vertrocknet« aus, weil sie sich keinen Genuß gönnen.

Der Weg

Das Hauptthema dieses unterversorgten Chakras ist, sich selbst und anderen *alles* zu gewähren. Ich kann genießen und die Menschen achten, die genießen – auf welche Weise sie dies auch immer tun. Es gilt zu verstehen, daß wir nichts festhalten können. *»Alles, was ihr habt, wird eines Tages gegeben werden.«*
Khalil Gibran [3]
Das »Teilen« meines Besitzes und auch das Mit-teilen von allem, das ich weiß und anderen ein Gewinn sein könnte, ist etwas, das ich lernen muß. Es gilt, die eigene Enge zu durchbrechen, verhärtete Strukturen und Ängste aufzulösen und sich zu öffnen.

Das freie Sein

Es ist die Integration von Geben und Nehmen im Gleichgewicht. Die eigene innere Sonne »Solarplexus« kann für alle strahlen. Aus Wissen und Erfahrung wird mit Intelligenz und Weisheit eine in sich ruhende Instanz zu den Dingen und Menschen gebildet.

Edelsteine

Gelbe Steine:

Citrin (klar und gelb)	öffnet (!) und vermittelt Zuversicht, stärkt bei Diabetes die Bauchspeicheldrüse, gut bei Magenbeschwerden
Bernstein	Magen, Leber- und Gallenbeschwerden, für das gesamte Verdauungssystem
Jaspis (gelb)	Gastritis, Leber, Magen, Nieren
Jade (gelb)	Milz, Nieren, hilft gegen Angst

Andere Farben:

Sodalith	Diabetes
Smaragd	Diabetes, Gallenentzündung, Magen, Nierenentzündung, Verdauungsprobleme
Heliotrop	Bauchspeicheldrüse, Gallenblase, Leber, Magen, Nierenentzündung
Karneol	Leberentzündung, Magen, Nierenentzündung, für die Giftstoffausscheidung
Pyrit-Sonne	Magen-Darm-Entzündungen
Malachit	Bauchspeicheldrüse, Milzerkrankungen, Verdauungsprobleme
Saphir	Nierenentzündung
Goldtopas	für mentale und psychische Verdauung
Feueropal	für das gesamte Verdauungssystem
Rutilquarz	für Harmonie, bei Magenkrämpfen

4. Chakra – Herz-Zentrum

indisch	ANAHATA
Farbe	Grün (Gold und Rosa)
Aussage	»Ich bin in Liebe.« »Ich bin in Harmonie.«
Sitz	In der Höhe zwischen dem 4. und 5. Brustwirbel In der Körpermitte im Bereich des Herzens
Element	Luft
Entwicklung	Balance 21. – 28. Lebensjahr

Nachdem das ICH gebildet ist, mit dem DU konfrontiert und die eigenen Vorstellungen in der Welt plaziert wurden, beginnt jetzt der Zyklus, Balance zu finden und eine Synthese zu bilden zwischen allen vorherigen Prinzipien. Liebeskraft und Herzenswärme in der Gemeinschaft finden volle Entfaltung. Es ist die ideale Zeit für Mutter- und Vaterschaft.

Drüsen

In der Regel wird dem Herzchakra die Thymusdrüse – auch Körperwachstumsdrüse genannt – zugeordnet. Ich halte die Thymusdrüse für eine eigenständige Instanz und ordne dem Herz-Chakra das Organ Herz zu.

Alle Funktionen der Thymusdrüse stellen den seelischen Charakter dieses Organs anders dar, als es dem Herz-Chakra zuzuordnen wäre. Vgl. hierzu die Ausführungen über Türkis, die nach dem Herz-Chakra folgen.

Das Wesen des Herz-Chakras ist nicht die Abwehr, sondern ihr Gegenteil: Annahme und Liebe. Es ist die Nächstenliebe, das Mitgefühl, die ich-freie Liebe, die Herzlichkeit, die aus diesem Zentrum strömt. Ich wage nun zu behaupten, daß das Herz-Chakra keinen Bezug zu einer Drüse hat, sondern als Organ selbst die inkarnierte Liebe ist.

Auf der physischen Ebene nimmt – von allen Organen – das Herz eine Sonderstellung in unserem Körper ein. Es ist das einzige Organ, das nicht an Krebs erkrankt(!). Wir können uns vorstellen, daß es daher kommt, weil es das »Organ der Liebe« ist und Krebs (neben Streß oder unterdrückten Problemen) der körperliche Ausdruck fehlender Liebe ist.

Den Bereich des Herz-Chakras können wir in drei Gebiete einteilen, die jeweils eine eigene Aussage haben: in das obere, mittlere und das untere Herz[1]. Jedem dieser Bereiche habe ich eine der drei Heilfarben, die wir im Zusammenhang mit dem Herz-Chakra kennen, zugeordnet:

Grün – dem *oberen* Herzbereich (unterhalb der Thymusdrüse), wo alles Herzeleid, das wir in unserem Leben erfahren haben, gespeichert ist. Fassen wir dort hin und führen unseren Geist an die Stelle, brechen sehr schnell alte Wunden, die ungeheilt blieben, wieder auf. Musikalisch rühren an diesen Teil des Herzens Stücke wie das »Ave Maria«, »Samson und Dalila«.

Gold – dem *mittleren* Herzbereich (eine kleine Handbreit weiter unten), wo sich der Bereich des geheilten oder des sich in Heilung befindlichen Herzens befindet. Es ist Ausdruck beschwingter Heiterkeit. Menschen, die diesen Teil der Herzenergie verkörpern, haben etwas Heilsames an sich. Musikalisch stehen dafür die Klänge des Walzers.

Rosa – dem *unteren* Herzbereich (wieder eine kleine Handbreit weiter unten, über dem Solarplexus), der mit bedingungsloser, ich-freier Liebe in Zusammenhang gebracht werden kann. Es ist der Zustand, wo Liebe nicht mehr an einen bestimmten Menschen gebunden ist, sondern sich an alle richtet. Hier kann die Musik von Enja[2] ausdrücken, was ich meine.

---

[1] Herbert Budicek, Seminar: »Tao des Heilens« (Jahrestraining 1993)

[2] *Enja* hat sich mit sanften Klängen und Texten, die Gebeten gleichen, in die Charts der Popmusik gesungen.

Störungen

Wenn das Herz auch nicht an Krebs erkranken kann, so gibt es doch sehr viele Erkrankungen an diesem Organ: Herzrhythmusstörungen, Herzklappenfehler, Erkrankungen der Herzkranzgefäße, Angina pectoris und nicht zuletzt der Herzinfarkt, bei dem ein Loch (!) in das Herz gerissen wird. Die jeweilige Größe des Loches entscheidet über Leben oder Tod. Ein Herzinfarkt ist ein wirklich lauter Ruf der Engel, sich an das eigene »Ich« zu wenden. Rudolf Steiner spricht bei den Herz-Erkrankungen von einer mangelhaften Erzeugung von Eigenwärme.[*12] Gemeint ist die Seelenwärme, mit der wir den Begriff der »Warmherzigkeit« verbinden.

Die Farben Grün, Gold und Rosa

helfen bei allen Erkrankungen im Herzbereich, haben aber auch für den Gesamtorganismus beruhigende und harmonisierende Wirkung. So erleichtert Grün ruhigen Schlaf und beruhigt die Seele bei Ärger. Eine negative Lebenseinstellung erfährt ebenfalls Heilung durch Grün. Rosa unterstützt die Bemühung, stärker auf sich selbst zu achten und sich zu lieben. Gold ist das Schutzzelt für uns selbst und alle Dinge und Menschen, die wir schützen wollen.

Stagnation

Handeln wir ausschließlich aus diesem Chakra heraus, hat das für niemand negative Konsequenzen. Es ist eines der drei Chakras, aus denen heraus zu agieren niemals zuviel werden kann. (Die beiden anderen sind das Stirn-Zentrum, das mit dem Herz-Chakra korrespondiert, und das Scheitel-Chakra.) Auch in der Farbbehandlung können die Farben Grün, Gold und Rosa keine negative Wirkung haben.

Der Weg

Bei Unterversorgung (Krankheit) ist der richtige Weg, sich in das Gefühl der Liebe zu begeben. Ich muß begreifen, daß Liebe durch mich selbst als Gefühl fließen sollte und nicht von außen an mich herangetragen wird. Liebe kann ich nicht vermissen, noch fordern. Ich muß sie leben, bedingungslos und ich-frei.

Das freie Sein

Durch Liebe werden sich heilende Kräfte für mich selbst und andere entfalten. Wie ein Friedensengel sind wir fähig, die Wogen von Kommunikationsschwierigkeiten zu glätten. Ich bin beschwingte Heiterkeit und glückselig – geschöpft aus dem Da-Sein in dieser Welt.

Edelsteine

Grüne Steine:

Malachit	Liebeskummer, Mitgefühl, Nächstenliebe, Herzkrämpfe
Chrysokoll	Verbindung von Stirn- und Herz-Chakra
Chrysopras	Herzkräftigung
Olivin	für die Heiterkeit des Herzens, bei Herzerkrankungen
Moosachat	Kontakt und Liebe zur Natur
Turmalin (grün)	Herz-Schutz, zur Konflikt-Bewältigung und -Lösung
Wassermelonen-Turmalin	nach Herzinfarkt, hilft, Blockaden im Herz-Chakra zu lösen
Jade (grün)	für Frieden und Harmonie, für die Leichtigkeit des Herzens
Saphir	Herzinnenhautentzündung, Herzschmerzen
Smaragd	Herzschwäche, Verständnis für jeden und alles

Gold	Wirkt als Metall-Legierung auf der physischen Ebene heilend und wärmend im Herzbereich und auf der geistigen Ebene harmonisierend auf das Herz.
Rosa Steine:	
Rosenquarz	bei fehlender Liebesfähigkeit (auch für sich selbst), zur Beruhigung, bei Liebeskummer, für die Schönheit der Sinne, für geistig-spirituelle Entwicklung

Rhodonit	aktiviert Erneuerungsprozesse
Rhodochrosit	Verbindung mit der geistigen Welt, löst emotionale Verkrampfungen
Kunzit	für Gradlinigkeit (steht mit dem 6. Chakra in Verbindung), für ich-freie Liebe
Wassermelonen-Turmalin	siehe Grüne Steine

Thymus – Die Kraft ohne Chakra-Zuordnung

Farbe	Türkis
Aussage	**»Ich bin ich und Du bist Du.«** **»Ich habe die Wahl.«**
Sitz	Da wo wir auf unsere Brust zeigen, wenn wir »Ich« sagen.
Element	Luft
Entwicklung	Unterscheidung 26. – 32. Lebensjahr

Es ist die Entwicklung eines Potentials, das die Eigenschaften des Herzens mit der Klarheit des Wortes und des Verstandes verbindet. Beide Chakras – Herz und Hals – werden von dieser Energie begleitet, als sei sie eine dahinterliegende Kraft, die zwischen beiden jongliert.

Drüsen

Die Thymusdrüse (griech. Thymos = Sitz des Gemüts, des Willens, der Seele, des Mutes) schüttet das Thymo-Hormon aus.

Sie wird auch immer noch als Körperwachstumsdrüse bezeichnet, was ihr den Ruf einbrachte, daß sie für Erwachsene keine Relevanz mehr habe und bereits im Alter von ca. neun bis zwölf Jahren geschrumpft sei.

Tatsächlich ist sie aber zeitlebens Hauptorgan für unser Abwehrsystem und wird mittlerweile als »Gehirn der Immunabwehr« bezeichnet. Mit dem Zentralnervensystem direkt verbunden, ist sie nicht nur Drüse, sondern gehört auch zu den lymphatischen Geweben, die Filter- und Reinigungsfunktion im gesamten Körper erfüllen. Die Flüssigkeit des Gewebes (die Lymphe) enthält eine große Zahl weißer Blutkörperchen (Leukozyten), die die Aufgabe der Abwehr- und Verteidigungsposition innerhalb unseres Körpersystems übernehmen.

Über kein anderes Organ wurde in den letzten Jahren so viel geschrieben wie über die Thymusdrüse. In den meisten Erläuterungen finden wir Kampfausdrücke wie Abwehr, Polizei, Krieg und Militär. Um dies zu verdeutlichen, habe ich einen Auszug aus einem pharmazeutischen Informationsblatt ausgewählt, der allgemein verständlich ist:

*»Ist in unserem Körper ein **Erreger** oder **Schadstoff** entdeckt, so wird ein **direkter Angriff gegen ihn** gestartet. Die in der Thymusdrüse ausgebildeten **Abwehrkräfte** übernehmen dabei die Funktion einer Steuerzentrale und **leiten den Einsatz**. Es sind dies die sogenannten Thymus-Lymphozyten, die T-Zellen, die in allen Lymphknoten gespeichert sind und in regionale Lymphknoten wandern, wo sie über ihren Weg in die Blut- und Lymphbahnen*

auf verwandte **Abwehrzellen** treffen, die **B-Lymphozyten**. Diese müssen aber für einen Teil ihrer **Abwehraufgaben** erst noch ausgebildet werden. Für schnelle Hilfsaktionen werden sie von den T-Lymphozyten mit dem notwendigen Wissen über schädliche Stoffe ausgestattet. Daraufhin produzieren die B-Lymphozyten passende **Fangnetze**, sogenannte **Antikörper**. Diese heften sich an die **Erreger** und präsentieren ihre **Beute** dann zur **Vernichtung** weiterer spezialisierten Zellen. Hauptakteure sind dabei wieder bestimmte Formen der uns bereits bekannten T-Lymphozyten, die sogenannten **Killer-Zellen**. Den letzten Teil des **Abwehreinsatzes** bestreiten dann spezielle **Freßzellen**, die die verbliebenen Überreste der Schadstoffe verdauen und für den Abtransport sorgen.«
(Dr. J.Westphal und Dr. J.Fellermeier, Ein Service der Dr. Mulli-Pharma, Neuenburg)

Der Sprachgebrauch des Textes ist beispielhaft, hat aber nicht das geringste mit dem Wesen des Herz- oder eines anderen Chakras zu tun. Dem Thymus geht es nur um Abwehr. Sein Lebensinhalt wird uns von Medizinern und der Pharma-Industrie als Kampf und Vernichtung dargestellt. Damit wird uns suggeriert, daß »Krieg« in unserem Körper zu unserem Wohle stattfindet. Mit Sicherheit ist die Funktion der Thymusdrüse – wie die des gesamten lymphatischen Systems – für unseren Organismus eine notwendige Lebensvoraussetzung. Dennoch glaube ich, daß dieses Organ nicht mit dem Wesen irgendeines Chakras in Zusammenhang gebracht werden kann.

Störungen

Die Krankheiten im »türkisen« Zentrum sind Bronchitis, Lungenerkrankungen, häufige grippale Infekte, schwaches Immunsystem (mit AIDS an der Spitze), Lymphdrüsenentzündung und Erkrankungen der Speise- und Luftröhre. Ferner sind es Allergien, wie Nesselsucht, Heuschnupfen, Quincke-Ödem, Bronchialasthma, Neurodermitis, Kontaktekzem.

Die Farbe Türkis

wirkt heilend im gesamten Thymusbereich und hilft zum Beispiel sehr schnell gegen einen Anflug von Grippe. Besonders wirksam ist sie auf der psychischen Ebene als Abgrenzungsfarbe. Menschen, die mit den Schwingungen vieler anderer umgehen müssen (Lehrer, Kursleiter, Verkäufer), werden den wohltuenden Schutz der Farbe auf Stoff oder als Stein deutlich spüren, wenn sie ihn nutzen. Es ist kein starker Schutz gegen Negativeinflüsse, aber er wirkt gegen alles, was das eigene System irritiert.

Stagnation

Läßt man den charakterlichen Ausdruck der Thymusdrüse zum eigenen Hauptthema werden, so werden Kampf und Abwehrverhalten zum Leitthema des Lebens. Es werden Ziele und Vorstellungen ohne Rücksicht auf Seelenverletzungen anderer Menschen durchgesetzt. »Der Zweck heiligt die Mittel«, lautet der Kernsatz dieser Lebensstrategie. Ständig glauben diese Menschen, sich schützen zu müssen, sind auf der Hut vor vermeintlichen Angriffen und werden damit selbst zum Angreifer.

Der Weg

Es geht darum, »Krieger des Herzens« zu werden. In der Mitte zwischen Wort (Kehle) und Herz gilt es, diese Balance mit Liebeskraft zu festigen. Das Herz kann die Worte – die Kommunikation mit anderen – zu Instrumenten der Liebe machen. Erst die Existenz von Feinden macht die Entwicklung der Abwehr unumgänglich. Es gilt, die Feinde zu lieben, anstatt die Abwehr zu verstärken.

Das freie Sein

Es ist ein Leben voller Kraft in der Funktion des Beschützers für alle, die zu schwach und nicht in der Lage sind, sich alleine durchzusetzen. Es ist die Fähigkeit, sich gegen wirkliche

Angriffe mit Weisheit so zur Wehr zu setzen, daß daraus keine Verletzungen entstehen. Es ist die Schärfe und Wahrheit des Wortes, vereint mit der Güte des Herzens.

Edelsteine

Türkise oder zartblaue Steine:

Türkis	starker Schutzstein für die Aura, bei Erkrankungen der Lunge, Atemwege, Drüsen, Augen, bei Grippe, Krankheiten des Immunsystems
Aquamarin	Thymusdrüse, Lymphknoten
Azurit	Thymusdrüse

Andere Farben:

Rutilquarz	Lunge

Blauquarz	Lunge, Nervensystem
Blauer Jaspis	Lunge, Klarheit
Bernstein	Schutzstein, bei Lungen- und Lymphdrüsenerkrankungen
Amethyst	Schutzstein, Thymusdrüse
Bergkristall	Thymusdrüse
Schwarzer Turmalin	Schutz gegen starke unsortierbare Schwingungen wie z. B. auf Messen, in Kaufhäusern

Sowie alle anderen Schutzsteine:

Amethyst, Chrysokoll, Chrysopras, Citrin, Tigerauge, Falkenauge, Regenbogen-Obsidian, Apachentränen, Moldavit, Serafinite

5. Chakra – Kehl- oder Hals-Zentrum

indisch	**VISHUDDHA**	
Farbe	**Blau**	
Aussage	»Mein Wort ist wahr.« »Mein ist die Stille.«	
Sitz	Zwischen 7. Hals- und 1. Brustwirbel In der Kehlgrube ausströmend auf den ganzen Hals	
Element	Äther	
Entwicklung	**Klang** 28. – 35. Lebensjahr	

Es ist der Zyklus der Wendung nach innen. Das eigene Bewußtsein drückt sich durch die Sprache und deren Klang aus. In dem Maß, wie die Kraft des eigenen Wortes zum Resonanzkörper in der Umwelt wird, führt das Schweigen in die innere Klangwelt.

Drüsen

Die Schilddrüse mit dem Hormon Thyroxin. Sie organisiert die Nahrungsverwertung.

Die Nebenschilddrüse regelt den Calcium- und Phosphorhaushalt.

An dieser Drüse erkrankte Menschen spüren bei jedem Problem »sofort ihre Schilddrüse«, wie sie meinen und greifen zur Pille. In Wirklichkeit spüren sie sich selbst und haben nicht gelernt, das, was sie im Spiegel sehen, als ihr ICH zu erkennen und anzunehmen. Mit dem Spiegel meine ich hier auch die eigenen Schattenseiten, die auf andere übertragen und dort dann abgelehnt werden.

Zwei gegensätzliche Krankheitsbilder bietet die Schilddrüse: einmal die *Überfunktion*, zum anderen die *Unterfunktion*.

Die *Überfunktion* ist die Kristallisation seelischer Überlastung. Diese Menschen können eigentlich schon lange nicht mehr und wissen gar nichts von der Wichtigkeit, eigene Grenzen zu setzen.

Bei der *Unterfunktion* fühlen sich die Personen dauernd überlastet, obwohl sie immer nur das Notwendige tun. Es sind die Menschen, die am liebsten nicht arbeiten gehen müßten und von denen man am besten nichts verlangt oder erwartet. Ihnen ist alles zuviel. Oft sind sie schnell gekränkt und fühlen sich diskreditiert, wo absolut kein Anlaß dafür zu finden ist.

Eine gute Übung, den Geist entgegen dieser Verhaltensweisen zu stärken, kann für die »Unterfunktionierenden« sein, Briefe an jeden Menschen zu schreiben, gegen den sie ihr Wort erheben wollen (auch an sich selbst), und dabei einen Spiegel vor sich zu stellen, so daß sie sich beim Schreiben sehen. Die Briefe sollten sie sammeln und eines Tages ... geheilt sein.

Störungen

Die Blockaden im Ausdruck liegen – neben den Schilddrüsen-Erkrankungen – alle im Halsbereich: steifer Hals, häufiges Husten, permanentes Kratzen im Hals, das Gefühl, einen »Frosch verschluckt« zu haben, Schluckbeschwerden, Stottern, eine gebrochene Stimme, des weiteren Schwerhörigkeit, Mittelohrerkrankungen, Nebenhöhlenaffektionen. Die Stimme klingt bei Halsblockaden gepreßt, unklar, dünn, kratzig. Je freier der Energiefluß von unten nach oben ist, desto klangvoller, schwingungsreicher und klarer ist die Stimme.

Die Farbe Blau

beruhigt und wirkt entzündungshemmend. Sie senkt den Blutdruck. Blau kann bei Akne und Couperose vorrangig eingesetzt werden. Sie hilft, leichter einzuschlafen und dann auch ruhiger durchzuschlafen. Deshalb sollten Sie Blau vermeiden, wenn Sie müde sind, aber wach sein wollen. Weiterhin ist sie Heilfarbe für alle Blockaden im Bereich des 5. Chakras.

Stagnation

In der Entwicklung des 5. Chakras steckenzubleiben, bedeutet, in der Sprache selbst den Sinn der Beziehung zu anderen Menschen zu sehen und dabei Herzenswärme, Toleranz und Verständnis auszuklammern. Diese Menschen manipulieren gern andere mit Worten und benutzen teilweise ihre Sprache als Waffe. Sie sind halsstarrig, selbstgerecht und streng. Es macht ihnen Spaß, ihr Gegenüber mit rhetorischen Spitzfindigkeiten zu entlarven, »hereinzulegen«, zu beherrschen und in die Enge zu treiben. Gerne halten sie stundenlange Monologe.

Der Weg

Es gilt zu lernen, daß nichts vollbracht werden kann, bevor nicht die eigene *innere* Stille eintritt, aus der heraus jede Richtung erst möglich wird. Don Juan – aus Carlos Castanedas Büchern – spricht davon, »den inneren Dialog abzustellen«. Erst mit der Meisterschaft über die Stille gelingt der Weg zum *furchtlosen und wahren* Wort.

Das freie Sein

Worte werden zu Klang, in deren Melodie andere Seelen mitschwingen können. Die Sprache wird zum Instrument, sich und anderen zu Klarheit zu verhelfen. Sie wird Vermittler zwischen dem Innen und Außen, zwischen Du und Ich und zwischen den Welten aller Existenzen. Das Gehör wird zur feinstofflichen Empfangsstation, Dinge innerakustisch wahrzunehmen, die »normalerweise« nicht hörbar sind.

Edelsteine

Blaue Steine:

Chalzedon	zum Sprechen, Schilddrüsenstärkung, Bronchitis, Kehlkopf
Aquamarin	für Ruhe und »Leichtigkeit« der Sprache, bei Halsschmer-

zen, Kehlkopf, Nackenschmerzen, Asthma	
Blauer Jaspis	Lunge, Klarheit
Saphir	starke Heilkräfte für Hals-Chakra bei Schilddrüsen-Überfunktion, Kehlkopfentzündung, Asthma, Mittelohrentzündung
Sodalith	Augen, Ohren, Kiefererkrankungen
Lapislazuli	Stauungen in der Kehle, Schilddrüsen-Über- und Unterfunktion

Andere Farben:

Rutilquarz	Bronchitis, Mittelohrentzündung, Nackenschmerzen, Asthma, Schilddrüse
Bernstein	Bronchitis, Zähne, Halsschmerzen, Kehlkopf, Ohrenerkrankungen, Asthma
Schwarzer Turmalin	Hör-Störungen
Smaragd	Schilddrüsen-Über- und Unterfunktion
Fluorit	Vereinigt »unten« und »oben«

6. Chakra – »Das Dritte Auge«

indisch	AJNA
Farbe	Indigo
Aussage	»Ich lebe Wahrheit.« »Ich bin im Licht.«
Sitz	In der Mitte zwischen den Augenbrauen, bis zu 1 cm oberhalb
Entwicklung	Ein-Sicht 35. – 42. Lebensjahr

Die Frage nach »Höheren Werten« drängt in dieser Zeit zur Beantwortung. Bis zum 42. Lebensjahr sind wir noch immer eine Art Leibeigene der Zeit und des Raumes, in den wir hineingeboren wurden. Diese letzten Jahre vor der »Freiheit« leiten die *Sicht* zum *EIN*en. Es ist die Phase vor der Ernte des Lebens.

Drüsen

Zwei der drei sogenannten »Meister«-Drüsen sind: die Hypophyse (auch Hirnanhangdrüse genannt) und der Hypothalamus.

Die Meister-Drüsen sind die Lichtverteiler unseres Organismus und die Tore zu »Höherem Bewußtsein«. Es sind hochentwickelte Organe mit lichtschneller Weitergabe von Informationen. Sie sind das Medium in unserem Gehirn, das uns immaterielle Natur wahrnehmen läßt.

Licht wird sowohl mit den beiden physischen Augen als auch mit dem »Dritten Auge« aufgenommen und erreicht über die Sehnerven die Hypophyse. Dort erfolgt eine Trennung des Lichtstrahls. Einer sorgt im Hypothalamus für die Sehtätigkeit des Auges, der andere Strahl wird von der Hypophyse benötigt. Je mehr Licht in die Hypophyse gelangt, desto größer ist der Lichtstrahl, der schließlich die Epiphyse im Zentrum des Gehirns erreicht. Die Stärke des Lichtstrahls, der von der Hypophyse an die Epiphyse weitergeleitet wird, ist nicht allein abhängig vom stofflichen Licht, sondern auch von der eigenen inneren Strahlkraft.[13]

Auf der körperlichen Ebene sind Hypophyse und Hypothalamus mit dem Zentralen Nervensystem eng verbunden und haben wichtige Steuerungsfunktionen für den gesamten Körper übernommen. So regelt der Hypothalamus die Wach- und Schlafphasen, den Blutdruck, die Atmung, Genitalfunktion, Schweißsekretion und vieles mehr. Die Hypophyse steuert zusätzlich alle Drüsen des endokrinen Systems. Die Hormone, die von ihr gebildet werden, wirken auf die Geschlechtsdrüsen, die Schilddrüse, Nebennierendrüse, auf die Eingeweidemuskulatur und auf das Wachstum.

Störungen

Entwicklungsstörungen der »Sehkraft« des Dritten Auges können wir in der Unfähigkeit sehen, in sich das Lichtprinzip zum Leben zu erwecken. Als Krankheit sucht sich die Hypophyse »Seh«-Störungen – die über die normale Dioptrienbildung hinausgehen – wie Blindheit, Tinitus[1] und den Wahnsinn.

Meist wird die Unterversorgung jedoch geistig objektiviert. Dies äußert sich durch Verwirrung und den Eindruck, schizophren o. ä. zu sein. Es werden Phänomene »wahr«-genommen, die nicht »an«-genommen werden. Zurück bleiben Angst und Flucht (häufig in Droge und Alkohol) oder ein »Abdriften« in einen Zustand jenseitiger Lebensrealität.

---

[1] Der Tinitus ist eine, in jüngster Zeit immer stärker verbreitete, krankhafte Erscheinung, für die die Mediziner keine Erklärung haben und auch selten Heilerfolge. Jedoch wird gegen das Phänomen ein großer medizinischer Apparat eingesetzt. Die geplagten Menschen, die unter der Krankheit leiden, hören permanent einen Ton in beiden oder in einem Ohr, der niemals verstummt. Es ist ein Pfeifen oder Rauschen, das stärker wird, je mehr sich der Patient in Ruhe befindet – wenn er beispielsweise zu schlafen versucht. Man sagt, van Gogh habe darunter gelitten, was ihn in den Wahnsinn trieb und weshalb er sich letztendlich ein Ohr abschnitt.
Die Erfahrungen, die ich mit der »Erkrankung« gemacht habe, hinterlassen bei mir den Eindruck, daß diese Menschen ihrer inneren Stimme kein Gehör schenken, die ihnen sagen will, daß sie nicht ihrer Bestimmung, sondern entfremdeten Vorstellungen folgen. Kann erreicht werden, daß sich dieser Mensch vollkommen öffnet und bereit ist, Materielles loszulassen und sich führen zu lassen, besteht die Chance, daß das Geräusch aufhört. Das bedeutet aber immer, daß er die Bereitschaft aufbringt, sein Leben zu verändern. Oft ist er zu medialen Kräften befähigt und der Ton im Kopf existiert nur, weil er sich weigert, als Kanal zu dienen.

Die Farbe Indigo

ist für Heil-Anwendungen ratsam, wenn Blau zu schwach ist oder die Beschwerden zu stark sind, wie bei starken Kopfschmerzen, Migräne, starken Entzündungen, Lungenerkrankungen und großem Streß.

Grundsätzlich beruhigt Indigo stärker als das reine Blau.

Stagnation

Stagnation innerhalb dieses Chakras ist von seiner Wortbedeutung her nicht möglich. Ein Leben, hauptsächlich aus diesem Zentrum geführt, ist dergestellt, wie es unter *Das freie Sein* beschrieben wird. Aus dem 6. Chakra heraus gibt es keine Möglichkeit negativer Auswirkungen, weder für sich selbst noch für andere.

Der Weg

»Herr, führe mich, wohin *ich nicht* will«, ist ein Satz, der mich begleiten soll auf meinem Weg, mein Ego zurückzustellen. Es geht darum, auch das restliche Haften an Besitz, an andere Menschen, Gedanken, Prinzipien und Vorstellungen sowie jede Polarität aufzulösen und *EINS* zu sein mit dem *GROSSEN GEIST* aller Schöpfung.

Das freie Sein

Es ist ein Leben in Klarheit, Wahrhaftigkeit und Weisheit. In ihrem Wesen, sich zusammen mit dem Herz-Chakra zu entfalten, ist es die »Intelligenz« des Herzens, die durch das Dritte Auge in der heilenden Energie wirkt. Es ist die Konzentration reiner Erkenntnis als Ergebnis sinnlicher Wahrnehmung und dem Wissen kosmischer Gesetze. Es ist die Verwirklichung von übersinnlichen Energieformen und Kräften in sich, für andere und sich selbst.

Edelsteine

Indigofarbene oder blaue Steine:

Lapislazuli	Stein der Meditation, Intuition und der Heilung, hilft bei der Regelung des Schlafs (Hypothalamus)
Sodalith	Intuition

Andere Farben:

Rauchquarz	Verbindung zur Welt und dem Körperlichen
Rosenquarz	zur spirituellen Entfaltung
Rutilquarz	Verbindung zum All
Obsidian	(auch Lichtzeiger), unterstützt Erdverbundenheit, zur Reinigung
Onyx	zur Konzentration, gegen Drogen, bei Augenkrankheiten
Chrysokoll mit Lapis	»Seher«-Stein, aktiviert das Dritte Auge, hat starke Heilwirkung für den Gesamtorganismus
Chrysopras	für »inneres« Sehvermögen
Azurit	Bewußtseinserweiternd, für Hellsichtigkeit und kosmisches Sehvermögen
Saphir	gibt tiefes Vertrauen, für geistige Reinigung, stärkt die Hypophyse, bei Kopfschmerzen, Nebenhöhlen- und Augenentzündungen.
Bernstein	Weisheit und Frieden
Fluorit	gibt Prana (Lebenskraft), kosmische Weisheit und Wahrheit
Smaragd	alle Augenkrankheiten, Bewußtseinsklärung
Sugilith	regt Heilkräfte an, für Hellsichtigkeit
Schwarzer Turmalin	bei Gehirntumor
Bergkristall	Hellsichtigkeit, die Hypophyse stärkend
Amethyst	Hypophyse und Intuition stärkend, bei Kopfschmerzen, für Konzentration, für die Augen, zur Bewußtseinserweiterung
Diamant	zur Entwicklung höchster Weisheit
Moldavit	Verbindung zum Universum, Hellsichtigkeit
Boji-Stone	»Channel«-Stein
Serafinite	ein Stein der Engel höchster Rangfolge: der Seraphim

7. Chakra – Scheitel- oder Kronen-Chakra

indisch	**SAHASRARA**
Farbe	Violett oder Weißes Licht mit einem äußeren violetten Kranz.
Aussage	»Ich bin All-Eins.« »Ich bin in Gott.«
Sitz	Außerhalb des Körpers über der Scheitelmitte
Entwicklung	Erleuchtung 42. Lebensjahr – bis zum Lebensende

Dies sind die Jahre, wo Häuptlinge und große Medizinmänner und -frauen zur Erleuchtung und Weisheit gelangen. Es ist die Zeit, in der die Meisterschaft über alles Weltliche erlangt wird. Für Frauen ist es die Zeit, wo die kolossale Energie der Gebärkraft erhoben werden kann zum geistigen Potential der

Weisheit: die Wechseljahre[1]. Nach dem 49. Lebensjahr beginnt das sogenannte Alter, das mit der Entwicklung des 7. Chakras allerdings die Chance der Verjüngung nach innen birgt.

Drüse

Die höchste »Meister«-Drüse ist die Epiphyse (Zirbeldrüse).

Wir wissen, daß die Wirkstoffe der Epiphyse hauptsächlich nachts hergestellt werden. Mit dem Hormon Melatonin beeinflußt sie unseren natürlichen Schlaf- und Wachzeitrhythmus. Außerdem ist sie wesentlich beteiligt an dem, was wir psychosomatische Vorgänge nennen.

Auf der geistigen Ebene ist die Epiphyse vor allem an der Ausdehnung unseres Bewußtseins beteiligt. Zusammen mit der Hypophyse und dem Hypothalamus bildet sie die organischen Voraussetzungen zu übersinnlicher Wahrnehmung und bewußter Sendung von Heilenergie.

Die Meister-Drüsen befähigen uns auf der körperlichen Ebene zur Möglichkeit von Hellsichtig- und -hörigkeit, zu medialen Fähigkeiten, zu Telepathie, zum Aura-Sehen und dazu, als Empfangsstation und Sender für immaterielle Realität zu dienen. Sie sind die Verteiler und Verwalter unserer inneren Strahlkraft, die Organe unserer Erleuchtung.

Störungen

Die Epiphyse sorgt nicht direkt für körperliche Krankheiten. Störungen sind auf der geistigen Ebene über Machtmißbrauch dieser hohen Bewußtseinsstufe möglich. Dies geschieht, wenn gleichzeitig – trotz hochentwickelter geistiger Fähigkeiten – noch keine genügende Ablösung vom 1. Chakra erfolgt ist. Die Schwierigkeit, sich aus dem 1. Chakra herauslösen zu können, verkehrt die Kraft, die daraus gezogen werden könnte, ins Negative. Dadurch wird die »Gnade« des entwickelten Scheitel-Chakras lediglich als Instrument benutzt, andere Menschen geistig zu beherrschen.

Die Farbe Violett

wird als Licht erfolgreich gegen Cellulitis eingesetzt, weil sie mit ihren feinen Schwingungen sogar die Zellstruktur verändern kann. Ebenso reduziert sie die Aknebildung und den Appetit.

Stagnation

Es ist – genau wie beim 6. Chakra – nicht möglich, mit negativen Konsequenzen für sich und andere in diesem Chakra zu stagnieren.

Der Weg

Es gibt nur noch eine Form des Seins: das Licht.

Ich realisiere mein Leben als: Geistführer, Heiler, Priester (in weitestem Sinne), Medium, Medizinmann oder -frau, als Vermittler zwischen der geistigen und der materiallen Welt.

Das freie Sein

Es ist das Bewußtsein, zu jeder Zeit und in jedem Raum mit allen Menschen, der Natur, allen Geistwesen und dem Kosmos in Verbindung zu sein. Es ist ein Leben im Licht und in Liebe für jeden, der existiert und alles, was geschieht. Es ist die Möglichkeit, auf jede Zelle, jeden Gedanken, jedes Geschehen – helfend im Sinne von Wachstum und Reife – einzuwirken. Es ist die Einheit aller Chakras zur Erhöhung ihrer Gesamtheit als *EINS*.

---

[1] Die sogenannten Wechseljahre, die meist als qualvolle Zeit erwartet werden, können wir auch als Wechsel von der körperlichen Gebärkraft zur Kraft der Erleuchtung sehen. Es ist ein unglaubliches Energie-Potential, das freigesetzt wird und den Frauen zur »neuen« Geburt ihrer Spiritualität zur Verfügung steht. Wenn dieser Wechsel bewußt als Bereicherung – was er tatsächlich ist – wahrgenommen wird, vollzieht er sich nicht nur beschwerdefrei, sondern wird zu einer begnadeten, kraftvollen Zeit.

	Edelsteine		Andere Farben:	

Violette Steine:

Onyx	gegen Drogenanfälligkeit

Amethyst	Kontakt zum Höheren Selbst, für kosmische Einheit, zur Meditation

Bergkristall	führt zur göttlichen Einheit, wirkt direkt auf die Zirbeldrüse, für Aura-Ausgleich, zur Meditation

Fluorit	hebt jedes Problem auf eine höhere Ebene, für kosmische Weisheit und Wahrheit

Diamant	führt in die Demut

Moldavit	Verbindung zum Universum

Sugilith	Stein eines höheren Bewußtseinsgrades

Selenit	vermittelt Zugang zur Zukunft

Serafinite	der Stein der Engel höchster Rangordnung: der Seraphim

Die Chakras

Chakra	Entsprechungen	Themen	organische Störungen	geistige Störungen
1. Basis- oder Wurzel MULADHARA Ich bin der Anfang. Ich bin die Kraft.	Rot · **Spüren** Leben im Hier und Jetzt **Drüsen:** Frauen – Eierstöcke, Bartholinische Drüsen Männer – Hoden	Kraft Energie Aktivität Begeisterung Feurigkeit Führungsfähigkeit	Niedriger Blutdruck, Orgasmus- und Potenzschwierigkeiten, Bartholinitis, Prostata- und Blasenerkrankungen	Herrschsucht Aggressivität Cholerik Sexualitätsmißbrauch Alkoholismus
2. Sakral-Chakra SVADIS-THANA Alles ist im Fluß. Ich empfange und gebäre.	Orange · **Fühlen** Leben im Fluß. Mit Wurzel-Chakra das HARA. **Drüsen:** Nebennieren	Zeit und Raum geben Erotik Wärme Empfangsbereitschaft	Streß Mineralstoffmangel, Darm- und Gebärmuttererkrankungen, Menstruationskrämpfe	Don-Juanismus Streß-Sucht Gluckenhaftigkeit Frigidität
3. Solarplexus MANIPURA Ich gebe und werde angenommen. Es kommt und geht.	Gelb · **Orientierung** Geben und Nehmen in gleicher Qualität **Drüse:** Bauchspeicheldrüse	Offenheit Heiterkeit Intellektualität Leichtigkeit Wert-Bewußtsein	Diabetes und Gastritis, Verdauungsprobleme, Leber-, Magen- und Gallenerkrankungen, Arthritis, Arthrose und Rheuma	Geiz Diskriminierung Kaufsucht Rigidität Angst
4. Herz-Chakra ANAHATA Ich bin in Liebe. Ich bin in Harmonie.	Grün – Gold – Rosa · **Auflösung** Bedingungslose Liebes-Fähigkeit Mit dem Herzen denken **Drüse:** Keine	Liebe Harmonie Sympathie Frieden Nächstenliebe	Alle Herzerkrankungen	Besitzergreifende Partnerbeziehungen Sich selbst nicht lieben, annehmen können Eifersucht

Chakra	Entsprechungen	Themen	organische Störungen	geistige Störungen
Thymus-Zentrum Ich bin ich und Du bist Du. Ich habe die Wahl.	Türkis · **Unterscheidung** Abgrenzung nach Außen Schutz aufbauen **Drüse:** Thymus	»Krieger« und Beschützer für andere Abwehr Reinheit Wachheit	Häufige grippale Infekte, Bronchitis, Lungen- und Lymphdrüsenentzündung, HIV und andere Immunkrankheiten Luft- und Speiseröhrenerkrankungen	Abwehr um jeden Preis Skepsis Distanzverhalten Rigorosität Diskreditierung
5. Hals- oder Kehlkopf-Chakra VISHUDDHA Mein Wort ist wahr. Mein ist die Stille.	Blau · **Klang** Klare Sprache als Resonanzkörper Guter Zuhörer und Empfänger **Drüse:** Schilddrüse	Klarer Ausdruck, äußere und innere Kommunikation Ruhe und Stille	Hals-, Kiefern-, Lungen- und Kehlkopferkrankungen, Schilddrüsen-Über- und -Unterfunktion, Stottern, Nebenhöhlenaffektionen, Mittelohrerkrankungen	Geschwätzigkeit Verleumdung Starrsinn Sprechfaulheit Verstocktheit
6. Stirn-Chakra oder »Das Dritte Auge« AJNA Ich lebe Wahrheit. Ich bin im Licht.	Indigo · **Ein-Sicht** Leben in Weisheit. Auflösung von Polarität **Drüse:** Hypophyse	Mit Weisheit lehren Ein-Sicht Wahrheit Intuition Heilen	Migräne, Funktionsstörungen des endokrinen Systems, Sehstörungen, Tinitus	Realitätsfremdheit Dickköpfigkeit Drogenabhängigkeit
7. Scheitel- oder Kronen-Chakra SAHASRARA Ich bin All-Eins. Ich bin in Gott.	Violett · **Erleuchtung** Einheit aller Chakras zur Erhöhung ihrer Gesamtheit als EINS **Drüse:** Epiphyse	Spiritualität Glauben Gott-Verbundenheit All-Eins-Sein	Keine	Religiöse Dogmatik Machtmißbrauch Drogenabhängigkeit

III.
Die Farbpersönlichkeiten

Der Schlüssel zur »ganzheitlichen« Farbberatung

»Nichts auf der Welt ist stärker als eine Idee,
für die die Zeit gekommen ist.«
Victor Hugo

Jede Farbe hat eine eigene charakterliche Zuordnung, d. h. sie hat ein bestimmtes Wesen oder eine Aussage, die in Übereinstimmung mit vielen Menschen Gültigkeit hat. Tausende von Farbtests sowie Kulturvergleiche haben ergeben, daß die Interpretation der Farben bei uns allen ziemlich gleich ist. Gibt es in einer Gruppe von zwanzig Menschen noch erhebliche Unterschiede bei der Beurteilung einer Farbe, so erhalten wir eindeutig mehrheitliche Aussagen bei einer repräsentativen Umfrage von tausend Beteiligten. Bei der Farbe Rot denken die meisten Menschen an Feuer, Leidenschaft, Kraft und Vitalität, bei Blau an Ruhe, Weite und Tiefe, bei Gelb denkt man an die Sonne.

Den Charakter und die spezifische Aussage, die einer Farbe innewohnen, können wir auch auf die Persönlichkeit eines Menschen übertragen. Dadurch sind Aussagen über eine Person – als Synonym für eine Farbe – möglich. Wir können beispielsweise von einem »roten« Menschen sprechen, wenn er impulsiv und feurig ist, von einem »grünen«, wenn er harmonisch und natürlich wirkt, von einem »blauen«, wenn es ein ruhiger Mensch ist.

Es scheint, als sei jede Farbe eine Persönlichkeit für sich, so daß wir mit den Seelenkräften der Farben Persönlichkeitsbilder von Menschen malen können. Ich versuche damit, eine Sichtweise zu erschließen, die hierarchisches Denken ablehnt und wünsche mir, daß Sie sich in den Bildern wiedererkennen und –

vor allem – darin Orientierung für Ihre eigene Entwicklung finden.

Jedem farblichen Charakter-Typ werden gewisse Stärken zugeschrieben. So ist es der *braune* Mensch, der den größten Bezug zur Natur hat und am stärksten geerdet ist. Der *rote* Mensch hat ein entwickeltes Führungstalent und unerschöpfliche »Power«. Der *orange* Typ ist in der Erotik zu Hause und hat die Toleranz, wirklich allen und allem Raum und Zeit zu geben. Eine *gelbe* Person hat die Balance zwischen Geben und Nehmen gefunden, was dem *grünen* Menschen Schwierigkeiten bereitet. Dieser lebt in Liebe und meist auch in Opferbereitschaft. Sucht man einen wachsamen »Aufpasser«, ist garantiert der *türkise* Charakter der Richtige, und im *blauen* findet man die lang ersehnte Gelassenheit und Ruhe. Der *violette* und *Indigo*-Mensch ist zum Lehren, Heilen und auch zu geistiger Führung berufen.

Welcher von ihnen ist mehr wert als der andere?

Wichtig ist mir, daß die Farbfolge nicht hierarchisch gesehen wird. Sie entspricht zwar der Folge der Chakra-Leiter, hat aber keinen wertenden Charakter. So ist Violett nicht in dem Sinn eine »höhere« Farbe und der *violette* Mensch ist auch kein »besserer« Mensch. Ein *roter* Mensch kann schließlich, wie ihn Meister Eckehart beschreibt, »*jemand* [sein] *der im*

Außen lebt und darin ausnahmslos das Göttliche sieht«.[14]

Es gibt keine Farbe, die besser oder schlechter wäre als eine andere. Wenn wir uns mit allen Farben versöhnt haben, haben wir alle in uns integriert und jedes der Farbthemen durchlebt. Sowenig es darum geht, den Idealbildern anderer zu gleichen, sosehr geht es darum, zu erkennen: *Wer bin ich?*

Mir geht es bei der farblichen Charakterisierung um den ganzheitlichen Aspekt im Umgang mit Farben. Ich mag früher ein *grüner* Mensch gewesen sein, habe mir dann das Rot als Persönlichkeitsstruktur erkämpft und habe mich daraus zu einem *blauen* Menschen entwickelt. Ebenso werden Sie vielleicht feststellen, daß Sie sich in zwei oder drei Farben wiederfinden. Jeder Mensch kann – ja sollte sogar – in seiner Persönlichkeit mit mehreren Farben identisch sein. Je mehr Farben wir finden, deren Charakter gleichsam der unsere ist, desto facettenreicher sind wir in unserer Persönlichkeitsstruktur. Um die Farben, die mein Wesen darstellen, für mich herauszufinden, ist ein gewisses Maß an Offenheit, Ehrlichkeit und Sicherheit mir selbst gegenüber gefordert. Sollte es – trotz intensiver Beschäftigung – nicht oder nur unbefriedigend gelingen, sich in den nachfolgenden Beschreibungen dargestellt zu sehen, so machen Sie einen nicht uninteressanten Test: Bitten Sie Ihren Partner/Freund Aussagen einer oder mehrerer Farben für Sie zu treffen. Sie werden feststellen, wie leicht denen dies fällt und wie treffend sie dabei sind. Das rührt daher, daß wir alle leider nicht gelernt haben, objektiv in den Spiegel zu schauen. Einige meiner Seminare beginne ich mit der Frage: »Welche Farbe ist sie/er?« Dabei wird eine Person vom Rest der Gruppe beurteilt. Mit Erstaunen kann hierbei erfahren werden, daß nahezu alle Teilnehmer genau die Farben nennen, die diese Person auch wirklich ist, obwohl sich die

einzelnen untereinander erst seit wenigen Minuten kennen. Wir wissen es bereits: Farben sind mehr als nur schön anzuschauen. Mit ihnen zu arbeiten ist eine der *wunder*vollsten und *licht*vollsten, aber auch eine der *verantwort*ungsvollsten Tätigkeiten.

Wenn Sie z. B. den Beruf der Innenarchitektin ausüben, machen Sie sich klar, was es bedeuten kann, wenn Sie einem orangen oder grünen Menschen eine moderne Wohnung in kühlen blau-grauen Tönen gestalten und dieser sich – erfolgreich überredet – sogar dafür entscheidet, darin zu wohnen. Die Atmosphäre der Wohnung wird gegen ihn arbeiten, weil seiner Persönlichkeit eher eine warme, gemütliche Wohnung entspräche.

Auf den nächsten Seiten finden Sie die wesentlichen Kategorisierungen, die ich für ein aussagekräftiges farbliches Charakterbild halte. Wenn Sie sich in den Bildern suchen und auch finden, behalten Sie bitte im Auge, daß dies – wie die Farben Ihrer Aura – eine temporäre Erscheinung sein kann. Als Themen der Gliederung wählte ich:

Typische Charakterzüge
Familie und Partnerschaft
Berufsbilder und Freizeit
Äußeres Erscheinungsbild
Negative Strukturen

Mit *negativen Strukturen* möchte ich nicht den Gegenpol zu einem »guten Menschen« bilden, sondern ich zeichne das Bild einer Person, die ihre Entwicklung als z. B. *roter* Mensch nicht ungehindert durchlaufen konnte (durfte) und der somit ein großes Potential an Aggression, Schuldgefühlen und Verklemmtheit verblieben ist. Für jede Farbpersönlichkeit resultiert aus ihrer gehinderten Entfaltungsmöglichkeit die Entwicklung in den negativen Pol der Farbaussage. Das kann für den *roten* Menschen die Realisierung von Gewalt und Herrschsucht bedeuten.

Bevor dieser Mensch eine Auseinandersetzung mit sich selbst beginnen kann, macht er sich zum Zentrum der Rechtschaffenheit (des »Guten«) und die anderen zu Objekten der Kritik. Er beschäftigt sich sehr stark mit Vorstellungen und Forderungen, wie und was der andere zu ändern hat. Sein Wesen habe ich mit Hilfe des *Übertragungssatzes* – einem Begriff aus der Psychoanalyse – zu verdeutlichen versucht. Dieser Satz ist immer an andere Menschen gerichtet, obwohl es genau diejenige Aussage ist, die er in sich selbst integrieren müßte. Bis ihm dies möglich ist, »überträgt« er seinen verdrängten Anteil auf andere.

Braun – Die Naturverbundenheit

»Die Natur ist nicht an der Oberfläche, sie ist in der Tiefe.«
Paul Cézanne

Typische Charakterzüge

Das Leitbild der braunen Menschen ist Natürlichkeit, Erdhaftigkeit und Fruchtbarkeit. Sie sind in sich ruhende Persönlichkeiten, auf die man sich felsenfest verlassen kann. Sie vermitteln uns den Menschen, den man gerne trifft, wenn man ein Gespräch sucht. Dabei wirken sie sehr natürlich und vermitteln dem Haltsuchenden Sicherheit, Ruhe und solide Festigkeit. Eine warme Behaglichkeit geht von ihnen aus.

So wie Braun die Grundfarbe unserer Erde, des Bodens und der Bäume ist, stellen die braunen Menschen auch die Verkörperung der Natur dar. Sie schillern nicht, sondern klingen in Moll-Tönen warmherzig und vertrauensvoll. Braune Menschen wechseln den Wohnort nur aus wirklich zwingenden Gründen. Sie sind seßhaft und personifizieren die typischen Eigenheimbesitzer mit angelegtem Garten. Ihre Möbel werden für die Ewigkeit angeschafft oder sind bereits antik. Man findet in ihren Wohnungen oft kleine, liebevoll gehütete Gegenstände, von denen sie stolz berichten, wie viele Jahre sie diese schon besitzen.

Familie und Partnerschaft

Eine Familie zu gründen ist für braune Menschen ein selbstverständlicher Lebensinhalt. Bis es soweit ist, haben sie feste – oft lange – Beziehungen mit Treuegebot. Freunde werden auf ihre Zuverlässigkeit hin ausgewählt und dann oft bis ins hohe Alter gehalten. Haben sie eine eigene Familie, beschützen und bewachen sie alle Mitglieder. Sie schaffen ein schönes »trautes« Heim, in dem viel Wert auf gutes Essen gelegt wird. Sie lieben edle Weine und harmonische Stimmung bei Kerzenlicht. Sie tun nahezu alles um der lieben Harmonie willen. Auf Ausbrüche anderer geliebter Personen wird mit todesnaher Verletztheit reagiert. Abnabelung von den Eltern fällt ihnen genauso schwer, wie sie sich gegen die Abnabelung ihrer Kinder wehren. Nicht, daß sie ein lebendiges Verhältnis zu ihren Eltern aufrechterhielten. Es ist vielmehr eine an Konventionen gebundene Beziehungsverpflichtung. Andererseits sind sie – gepaart mit ihrem starken Bezug zur Natur – auch in der Lage, die Natürlichkeit und Normalität von Großfamilien, Sippen und Familienclans zu pflegen.

Ihre Attraktivität läßt naturhafte Erotik vermuten. Wer allerdings bei ihnen ein Abenteuer sucht, wird enttäuscht. Sie brauchen sehr viel Zeit, um zu reagieren, Spontaneität ist ihnen fremd. Außerdem sind sie von Grund auf anständig und reagieren auf Fehltritte dramatisch.

Für den *roten* Menschen wirken sie auf willkommene Weise dämpfend, weil sie nach innen – und nicht wie der rote Typus nach außen – gewendet sind. Außerdem bilden sie den Boden für das lodernde Feuer des Rot und bringen den roten Menschen immer wieder auf den Boden der Normalität zurück. Beide ergänzen sich auf der Gefühlsebene, weil jeweils der eine hat, was dem anderen fehlt.

Intensiver ist ihre Beziehung zu *orangen* Menschen, da diese, außer der Warmherzigkeit, auch das Thema der Fruchtbarkeit und des Behütens haben. Der orange Mensch kann im braunen stets sexuelle Attraktivität entfachen.

Beziehungen mit *grünen* Menschen einzugehen, wäre nur dann eine Sache von Dauer, wenn z. B. gemeinsam eine Institution, bei der das Dienen Hauptaufgabe ist, gegründet würde. Der grüne und braune Mensch haben ein geschwisterliches Verhältnis, was ihnen in der Partnerschaft die sexuelle Attraktion nehmen könnte.

Wirklich schwierig wird die Beziehung zu türkisen und blauen Charakteren. Der *türkise* Mensch wird das Verhalten des braunen als Naivität und Dummheit auslegen. Für den blauen sind braune Menschen zu erdverbunden und seßhaft.

Berufsbilder und Freizeit

Den braunen Menschen entsprechen alle Berufsbereiche, wo Hinwendung zur Natur möglich wird – als Gärtner, Förster, Landwirt, Töpfer, Heilpraktiker und Tierarzt. Auch Naturkostläden gehören zu ihnen. Statt der Arbeit in der Natur können sie aber auch auf kreative Berufe ausweichen, wie in den Bereich der Dekoration oder der Innenausstattung. An Computer gewöhnen sie sich – wenn überhaupt – nur widerwillig. Buchhaltung und Bilanzen sind für sie ein ähnlicher Graus wie systematisierte Büroarbeit. Als Freizeitbeschäftigung kommt für sie das Reiten, Wandern und der Skilanglauf in Frage. Sie legen nicht unbedingt Wert auf Sport, sondern bewegen sich lieber ganz selbstverständlich in der Natur, bei täglichen Spaziergängen oder während der Gartenarbeit.

Alternative Heil- und Lebensweisen scheinen von ihnen geschaffen worden zu sein. Sie interessieren sich für Landkommunen, Scha-

manismus, für Kräfte der Edelsteine sowie Heilkräuter und -pflanzen.

Ihre Edelsteine sind der Achat, Blut- und Wüstenjaspis, versteinertes Holz, Türkis, Bernstein.

Äußeres Erscheinungsbild

Das Aussehen der braunen Menschen zeichnet sich – besonders auffallend bei Frauen – durch gesund durchblutete Haut aus. Ihr Blick ist gütig und herzlich. Die Frisur wird meist unkompliziert getragen. Braune Frauen tragen gern langes Haar mit Natur(Dauer-)wellen, Männer gern Bärte. Beide haben Schwierigkeiten, sich zu stylen. Sie lieben bequeme Freizeitkleidung. Zumeist besitzen sie ein einziges »gutes« Stück, das speziell zum Ausgehen angeschafft wurde. Modeorientiertheit ist ihnen zu oberflächlich und unwichtig. Alles muß zweckgebunden und praktisch sein.

Negative Strukturen

Können braune Menschen ihre Persönlichkeit nicht entfalten und streben sie irrigerweise an, leicht, locker und »unabhängig« zu leben, müssen sie Verdrängungsarbeit leisten, die sie mehr und mehr zu schwerfälligen Menschen macht, bis sie gänzlich unfähig für Spontaneität sind. Haben sie einmal Wurzeln geschlagen – ob in der Arbeit, der Wohnung oder beim Partner –, sind sie nicht mehr von der Stelle zu bewegen. Sie konfrontieren sich nicht mit ihren Problemen, aus Angst, ihre Sicherheit aufgeben zu müssen. Sie halten sich für überaus ernsthaft und sind stolz darauf, beständig zu sein. Ihre Mitmenschen sind ihnen immer zu schnell, zu oberflächlich, zu spontan, zu leichtlebig, zu »abgehoben«.

Ihr Übertragungssatz, mit dem sie anderen gern begegnen, damit sie sich mit ihrer Unbeweglichkeit nicht auseinandersetzen müssen, ist:

»Du mußt erst mal in die Tiefe geh'n.«

Begeben sie sich in therapeutische Hände, so sind sie die geborenen Langzeit-Klienten. Zu ihnen passen schwerwiegende Probleme und chronische Krankheiten. Sie neigen dazu, vollschlank zu sein und gehen mit schwerem Schritt. Sie sind nicht daran interessiert, ihren Horizont zu erweitern und können die Welt nicht anders als durch ihre eigene Brille sehen. Oft ist ihnen auch Intellektualität zuwider. In ihrer Anständigkeit verurteilen sie ihre Mitmenschen gern für alles, was an ihnen außergewöhnlich ist. Partner und eigene Kinder werden gluckenhaft bewacht und an sich gebunden.

Rot – Die Power-Menschen

»Die den Sturm kennen, werden krank von der Ruhe.«
Dorothy Parker

Typische Charakterzüge

Rote Menschen sind die Verkörperung der »Power«. Ihre Energie und Kraft scheint unerschöpflich. Sie werden als starke Persönlichkeiten wahrgenommen, die mit beiden Beinen fest auf der Erde stehen. Sie sind dynamisch und Menschen der Tat. Als extrovertierte Persönlichkeiten haben sie immer ein großes Mitteilungsbedürfnis. Meist bilden sie den Mittelpunkt einer Gruppe oder füllen sofort den ganzen Raum aus, den sie betreten. Mit ihrer Spontaneität und Impulsivität macht es ihnen Vergnügen, andere Menschen zu begeistern und in Bann zu ziehen. Sie sind die geborenen »Geschichtenerzähler« und gelten – in Gemeinschaft mit anderen – schnell als Leitfigur. In ihren Aussagen sind sie klar und aufrichtig. In ihren Neigungen, ihrem Kleidungsstil und im Denken sind sie anderen immer eine Nasenlänge voraus. Ihre Vorstellungen, die sie mit Vehemenz durchzusetzen versuchen, sind oft extrem. Stars oder Prominente zu kennen, ist für sie normal und erstrebenswert.

Familie und Partnerschaft

Eine Familie gründen zu wollen kommt für sie nur dann in Frage, wenn der andere Partner den häuslichen Part des Familienlebens übernimmt. Sie übernehmen Verantwortung für alles, oft auch für ihre Mitmenschen, wenngleich sie dennoch stets viel von ihnen verlangen. Chance zur Partnerschaft ist möglich mit Menschen, die sich ihnen unterordnen und mit denen, die ebenfalls sehr eigenständig leben. Ehrlichkeit und Sensibilität sind Werte, die ihnen an ihrem Partner am meisten bedeuten. Gern »führen« sie ihre Partner, bestimmen deren Kleidung, das Urlaubsziel und die gemeinsamen Anschaffungen.

Nie werden sie verschlagen sein. Und sie reinzulegen, hat sofortiges eiskaltes Abservieren zur Folge. Sie können gnadenlos konsequent sein. Leben sie ihre Sexualität aus, sind sie leidenschaftliche Liebhaber. Treu sind sie nur sich selbst und ihren eigenen Werten. Affären sind stets intensiv und unvergeßlich. Nur ein einziges Mal verheiratet gewesen zu sein, mutet sie eher merkwürdig als normal an. Unverheiratet bleiben sie jedoch auch nicht, weil ihnen sonst eine Erfahrung entgangen wäre. Sie leben schnell und intensiv. Mittelmäßigkeit ist für sie ein Graus. Sie gehen so oft wie möglich an ihre Grenzen, aber auch an die Grenzen ihrer Mitmenschen und vergessen dabei, daß das, was für sie selbst nicht mehr als eine Lebensübung bedeutet, für andere schon eine Grenzüberschreitung ist.

Von sich aus hat der rote Mensch den Eindruck, mit keinem Menschen Schwierigkeiten zu haben. Die Beziehungsebene wird für ihn nur dadurch eingeschränkt, daß die anderen nicht mit ihm klarkommen.

Unterstützt und bewundert wird er vom *braunen* Typus, sofern dieser eine in sich gefestigte positive Entwicklung durchlaufen hat. Mit dem *orangen* Menschen ist in der Partnerschaft die sexuelle Komponente stärker und wichtiger, als mit anderen. Beide passen in jedem Fall gut zusammen, weil der orange Mensch dem roten den Raum läßt, den dieser braucht. Wenn sich der *rosa* Mensch allzu mimosenhaft verhält, bringt er damit den roten in große Verhaltensschwierigkeiten, die ihn dazu bewegen, der Person künftig aus dem Weg zu gehen. Die Tatkräftigkeit, die der rosa Person fehlt, übernimmt er jedoch gern. Für einen *blauen* Menschen wird er sich entscheiden, wenn er seine Interessen auf die Kommunikation gerichtet hat. Mit ihm kann er wunderbar diskutieren und/oder streiten. Außerdem gefällt ihm dessen Klarheit. Der *Indigo*-Mensch wird einer der interessantesten Partner für ihn sein, wenn es ihm gelungen ist, seine rote irdische Kraft mit der göttlichen Kraft zu vereinen.

Berufsbilder und Freizeit

Ihre Berufe haben eher Berufungscharakter. Meistens sind sie in leitender Position oder selbständig tätig. Sie können sich schlecht oder gar nicht unterordnen. Sie brauchen kreative Entfaltungsmöglichkeiten und den Reiz, etwas Neues zu erforschen. Gern entwickeln sie einen Sport zum Beruf und zeigen ihren Mut im Hochleistungssport, bei Autorennen, als Flieger und Fallschirmspringer, beim Segeln oder Surfen. Hauptsache, es ist anstrengend, außergewöhnlich und – wenn möglich – gefährlich. Ihr avantgardistischer Hang kommt ganz hervorragend in Bereichen der Mode, der Musik, der Kunst und der Schauspielerei zum Ausdruck.

Im esoterischen Bereich werden sie – wenn nicht Guru – so doch sehr schnell – Seminarleiter. Ihrem Führungs- und Forschergeist entspricht die Astrologie oder das Tarot. Sie fühlen sich kompetent, anderen Menschen zu sagen, welches ihr Weg ist. Deshalb sind sie auch gute Farbberater und Farbberaterinnen. Mit dieser Tätigkeit können sie Kreativität,

Modeorientiertheit und ihre Führungskapazität verwirklichen.

Von allen Meditationen sind ihnen die dynamischen am liebsten. Ihre Edelsteine sind Rubin, Saphir, Smaragd, Diamant, Lapislazuli, Apachentränen, Onyx, Hämatit, Turmalin, Citrin und Bergkristall.

Äußeres Erscheinungsbild

Die Kleidung wird provokant und außergewöhnlich gewählt. Sehr oft tragen die roten Charaktere ausschließlich schwarz. Männer tragen langes Haar oder Zöpfe, selbst wenn sie die 40 überschritten haben. Frauen tragen verrückte Kurzhaarschnitte oder langes Haar.

Negative Strukturen

Weil sie von sich den Eindruck haben, daß ihnen alles gelingt, was sie sich in den Kopf gesetzt haben, benutzen sie diesen Anspruch als Dogma auch für den Rest der Welt, ohne die begrenzten Möglichkeiten und Fähigkeiten anderer zu berücksichtigen. Ihr Übertragungssatz lautet dann:

»Du kannst, wenn Du nur willst.«

Mit einfachen Menschen oder gar mit »Verlierern« geben sie sich überhaupt nicht ab. Diejenigen, die nicht wie sie, »alles« schaffen, sind Schwächlinge, die eigentlich keine Daseinsberechtigung haben. Die negative Entwicklung des roten Menschen reicht über den Begriff »Verhaltensstrukturen« manchmal weit hinaus, weil sie so stark nach außen gewendet sind. Was bei jedem anderen Typ eine Depression verursachen würde, kann bei ihm leicht in gewaltvolle Aggression umschlagen. Dann leben sie ihr Führungstalent im schlimmsten Fall als Offiziere, Diktatoren u.ä. aus. Sie sind dann nicht nur enthemmt und cholerisch, sondern werden herrschsüchtig und sind dazu fähig, Menschen und Tiere zu züchtigen und zu quälen, ohne das geringste Gefühl für sie zu entwickeln. Sie bergen geballte Wut in sich, sind brutal, triebhaft und triebbestimmt.

Orange – Die gelebte Erotik

»Dich gebar meine Sehnsucht, aus Durst, Begier und Schrecken.«
Pablo Neruda

Typische Charakterzüge

Orange Menschen sind immer die Hingabe selbst, ganz gleich, ob es sich um eine Person oder eine Sache handelt. Ihre Triebfeder für alles sind ihre Gefühle. Die Art, Menschen im Augenblick des Kennenlernens anzusehen, ist oft von magischer Intensität, als wollten sie in die Menschen hineinsehen. Sie wirken, als sei die Verführungskunst ihr Lebensinhalt. Tatsächlich ist Eros auch ihr ständiger Begleiter. Sie leben in einer Welt, in der sich ihr ganzes Leben nur über ihre Gefühle organisiert. Dabei sind sie keineswegs Träumer, sondern befinden sich fest auf dem Boden der Realität. Sie lachen meist laut, können wollüstig wirken mit unstillbarem Liebesbedürfnis und geben damit leicht Anlaß zur Eifersucht. Dennoch sind sie treu, wenn mit dem Partner ausgefüllte Erotik möglich ist. Sexualität ist für sie nie eine oberflächliche Beziehungskomponente, sondern immer der Mutterboden für eine erotische Liebesbeziehung. Orange Menschen sind die »Leben-Gebenden«, wobei sie die Dinge nicht aus dem Boden stampfen wollen wie der rote Typ. Sie lassen sie auf natürliche Weise wachsen wie den Embryo im Mutterleib. Sie haben die Stärke, Raum zu geben für alles, was werden will.

Familie und Partnerschaft

Für den weiblichen Orange-Charakter ist weniger das Familienleben, als die Schwangerschaft ein Zustand, nach dem sie sich – oft schon als Kind – sehnen. Orangen Männern erscheint es häufig völlig normal, Hausmann zu werden oder den Beruf aufzugeben, weil ihre Frau ein Kind erwartet. Orange Menschen findet man jedoch sehr selten unter heterosexuellen Männern. Homosexuelle werden als oranger Typ sehr häuslich und adoptieren oft Kinder (allerdings bis jetzt nur in den USA möglich). Trotz ihrer Sehnsucht nach Mutter- oder Vaterschaft sind sie nie die »Mütter vom Dienst«. Wenn sie auch hingebungsvoll sind, achten sie darauf, nicht ausgenutzt zu werden. Sie besitzen die Fähigkeit, sich abzugrenzen, was sie mit der Kraft ihrer erotischen Ausstrahlung ohne große Anstrengung aufrechterhalten. Der orange Mensch zeigt seinen Körper stolz und legt Wert auf Pflege.

Bei der Wahl seines Partners ist ihm dessen erotische Ausstrahlung der wichtigste Aspekt. Partnerschaft zu anderen Farbpersönlichkeiten ist weitgehend unproblematisch.

Ausnahmen sind: der *Blau*-Typ, der beim orangen Typ fehlende Struktur und Klarheit bemängelt. Außerdem kann er ihm zu aufdringlich und wollüstig erscheinen. Auf den *Indigo*-Menschen wirken die sexuellen Bedürfnisse des orangen schnell bedrängend.

Berufsbilder und Freizeit

Ihren besonders ausgeprägten Sinn für schöne Körper verwirklichen orange Menschen in Berufen, die sich mit Kunst oder Körperkultur befassen. Sie beschäftigen sich mit Malerei, Bildhauerei, Raumgestaltung, Design, Musik, Tanz, Gymnastik. Mit Massagen arbeiten sie gern am Körper anderer Menschen oder sie stylen deren Haare. Sie lieben es auch, sich im Wasser zu bewegen und sich nackt zu zeigen. Jeder Sport, der den Körper kraftvoll und doch mit Erotik zeigt, wird gern praktiziert. Auf große Anstrengung kann verzichtet werden.

Unter ihnen finden wir die Frauen, die sich mit Hexenkult, Kartenlegen und Runen beschäftigen. Auch sind sie die »geborenen« Bauchtänzerinnen. Orange-Typen beiderlei Geschlechts machen Tantra, beschäftigen sich mit therapeutischer Körperarbeit, sind Orgodynamiker und Tai-Chi-Praktiker.

Ihre Edelsteine sind der Achat, Bernstein, Feueropal, Gold-Topas, Schaumkoralle, Fluorit und Wassermelonen-Turmalin.

Äußeres Erscheinungsbild

Mit ihrer Kleidung versuchen orange Menschen, ihrer Sinnlichkeit vollen Ausdruck zu geben. Dabei kann sie weichfallend und auch körperbetont sein, was jedoch nie provokant aufreizend wirkt. Frauen neigen zu tiefen Dekolletés, weiten Hosen und langen Röcken. Sie schmücken sich gern mit Kraftsymbolen alter Kulturen und Symbolen für Weiblichkeit und Fruchtbarkeit. Ihre Figur erinnert an die Frauenbilder von Rubens und Botticelli. Sie tragen ihr Haar lang und gewellt und fast immer mit einer roten Tönung.

Negative Strukturen

Sie laufen durch die Welt in dem Glauben, kein anderer sei fähig, seine Gefühle so authentisch zu zeigen wie sie selbst. In Wirklichkeit akzeptieren sie jedoch die Gefühlswelt anderer nicht und nehmen sie auch nicht wahr. Der Satz, den sie für ihre Mitmenschen immer parat haben, ist:

»Zeig doch mal deine Gefühle.«

Um den anderen dabei zu »helfen«, verführen sie sie und verleben mit ihnen eine Zeit des sexuellen Rausches. Da der Partner den Anforderungen der vermeintlichen Gefühlsintensität ihrer Meinung nach auf keinen Fall gerecht werden kann, wird er nach relativ kurzer Zeit wieder fallengelassen. So töten sie Seele um Seele, und immer ist der andere für das Mißlingen der Beziehung verantwortlich. Da sie die Welt ausschließlich aus ihrem Gefühl heraus begreifen wollen, steigert sich ihre Sensibilität zur Hysterie. Sie können mit keiner Auseinandersetzung mehr konfrontiert werden. Gleich trifft man an den Nerv ihrer Gefühle, und die Verletzungen scheinen nicht reparabel zu sein.

Gelb – Der offene Geist

*»Schöpferische Geister waren schon immer dafür bekannt,
daß sie jede Form von schlechter Erziehung gut überstehen.«*
Anna Freud

Typische Charakterzüge

Nach außen begegnen gelbe Menschen ihren Mitmenschen mit offenem und wachem Geist. Sie sind Menschen, die heiter und angstfrei durch das Leben »schwingen«. Ihre Lockerheit, mit Problemen umzugehen, ist vielen sehr angenehm. Sie kennen klar ihre Grenzen und wahren sie auch. Eines haben sie vor allem gelernt: Sie können im gleichen Maße nehmen, wie sie geben können. Sie sind so fest in sich geschlossen, daß man von ihnen den Eindruck völliger Autonomie gewinnt. Sie laufen nicht Gefahr, sich die Interessen oder Identität anderer anzueignen. Wenngleich sie jeden erst mal analytisch erfassen müssen, können sie ihn so lassen, wie er ist, wenn dieser nicht seinerseits versucht, an ihnen herumzukorrigieren. Sie brauchen absolute Unabhängigkeit. Geld für Dienste zu nehmen, wo andere bereitwillig schenken, bereitet ihnen keine Schwierigkeiten. Überhaupt sind sie dem Umgang mit Geld von allen Farbcharakteren am ehesten gewachsen. Sie geben es nicht überschwenglich aus und wissen es zu vermehren, ohne dabei geizig zu sein.

Familie und Partnerschaft

Freunde und Lebenspartner dürfen keine »Sensibelchen« sein, da der gelbe Mensch den Problemen anderer ignorant entgegentritt. Er will sich nicht auf deren Psyche einlassen. In Beziehungen, die ihn nicht einengen, hat er immer etwas Heiteres, Lebenslustiges, mit dem er wie der Sonnenschein in den grauen Alltag strahlt. Eine Familie braucht er nicht, heiratet oft spät und nur dann, wenn er einen Partner mit gleichen beruflichen oder intellektuellen Interessen finden kann. Hat der gelbe Mensch Kinder, wird frühzeitig für deren Unabhängigkeit von Mutter und Vater gesorgt.

Sein Freiheitsbedürfnis macht ihm Bindungen mit *orangen* und *rosa* Menschen schwer, weil sie zuviel Verbindlichkeit von ihm fordern. Das Strukturverlangen und die Ernsthaftigkeit des *blauen* Typs kommen ihm sehr entgegen. Beide entsprechen sich auch auf der intellektuellen Ebene. *Rote* Charaktere sind für ihn nur dann interessant, wenn er mit ihrer Intellektualität korrespondieren kann. Ansonsten erscheinen sie ihm ordinär und primitiv. Probleme, die er mit *grünen* Menschen bekommen kann, bestehen in deren Opferbereitschaft und Hingabe.

Berufsbilder und Freizeit

Im Berufsleben legen sie viel Wert auf intellektuelle Beschäftigung. Ihr wacher Geist will gefordert sein. Sie sind dazu geboren, Bücher, Zeitungsartikel und Drehbücher zu schreiben, weil sie dadurch – ohne mit ihrer Person in die Öffentlichkeit treten zu müssen – ihr Wissen nach außen weitergeben können. Immer lassen sie sich für ihre Arbeit gut – für sie äquivalent – bezahlen. Sie sind hervorragende Reiseveranstalter und -begleiter aufgrund ihrer Angstlosigkeit und Offenheit anderen Völkern und Ländern gegenüber. Dadurch gelingt es ihnen leicht, Fremdsprachen zu lernen und akzentfrei zu sprechen. Ebenfalls sind sie gewinnbringend im Unternehmens- und Maklerbereich tätig. Ihren Wert in der Freizeit optimal unter Beweis stellen zu können, gelingt ihnen durch leistungs- und rangorientierten Sport, wie z. B. Body-Building und Judo.

In Helferberufen haben gelbe Menschen allen anderen eines voraus: Sie haben nicht die geringsten Abgrenzungsschwierigkeiten gegenüber ihren Klienten. Dadurch schaffen sie ihnen entspannte Situationen und die Möglichkeit, an ihren Problemen zu arbeiten. Diese Fähigkeit ist ideal in therapeutischen und beratenden Bereichen.

Ihr Edelstein ist, allen voran, der Citrin und als Schmuckstein der Diamant.

Äußeres Erscheinungsbild

Die Figur der gelben Menschen ist meistens schlank, da sie sich bei ihren Mitmenschen holen, was sie brauchen und es deshalb nicht mit Essen kompensieren müssen. Sie sind locker gekleidet, was ihrem aufgeschlossenen Wesen entspricht. Ihre Frisuren sind unkompliziert und schlicht. Sie legen beim Kauf ihrer Garderobe Wert auf Qualität, niemals auf Quantität.

Negative Strukturen

Ihre Fähigkeit, die Balance zu halten zwischen den Werten, die sie geben und denen, die sie nehmen, entwickelt sich in negativer Wendung in »Aufrechnerei«. Ihr Übertragungssatz ist:

»Du mußt lernen, Werte anzuerkennen.«

Damit meinen sie einzig ihre eigenen Werte. Was ihnen in positiver Entfaltung vortrefflich gelingt, mit Geld umzugehen, können sie bei negativer Entwicklung überhaupt nicht. Sie sind entweder raffgierig oder verschwenderisch oder auch permanent in Geldnot. Jedenfalls dreht sich ein wesentlicher Teil der Gedanken ihres täglichen Lebens um Geld, Leistung und Wertvergleiche. Ihre Heiterkeit und Offenheit verkommen zu zynischem Spott allen gegenüber, die ihr Leben nicht »meistern«. Menschen mit Gewichtsproblemen sind ihnen genauso zuwider wie der sogenannte »einfache« Mensch oder die »Wollust«. Gern prahlen sie über ihren »hohen« geistigen Stand und ihre Intellektualität. Sie wirken eng und vertrocknet, akribisch besessen, alles fest- und zusammenzuhalten.

Grün – Die Diener des Herzens

»Man sieht nur mit dem Herzen gut.«
Antoine de Saint-Exupéry

Typische Charakterzüge

Wie die Natur mit sattem Grün ihr Leben entfaltet, so drücken grüne Menschen den Charakter ihrer Persönlichkeit durch Herzlichkeit aus. Sie ruhen in ihrer Mitte wie die Farbe Grün, die Balance hält zwischen oben und unten, dem Kalten (Blau) und dem Warmen (Gelb), dem Kopf und dem Bauch. Bei Streitigkeiten unter den Mitgliedern einer Gruppe sind sie stets die Schlichter. Mit großem Einfühlungsvermögen für alle Beteiligten vermitteln sie die Interessen der einzelnen untereinander. Sie nähren sich selbst von dem Gefühl, ihre Mitmenschen zu lieben. Als Erholungsstätte und »breite Schulter«, an der man sich ausweinen darf, bieten sie sich gerne an und entwickeln dabei ein hohes Maß an Opferbereitschaft. Sie sind durch und durch »gute Menschen«, werden aber nur von anderen so gesehen. Sie selbst finden sich ganz normal und lediglich nach Harmonie bestrebt. Manchmal werden sie als »einfache Menschen« beschrieben, weil sie nicht verbildet sind. Das, was sie kennen, bietet ihnen die Sicherheit, die sie brauchen. Neugierde oder Forschergeist bewundern sie bei anderen. Selbst machen sie jedoch keine Experimente und können meist von keinem einzigen Abenteuer berichten. In der Masse fühlen sie sich wohl, ebenfalls in festen Bindungen. Sie lieben bequemes Leben, gutes Essen, Gemütlichkeit und brauchen »ihre Ruhe«.

Familie und Partnerschaft

Die Heirat ist für sie der größte Beweis der Liebe, und die Familie ist ihnen so wichtig, wie die Luft, die sie atmen. Sie sind grenzenlos treu. Ihre Kinder werden liebevoll umsorgt. Die grüne Frau fühlt sich zur Mutterschaft gewissermaßen berufen. Grüne Menschen gehen darin auf, ein »schönes Heim« zu gestalten, das ein Optimum an Behaglichkeit bietet. Ein »grüner« Mann führt auch den Haushalt und bekocht seine Lieben inbrünstig. Zu streiten kommt den »Grünen« überhaupt nicht in den Sinn. Bei Auseinandersetzungen, die von anderen entfacht werden, leiden sie sehr und fühlen sich gedemütigt. Sie brauchen keine Auseinandersetzungen. Sie nehmen die Realität so wie sie ist und geben sich zufrieden.

»Grüne« Frauen gelten oft als von ihren Männern unterdrückt, Männer desselben Typs werden als »Pantoffelhelden«, wahrgenommen. Selten sind sie mit ihresgleichen zusammen, sondern bilden eher einen Gegenpol zu ihrem Partner. Sie lassen sich gern mitziehen und büßen dabei manchmal ihre eigene Individualität ein.

Das schlimmste, was ihnen passieren kann, ist, von einem *türkisen* Menschen »aufgegabelt« zu werden. Er gibt ihnen keine Chance, sich in irgendeine Richtung zu entwickeln, außer der, die von dem Türkisen vorgegeben wird. Mit jedem anderen Farbcharakter kann der grüne Mensch seine Herzensqualität ungehindert ausleben. Grüne Menschen sind Freunde und Partner »fürs Leben«.

Berufsbilder und Freizeit

Als Beruf ist für sie – wie für den braunen Menschen – alles ideal, was Leben in oder mit der Natur beinhaltet. Besonders geeignet sind für sie Heilberufe, weil sie darin zusätzlich ihre Nächstenliebe entfalten und anderen Menschen helfen können. In gleicher Weise gelingt ihnen das in der Arbeit mit Kindern und Tieren. Sportlicher Betätigung werden ausgedehnte Spaziergänge vorgezogen. Da sie keine Einzelgänger sind, ist Wandern oder Radfahren in der Gemeinschaft für sie ein dankbares Hobby.

Mit sanften Massagen, Aroma- und Edelsteintherapie, Bach-Blütenberatung und »Aura Soma« können sie ihr Wesen verwirklichen. Sie würden nichts tun, was dem anderen – auch zu therapeutischen Zwecken – weh tun könnte und brauchen bei allem auch immer den Bezug zum Realen oder der Natur. Egal, wie feinstofflich eine Methode ist, wenigstens vom Namen her muß sie an eine stoffliche Basis erinnern, wie z. B. Düfte, Blüten, Kräuter oder Edelsteine.

Ihre Edelsteine sind der Achat, Jaspis, Bernstein, Tiger- und Falkenauge.

Äußeres Erscheinungsbild

Ihr Aussehen ist oft von stämmiger Natur. Ihr Gang ist nicht leichtfüßig, sondern so, als trügen sie ständig feste Wanderschuhe. In Schuhen mit schmalem Absatz wirken grüne Frauen wacklig und nicht elegant. Die grüne Frau sollte bei Hosen oder langen Röcken und flachen Schuhen oder Stiefeln bleiben, wenn sie nicht verkleidet wirken will. Genau wie die braune Frau hat sie meist eine gesunde, gut durchblutete, Haut und sieht sonnengebräunt sehr gut aus. Sie trägt kurzes oder mittellanges Haar mit unkomplizierten Frisuren oder langes Haar, zum Zopf geflochten. Die männlichen »Grünen« tragen gern Bärte und rauchen nicht oder wenn, dann Pfeife. Der Versuch, sich »chic« zu machen, kann leicht dazu führen, daß sie – wie der braune Mensch – verkleidet wirken.

Negative Strukturen

Bei verklemmter Entwicklung der Persönlichkeit wird aus der strömenden Herzenswärme Gluckenhaftigkeit. Sie »klammern« und verpflichten Partner und Freunde zu Liebesbeweisen. Sie sind sentimental und bei jeder Gelegenheit zu Tränenergüssen bereit. Sie wirken hoffnungslos und kommentieren ihr Schicksal mit dem Satz:

»Man kann ja doch nichts ändern.«

Ihre Opferbereitschaft leben sie bis zum Masochismus hin aus. Sie zeigen große Bereitschaft, sich unterzuordnen und auch, sich unterdrücken zu lassen. Leidensbereit geben sie sich jeder Situation willenlos hin. Wie der braune Mensch, neigen sie dazu, vollschlank zu sein. Oft wirken sie schwermütig, manchmal sogar schwerfällig. Sie lieben rührselige Schnulzen und schicksalsschwangere Filme und Geschichten. Ihre Gefühlsausbrüche entbehren jeglicher Realität. Das Berufsleben ist für sie meist nichts als rauhe, harte Welt. So flüchten sie sich am Feierabend in die Traumwelt ihrer vier Wände, wo möglichst niemand Forderungen an sie stellen sollte.

Rosa – Die Zartheit

Halt mich, ich fürchte zu fallen.

Typische Charakterzüge

Wenn die Farbe Rosa auch ein mit Weiß aufgehelltes Rot ist, so besitzt doch der rosa Mensch nichts vom Rot. Rosa wird immer in die Ecke der typischen Frauenfarben gedrängt. Das ist aber nicht ihr richtiger Platz. Unter den rosa Menschen gibt es – männlich wie weiblich – Charaktere, die zartgliedrig und sensibel sind. Für homosexuelle Männer ist Rosa zur »Standesfarbe« geworden, was aber nicht gleichfalls bedeutet, daß sie nicht männlich sind. Rosa Menschen erinnern an einen mit Licht durchfluteten Rosenquarz. So wirken sie auch oft sphärisch oder ätherisch. Es sind Menschen mit leiser Stimme und verhaltenem Lächeln. Sie haben etwas Märchenhaftes, ja fast Feenhaftes. Der »Härte des Lebens« stehen sie mit mimosenhafter Empfindlichkeit gegenüber. Sie konsumieren Erlesenes. Kraftprotzereien und Bierfrohsinn sind ihnen zuwider. Sie sind die Prinzessin oder der Prinz auf der Erbse. Man wird ihnen immer den schweren Koffer abnehmen oder für sie im Lokal die Bestellung übernehmen. Mit dem Blick eines Rehes erreichen sie, daß andere ihnen behilflich sind. Sie finden auch immer wieder bereitwillige Menschen, die ihnen hilfreich unter die Arme greifen. Auf eigene Tatkraft legen sie keinen Wert, sondern verbleiben introvertiert im Hintergrund. Dennoch sind sie Menschen, die unabhängig ihren Weg gehen. Sie können auch sehr gut alleine sein und zurückgezogen leben. Dort umgeben sie sich mit ihren schönen Dingen und sind zufrieden.

Familie und Partnerschaft

Die Gründung einer Familie ist für sie immer verbunden mit ausreichendem finanziellem Background. Sie werden sich mit niemand einlassen, der außerhalb ihrer gesellschaftlichen Sphäre liegt und eine Partnerschaft nur mit jemand eingehen, bei dem sie keine Existenzsorgen befürchten müssen. Sie haben Schwierigkeiten zu teilen und wirken dadurch recht geizig. In Wirklichkeit aber haben sie Angst vor grobem Umgang mit ihren erarbeiteten Werten und »Heiligtümern«.

In der Liebe wollen sie nicht erobern, sondern (er-)warten, erobert zu werden. Leben sie zusammen mit einem Partner, übernehmen sie die Rolle, für stilvolle Einrichtung zu sorgen. Sie sind absolute Ästheten, lieben filigrane Arbeiten und Skulpturen aus Glas und Kristallen. Diese Dinge scheinen Abbilder ihrer eigenen Durchsichtigkeit zu sein.

Die Menschen, die ihnen für eine Partnerschaft gefallen, sind die *gelben* wegen ihres vornehmen Erscheinungsbildes und die *roten*, weil sie als starke Persönlichkeiten realisiert werden. Mit beiden wird das Glück aber nur von kurzer Dauer sein. Der *gelbe* Mensch ist viel zu abgegrenzt und will keine Verantwortung tragen für das Leben anderer, schon gar nicht für jemanden, dessen Stärke seine

Schwäche ist. Der *rote* Typus findet rosa Menschen meist schwach und unfähig. Ideale – aber platonische – Partnerschaft finden die rosa Charaktere mit *Indigo*-Menschen, weil beide ihre Gefühle und ihre Sexualität zurückhalten. Rosa Menschen sind mehr Geist als Körper und finden deshalb auch von *blauen* Menschen Aufmerksamkeit.

Berufsbilder und Freizeit

Gestalterische Berufe und der Umgang mit Kunstgegenständen sind für sie ideal. Das Flair von großen Gütern oder Schlössern entspricht ihnen sehr, so daß auch dies ein Tätigkeitsfeld für sie ist. Eines der elegantesten Feinschmeckerlokale am Ort zu besitzen, wäre eine Möglichkeit, wo sie sich voll entfalten können. Auch in sozialen Berufen, in der Altenbetreuung oder bei der Arbeit mit kleinen Kindern finden sie Erfüllung. Keinesfalls sollten von ihnen Berufe ausgeübt werden, wo sie sich lautstark durchsetzen müssen. Das würde ihre sensible Psyche immer wieder aufs neue verletzen.

Rosa Menschen sehen leicht so aus, als seien sie vergeistigt oder spirituell. Tatsächlich können wir unter ihnen viele finden, die meditieren und nach Erleuchtung sinnen. Sie machen alle Arten von Yoga, channeln oder stellen geistige Medien dar. Varianten, bei denen sie die Möglichkeit haben, graziös auszusehen, wie im Ballett, beim Tanzen, Reiten, Tennis, Langlauf, Schwimmen, Geräte- und Bodenturnen, sind für sie die ideale Freizeitgestaltung.

An Mineralien lieben sie den Amethysten, Rosenquarz, Aquamarin, Fluorit und den klaren Bergkristall.

Äußeres Erscheinungsbild

Sie kleiden sich gern in Seide und andere feine Materialien. Sie sind zumindest schlank, wenn nicht grazil. Von anderen hören sie oft, daß sie mehr essen sollten, weil sie »ausgehungert« und »zerbrechlich« wirkten. Dabei sind ihnen Fastenkuren und völlige Enthaltsamkeit tausendmal lieber, als zuzunehmen. Ihre Haare sind fein, die Frisuren schlicht. Mit ihrem Kleidungsstil bleiben sie immer im Hintergrund, ebenso mit den Farben, die sie tragen.

Negative Strukturen

Wenn sie ihre Zartheit und Sensibilität selbst nicht positiv annehmen, reagieren sie – besonders bei Krankheit – giftig, wenn man sich mit ihnen auseinandersetzen will. Sie verhalten sich demonstrativ schwächlich, pingelig, unfähig und mimosenhaft und bestehen auf der Objektivität dieses Zustandes. »Ich habe eben nicht die Kraft und Fähigkeiten anderer.« Ihr Vorwurf, den sie gern an ihre Mitmenschen richten, ist:

»Alle tun mir immer nur weh.«

Ihre Umwelt ist für sie grob, laut und gewaltvoll. Um Anerkennung als »schwacher Mensch« zu erlangen, wählen sie gern eine Krankheit, die das Bild, das man sich von ihnen gemacht hat, objektiv untermauert. So werden sie für ihre Partner zu Erpressern, denen man Hilfe aus moralischen Gründen nicht mehr verweigern kann. Aus diesem Lebenskonzept auszusteigen ist für rosa Charaktere enorm schwierig, da sie dazu einsehen müßten, daß sie nur selbst ihre Realität verändern können. Es fehlt ihnen vermeintlich die Kraft und die Möglichkeit dazu. Jede Handlung wird hinausgeschoben, bis sie von anderen erledigt wird.

Türkis – Die Skeptiker

»Nur das Seltene erweitert unseren Sinn.«
Stefan Zweig

Typische Charakterzüge

Die türkisen Menschen sind zum einen Abwehrcharaktere, zum anderen Beschützer und Bewacher. Auf der Ebene der Abwehr sind sie die geborenen Skeptiker, die sich anderen gegenüber prüfend und beobachtend verhalten. Sind ihnen die Mitglieder einer Runde bekannt, müssen sie sie anführen und unterhalten. Unter allen Umständen wollen sie dann Eindruck machen.

Auf der Ebene der Beschützer nehmen sie sich gern vorgeblich schwacher Personen an. Es reicht schon, wenn diese jünger sind oder einfach nur Probleme – gleich welcher Art – haben, die sie für sie lösen wollen. In ihrer Eigenschaft, beschützen und bewachen zu können, sind sie nicht selbstlos hingegeben, sondern ziehen daraus eher einen Gewinn für ihr Selbstbewußtsein.

Türkise Menschen geben sich weltoffen und sind sehr unabhängig und freiheitsliebend. Zu vorbehaltloser Aufgeschlossenheit sind sie je-

doch nicht bereit. Gern halten sie ihre eigene Meinung zurück und brauchen lange, bis sie von anderen etwas annehmen können und noch länger, ehe sie Gefühle zeigen. Dies ist eine der größten Aufgaben für sie, wobei sie für sich darin keinesfalls ein Problem sehen. Sie halten Aufgeschlossenheit ganz einfach nicht für nötig. Lieber erwecken sie den Eindruck des »Lonesome Cowboy« und igeln sich ein. In der Politik kennen sie sich aus und versäumen keine Gelegenheit, ihr kritisches Bewußtsein durch eifrige Warnungen zum Ausdruck zu bringen. Dabei sind sie sehr auseinandersetzungsfreudig, jedoch nie spontan, sondern wissen genau, bei wem sie ihre Position riskieren können.

Familie und Partnerschaft

Mit Partnerschaft und Familie haben sie absolut kein Problem, solange der andere sich ihnen anpaßt. Meist versprühen sie so viel Esprit, daß der Partner immer wieder aufs neue verzaubert wird. Ihren Rückzug auf sich selbst, den sie immer wieder brauchen, übertragen sie auch auf die Zweiergemeinschaft, wo jeder Dritte als Angreifer der vermeintlichen Idylle entsprechend attackiert wird. Häufige Besuche von Bekannten und Freunden sind unerwünscht. In einer Partnerschaft hören sie auf, gesellig zu sein. Mit dem Partner werden die Gespräche fast ausschließlich über dessen Probleme geführt, über seine eigenen Themen spricht der türkise Mensch nur, wenn sie von ihm schon lange verarbeitet sind. Sind sie gerade mit einer brennenden Frage beschäftigt, kann man sie nächtelang vor dem Fernsehapparat, Musik hörend (am liebsten mit Kopfhörer) oder vertieft in Literatur erleben. Sie äußern nicht einmal, was sie bedrückt oder bewegt.

Mit *roten* Menschen wird der türkise keinesfalls zusammensein wollen, wie auch umgekehrt nicht. Der rote Charakter muß selbst im Mittelpunkt stehen und wird sich dem türkisen auch nicht unterordnen. Der *blaue* und der *Indigo*-Mensch werden immer wieder an die Wahrhaftigkeit der türkisen Persönlichkeit appellieren, was diesem unangenehm ist. Ideal für den türkisen Charakter sind *braune*, *orange*, *grüne* und am ehesten *rosa* Partner. Mit ihnen kann er die Beziehung nach seinen Vorstellungen verwirklichen, und sie beten ihn an.

(Der Song »Desperado« von der Gruppe »Eagles« beschreibt den »türkisen« Charakter vortrefflich.)

Berufsbilder und Freizeit

Beruflich finden sie Ausdruck in allen Tätigkeiten, die auf Selbständigkeit, Eigenwilligkeit und Extravaganz basieren. Sind sie Musiker, dann spielen sie modernen Jazz oder wählen eine neue Richtung. In der Schriftstellerei sind sie Satiriker oder Existentialisten. Als Ärzte arbeiten sie ungern im Krankenhaus und richten sich bald eine eigene Praxis ein. Als Maler oder Modedesigner gehören sie der Avantgarde an. Auf jeden Fall brauchen sie eine selb-

ständige Tätigkeit und die Gewißheit, anders als die anderen zu sein. Nicht zuletzt brauchen sie – privat oder beruflich – das Gefühl, anerkannt zu sein und Einfluß zu haben.

Als Beschützer und Bewacher finden sie Erfüllung in allen Berufen, wo es um die Sicherheit anderer geht – bei Polizei und Wachgesellschaften. In esoterischen Kreisen sind sie immer die Menschen, die allen anderen erzählen, wie wichtig es sei, sich mit speziellen Steinen oder Aromen »zu schützen«.

Der Türkis als Stein hilft bei starkem Schutzbedürfnis, wobei sie ihn selbst nicht brauchen, weil sie die »Aufpasser« sind. Ihnen würde ein Rosenquarz, Malachit oder Olivin ganz guttun, weil diese Steine Herzensqualität wachrufen.

Äußeres Erscheinungsbild

In ihrem Aussehen achten sie darauf, ihre Attraktivität nicht zu verlieren. Dabei wirken sie dennoch bescheiden. Sie essen gerne viel – wenn auch nicht unbedingt gut – und schieben immer wieder Fastenkuren oder Hungerpausen ein. So können sie beide Extreme leben. In der Kleidung halten sie sich farblich sehr reserviert (z. B. Grau, Schwarz, Schwarz/Weiß oder Bluejeans). Sie geben sich gern den Anschein, als achteten sie überhaupt nicht auf die Zusammenstellung ihrer Garderobe. Deshalb tragen sie manchmal Kombinationen, die »danebengegriffen« wirken. In Wirklichkeit sind sie jedoch mit Absicht so verschroben ausgesucht, was natürlich keinesfalls zugegeben wird. Man darf sie nicht einkleiden und sie gehen auch nicht zur Farb- und Stilberatung, weil sie sicher sind, ihre Farben »genau zu kennen«. Sie würden sich »niemals« von anderen in ihren Stil hineinreden lassen. Ihre Frisur muß immer wirken, als seien die Haare einfach nur gewaschen. Sie tragen sie lang – besonders die Männer – oder unkompliziert kurz.

Negative Strukturen

Unfreiheit bedroht den negativ entwickelten türkisen Charakter am meisten. Er muß unantastbar bleiben. Sein Übertragungssatz lautet deshalb auch:

»Das schlimmste auf der Welt sind Abhängigkeiten.«

Es ist die Angst, die eigene Selbständigkeit zu verlieren und noch mehr die Befürchtung, das gut funktionierende Abgrenzungskonzept könne ins Wanken geraten. Ihre Abwehr ist auch eine sichere Garantie, daß ihre Mitmenschen nicht viel von ihnen erwarten können.

Wenn ihnen andere auf der Gefühlsebene begegnen, reagieren sie vernichtend. Sie zeigen sarkastischen »Humor« und machen einzelne gern vor der ganzen Runde lächerlich. Dabei wachsen sie mit jeder neuen ironischen Bemerkung. Im Grunde werden sie von der Angst gehetzt, daß ihr Inneres gesehen werden könnte und tun alles, um sich unangreifbar zu machen. Sie benutzen ihre Sprache wie eine Waffe. Wer ihnen nicht gewachsen ist, wird vernichtend geschlagen. Daß Macht zu haben, eine wichtige Rolle für sie spielt, ist nicht leicht durchschaubar. Man merkt es nur aus der Distanz. Ist man mit ihnen zusammen, dauert es Jahre, die Kraft zur Trennung zu finden.

Blau – Die Kommunikation

»In der Stille liegt die Kraft.«
Bernhard von Clairvaux

Typische Charakterzüge

Der blaue Mensch legt großen Wert auf Sprache und Struktur. Er plappert nicht, spricht kein Wort zuviel. Er ist präzise und denkt analytisch. Seine Gefühle sind ernst und tief wie das Meer. Der Umgang mit anderen Menschen ist weit und klar wie der blaue Himmel. Er schränkt niemanden ein, sondern kann auch alle Andersartigen ernsthaft annehmen. Bedingung ist allerdings, daß er sie geistig erfassen und kategorisieren kann. So hat er Schwierigkeiten mit der Mystik und allem, das er nicht als genügend bewiesen ansieht. Für intellektuell Arbeitende ist er ein wertvoller Freund. Mit wachem Geist und Gelassenheit setzt er sich mit allen geistigen Problemen gern auseinander. Er ist ein konzentrierter Zuhörer und ein druckreif sprechender Redner. Die Korrektheit seiner Sprache und seines Verhaltens lassen ihn – besonders *orangen*, *braunen* und *grünen* Menschen – kalt oder gar kaltblütig erscheinen. Diese möchten ihm gern immer wieder sagen, er solle doch mal mit seinen Gefühlen »rauskommen«.

Der blaue Mensch fühlt und reagiert eher nach innen. Seine innere Welt ist für ihn warm und geordnet. Chaos kann er nicht leben, verurteilt es aber auch nicht bei anderen. In dieser positiven Eigenschaft bleibt er meist unerkannt. Er kämpft nicht darum, verstanden und akzeptiert zu werden, sondern zieht sich zurück. Diese Menschen schreiben häufig Tagebuch oder Gedichte. Sie beschäftigen sich analytisch mit ihren Träumen und ihrer Geschichte. Allein zu sein, ist für sie etwas Geheiligtes. Wie die rote Persönlichkeit sich beispielsweise Ruhe verordnen muß, müssen sie sich den Besuch einer Discothek oder einen lustigen Film verordnen. Karneval ist für sie ein Horror – genau wie alles andere Oberflächliche und Laute. Auf Parties werden sie nicht gern eingeladen. Gemeinhin gelten sie als langweilig.

Familie und Partnerschaft

Ihren Kindern gegenüber sind sie geduldig und selbstreflektiert. Sie setzen sich mit der Erziehung genauso wie mit der Psyche ihres

Partners geistig auseinander. Die in ihrem Wesen verankerte Weite und Tiefe führt zu harmonischen Beziehungen, weil sie dem anderen viel Achtung schenken. Wer allerdings bei ihnen das Extreme sucht oder Höhen und Tiefen gleichermaßen braucht, wird enttäuscht. Dringend wird intellektuelle Partnerschaft benötigt.

Versucht der blaue Mensch, im Gegenüber einen Ausgleich zu sich selbst zu finden (wie beispielsweise mit einem *orangen, braunen* oder *grünen* Menschen), funktioniert diese Verbindung nur eine gewisse Zeit lang und endet dann meist dramatisch. Partnerschaft mit einem *roten* Menschen ist nur möglich, wenn dieser gelernt hat, sein Rot selbst zu zügeln. Mit *gelben* Menschen kommt er gut zurecht. Als begehrenswert wird ihm immer der *rosa* Mensch auffallen, der sogar seine Treue ins Wanken bringen kann. Zusammen mit dem *Indigo*-Menschen fühlt er sich wie für die Ewigkeit bestimmt.

Berufsbilder und Freizeit

Unter den »Blauen« findet man Frauen und Männer in den Bereichen der Wissenschaft und Forschung, Ökonomie, Politik und Philosophie. Es sind Ingenieure und Bauzeichner, Gesprächstherapeuten und Sprachwissenschaftler. Sie legen nicht gerne Hand an und vermeiden es, sich schmutzig zu machen. Sport brauchen sie nicht. Eine Beschäftigung, die ihnen das Philosophieren gestattet, könnte das Angeln sein. Außerdem lieben sie die Weite des Meeres.

Körpertherapien oder Tantra ist ihnen zu wenig vergeistigt. Sehr nah ist ihnen die Anthroposophie. Das stille Sitzen während der Meditation entspricht ihrer Sehnsucht nach Innerlichkeit und Stille. Es ist für sie gar nicht abwegig, eine Zeit in einem buddhistischen oder hinduistischen Land oder in einem Kloster zu verbringen.

Ihre Edelsteine sind der Sodalith, Blauquarz, Lapis, Bergkristall und Saphir.

Äußeres Erscheinungsbild

Ihre Art, sich zu kleiden, ist stets korrekt und schlicht. Sie bevorzugen Dunkelblau und Grau. Sie haben keinen Sinn für Styling und tragen jedes Kleidungsstück viele Jahre. Sie essen gern leichte Kost und bleiben schlank. Die Beherrschtheit ihres Wesens ist ihnen anzusehen.

Negative Strukturen

Finden wir negative Strukturen in ihrer Persönlichkeit, so wirken sie nach außen verknöchert, sinnesfeindlich, kalt und rigide. Der Intellekt ist für sie die Quelle aller Dinge, und sie bleiben dabei, den Bogen nicht größer zu ziehen. Ihr Lieblingssatz, den sie an andere richten, ist:

»Erst denken – dann handeln.«

Sie scheinen körperlos zu sein und sehen auch oft so aus. Sie sind ausgemergelt und signalisieren deutlich, daß sie nicht den geringsten Wert auf ihr Äußeres legen. Dabei verachten und verurteilen sie andere wegen ihres oberflächlichen Hangs zum »Styling«. Sie haben ständig Schuldgefühle wegen ihrer Bedürfnisse nach Lust und Genuß und finden nur Rettung in Selbstgeißelungen. Je mehr Regeln eine Gemeinschaft für sie parat hält, desto erstrebenswerter halten sie die Zugehörigkeit zu ihr. Ihre sprachlichen Fähigkeiten kommen in Diskussionen durch rhetorische Schachzüge zum Ausdruck. Ihren Mitmenschen begegnen sie eiskalt und gefühllos. Sie neigen dazu, Strenge zu zeigen.

Indigo – Die Seher und Heiler

»Die Seele ruht nun nicht mehr, bis sie mit der ganzen Wirklichkeit erfüllt ist.«
Meister Eckehart

Typische Charakterzüge

Der Indigo-Mensch ist die Verkörperung der Wahrheit. Er nimmt sich aller an, die unterdrückt, verlassen und betrogen sind. Er ist ein Mensch, der helfen *muß*. Sein Wesen läßt ihm keine andere Wahl. Oft ist er Anlaufstelle für unheilbar Kranke und Drogenabhängige. Menschen, die in Geldnot sind, gibt er soviel er kann. Geben ist für ihn eine heilige Handlung, bedingungslose Liebe sein Streben. Er ist religiös und glaubt an den göttlichen Kern in jeder Seele. Verbunden mit der geistigen Welt, ist er fähig zu Hellsichtigkeit und Hellhörigkeit. Seine Art zu leben, sieht er nicht selbstorganisiert, sondern »geführt« als begnadetes Geschenk Gottes. Er fühlt tiefe Dankbarkeit für alles Schöne, was er sieht und was ihm widerfährt.

Bei Schicksalsschlägen hegt er keinen Groll gegen die Situation oder andere Menschen, sondern fragt nach deren Bedeutung und Fehlern, die er selbst zu vermeiden lernen sollte. Wird er betrogen, dauert es sehr lange, bis er es glauben kann. Er mag selbst keine Prozesse führen, außer für andere Menschen. Um den Indigo-Menschen scharen sich zeitweilig viele Freunde, die seinen Rat und seine Gesellschaft schätzen. Seine Ausstrahlung vermittelt gefestigte Sicherheit und Weisheit. Intuitiv fühlt man, daß Wahrheit in seinen Worten steckt. Es ist für ihn unumgänglich, aus seiner Erfahrung heraus statt aus Büchern zu reden und zu handeln.

Familie und Partnerschaft

Familiäre Gebundenheit in bürgerlichem Sinn ist für ihn unverständlich. »Wir alle sind eine große Familie.« Er kann in großen Kommunen leben und die Kinder anderer aufziehen, als seien es seine eigenen, auf die er genausowenig Eigentumsanspruch erhebt, wie auf seine Partner. Der Indigo-Mensch würde gern so viele Kinder adoptieren, wie es seine Situation zuläßt. Er wählt jede Bindung frei und bewegt sich darin auch frei. Er stellt keine Bedingungen an Aussehen, Rang, Herkunft, Alter oder Geschlecht des Partners. Bürgerliche Treuevorstellungen haben für ihn keine Relevanz. Er ist nur seiner eigenen Ehrlichkeit treu. Seitensprünge sind für ihn kein Betrug, weil er darüber mit seinem Partner redet. Allerdings ist er darauf bedacht, ihn mit seiner Art der Lebensführung nicht zu verletzen. Negativ denkende Menschen benutzen ihn gern als Aggressionsobjekt, weil er für sich geschafft hat, was ihnen »verwehrt« blieb: geistige Unabhängigkeit.

Meistens lebt er mit *grünen, roten, braunen, violetten* oder *Indigo*-Menschen zusammen. Mit einem spirituellen *roten* Menschen wird er die größte Erfüllung finden, weil beide zusammen wie der Anfang und das Ende sind – Alpha und Omega. Wenn es auch nicht offensichtlich ist, so sind sie doch zwei Pole der gleichen Kraft. *Orange* Charaktere sind wegen ihrer sexuellen Ausstrahlung für ihn ein Phänomen, das leicht zu bedrohlich auf ihn wirkt. Mit *türkisen* Menschen wird er nicht leben können, weil diese zu distanziert sind. Ein Leben mit *blauen* oder *gelben* Menschen ist nur möglich, wenn diese den Weg zur Spiritualität gefunden haben. Eine sexuelle Beziehung gelingt ihm über längere Zeit nur im Sinne des Tantra, in der Hingabe zu Gott. Ist dies nicht möglich, verzichtet er lieber auf Sexualität.

Berufsbilder und Freizeit

Die Berufe des Indigo-Menschen können jeglicher Art sein: ob im Handwerk, als Arbeiterin oder Arbeiter, in der Technik, Kunst, Kultur oder im kaufmännischen Bereich. Sich für die

Rechte anderer bedingungslos einzusetzen, zeichnet sie aus. Ihr Einsatz in sozialen Verbänden und Organisationen gegen die Unterdrückung von Menschen und Vernichtung von Tieren und Pflanzen entspricht ihrem Wesen ebenso, wie die Abkehr von allem Materiellen. Ihre Freizeit ist häufig ausgefüllt mit Meditationen oder mit anderen ruhigen Beschäftigungen, wie Spazieren, Wandern, Gartenarbeit.

Die eigentliche Aufgabe des Indigo-Menschen, in der er sich am uneingeschränktesten verwirklichen kann, liegt in der Heilung, obgleich er sich selbst nie als »Heiler« bezeichnen würde. Ihm ist bei allem, was er bewirkt, immer klar, daß es göttliche Kräfte sind, die durch ihn wirken und denen er sich lediglich zur Verfügung stellt.

Seine Steine sind Lapislazuli, Bergkristall, Diamant, Rutilquarz, Sugilith, Saphir, Meteoriten, Boji-Stone.

Äußeres Erscheinungsbild

Er legt Wert auf Natürlichkeit, kann sich aber auch bewußt »verkleiden«, ja es macht ihm sogar Spaß. So kann er in die Gewänder aller Welten schlüpfen. Sein Ideal besteht jedoch darin, den äußeren Schein abzulegen. Erleichtert streift er deshalb auch die Kutten irgendwelcher Organisationen über, die sich religiösen Idealen versprochen haben. Er wird jedoch nur so lange ihr Mitglied bleiben, wie er bei ihnen die Wahrheit ihrer Ideale real erlebt.

Im Grunde braucht er jedoch weder Organisationen noch eine Glaubensgemeinschaft. Der Indigo-Mensch fühlt sich selbst in direktem Kontakt mit den geistigen Kräften, von denen er sich führen läßt.

Negative Strukturen

Die negative Seite des Indigo-Menschen tritt nur zutage, wenn er sich gegen seine spirituelle Entwicklung wehrt. Dieser Angst entspringt der Übertragungssatz:

»Ich bin ein Anderer.
Ich bin nicht von dieser Welt.«
Arthur Rimbaud

Wenn er mit seinen negativen Strukturen auch niemandem schadet, so verhält er sich doch selbstzerstörerisch. Oft verliert er sich in Drogen und Alkohol, weil er von der geistigen Welt nur vorbewußt weiß oder nichts wissen will. Er flieht vor seinen Erfahrungen und Erkenntnissen. Dabei entwickelt er mitunter den Wahn, schizophren zu sein oder sein Leben halluzinativ gestalten zu müssen. Er versucht mit aller Gewalt, seinem Lebenssinn – der darin bestünde, sich von geistigen Kräften führen zu lassen – aus dem Weg zu gehen. Sein ausgeprägter Wahrheits- und Gerechtigkeitssinn schafft Feindbilder, die sich ihm entgegenstellen. So wird er zum fanatischen Prozessierer oder zum Kämpfer für alle Unterdrückten, obwohl er von niemandem darum gebeten wurde.

Violett – Die Gläubigen

»Gott ist in allem. Ich bin in Gott.«
Rudolf Steiner

Typische Charakterzüge

Violette Menschen leben in tiefem Glauben an höhere Kräfte und stellen ihr Ego zurück für das ALL-EINE der Schöpfung. Frei im Geist, haben sie den irdischen Verlockungen und materiellen Gütern längst entsagt. Sie sind gleich Besitzlosen, die nichts mehr brauchen, weil sie alles haben. Es ist ihre Aufgabe, Vermittler zwischen der geistigen und der materiellen Welt zu sein. Gern sind sie bereit, sich den Idealen ihrer Religion oder ihres

Glaubens hinzugeben. Polaritäten, wie arm/reich, stark/schwach, weiblich/männlich, gut/schlecht, schwarz/weiß, Tod/Leben, sind in ihnen aufgelöst. Sie befinden sich weder auf der einen noch auf der anderen Seite, wenn sie mit anderen Menschen kommunizieren. Alles ist in einem. Eines ist in allem.

Familie und Partnerschaft

Selten ist der violette Mensch in Familienstrukturen integriert, sondern er lebt in Glaubensgemeinschaften oder mit nur einem Partner zusammen. Langzeitige Beziehungen sucht er zwar, findet sie aber nur mit Gleichgesinnten oder Menschen, die ihm die Möglichkeit geben, das Weltliche abgeben zu können.

Seine Partner könnten *grüne* und *rosa* Charaktere sein. Der *Indigo*-Mensch ist für ihn ein idealer Spiegel zum Austausch seiner Gedanken, seiner Religiosität und der Erfahrung des übersinnlichen Raumes, den beide für sich erschlossen haben.

Berufsbilder und Freizeit

Grundsätzlich trennen violette Menschen nicht zwischen ihrem Leben im Alltag und ihrem Beruf, welcher immer auch gleichzeitig Berufung ist. Ihre kosmische Verbundenheit leben sie durch ihre Tätigkeit, die immer auch gleichzeitig ein »Gottesdienst« ist. Sie müssen zumindest Schriftsteller oder Künstler sein können, eher aber Mystiker, Magier, Geistliche oder Träger einer dem »Großen Geist« geweihten Gruppe. In unserer Welt wirkend, kennen wir sie als Geistführer, Diener Gottes, Heiler, Heilige, Gurus, Yogi, Schamanen, Medizinmänner und Medizinfrauen.

Äußere Erscheinung

In ihrem Aussehen wirken sie offen, herzlich, oder mystisch verschlossen. Meist erscheinen sie ganz in Weiß. Wir finden sie von Kreuzen, Kristallen oder archaischen Symbolen begleitet.

Ihr Edelstein ist – allen voran – der Bergkristall.

Negative Strukturen

Die Psyche des violetten Menschen wird verstümmelt, wie die eines geschlagenen Kindes, wenn ihm seitens der Gesellschaft nicht ermöglicht wird, seine Gottverbundenheit im Alltag zu leben. Eine negative Wendung seiner Entwicklung macht ihn despotisch und dogmatisch. Besonders wichtig wird ihm dann, Macht über andere Menschen zu haben, was er pervertiert auslebt.

Sein Übertragungssatz ist:

*»Du mußt mir folgen,
wenn Du gerettet werden willst.«*

Fatalerweise beginnt er, sich selbst für Gott zu halten und glaubt sich bisweilen sogar fähig, die Erdachse verschieben zu können. Im äußersten Extrem macht er sich zum Boten des »Teufels« und versucht, mit magischen Kräften andere Menschen und deren Gedanken zu beeinflussen. Gelingt es nicht, wird an »dem großen Plan für den Tag X« gearbeitet, der in irgendeiner Weise für weltverändernd gehalten wird. Entsagung auf der Ebene »gewöhnlicher« Freuden wird oft durch Konsum von Drogen oder masochistische Spiele ausgeglichen. Es werden Rituale gefeiert, wie überhaupt jede seiner Handlungen ritualisiert wird.

Farbpersönlichkeiten

	Typische Charakterzüge	Familie und Partnerschaft	Berufsbilder und Freizeit	Äußeres Erscheinungsbild	Negative Strukturen
Braun	Naturbezogenheit, Sicherheit, Stabilität, Seßhaftigkeit	Familiär, Treuegebot, Häuslichkeit	**Naturbezogenheit** Heilpraktiker, alternative Lebensweisen	Gesund, unkompliziert, natürlich	Schwerfälligkeit, Unbeweglichkeit, Gluckenhaftigkeit
Rot	Power-Menschen, Extrovertiertheit, starkes Sendungsbewußtsein	Keine bürgerliche Familienstruktur möglich	**Führungstärke** Berufssportler, Selbständige	Avantgardistisch, provokant, modern	Herrschsüchtig, gewalttätig
Orange	Innerlichkeit, Erotik, Gefühlsorientiert, Leben-Gebende	Familiär, erotische Beziehungen, Kinderwunsch	**Körperlichkeit** Köche, Designer	Sinnliche Kleidung, nicht provokant	Don-Juanismus, Gefühlsglucken, Gefühlsduseleien
Gelb	Wertbewußt, offen, wach, heiter, unbeschwert, intellektuell	Freie (unabhängige) Partnerschaft	**Intellektualität** Unternehmensberatung, Reiseführer	Schlicht, locker und leger, schlank	Zynisch, raffgierig, geizig und eng, verschwenderisch
Grün	Starke Herzensqualität, Opferbereitschaft	Familiär, Treuegebot, Kinderwunsch	**Naturbezogenheit** Heilpraktiker, Tierärzte, Sozialarbeiter	Gesund, stämmig, natürlich	Traumschlösser, Sentimentalität, Erpressung zu Liebes-»Beweisen«

	Typische Charakter-züge	Familie und Partnerschaft	Berufsbilder und Freizeit	Äußeres Erscheinungs-bild	Negative Strukturen
Rosa	Zart und sensibel, feenhaft, Ästhet, Zurück-gezogenheit	Gut situierte Heirat. Wollen erobert werden	**Gestalterisch** Soziale Berufe	Zartgliedrig, schlank, zurückhaltend	Schwächlich, pingelig, Flucht in Krankheit
Türkis	Beschützend, unabhängig, wachsam, starke Abgrenzung	keine familiäre Struktur, Ein-Igelung in fester Zweier-gemeinschaft	**Selbständigkeit** Eigenwilligkeit, Extravaganz	Betont schlicht, attraktiv	Sarkastisch, Machtbe-dürfnis, Rigidität
Blau	Klarer Ausdruck, wacher Geist, Gelassenheit, guter Zuhörer	Analytische Auseinander-setzung mit Partner und Kindern	**Analytisch** Sprachwissen-schaftler	Stets korrekt, schlicht	Sinnesfeindlich, kalt, gefühllos, streng
Indigo	Hellsichtigkeit, starke Intuition und Gerechtig-keitssinn, Kanal für Heil-kräfte	Keine bürger-liche Familien-struktur möglich	**Beruf ist Berufung** Heilung, Lehren	Unkompliziert, trägt die Kleider aller Welten	Flucht vor dem Normalen, Drogen-mißbrauch
Violett	Entsagung vom Weltlichen, tiefe Religio-sität, Weisheit	keine familiäre Struktur, sucht im Partner spirituelle Entsprechung	**Geistführer** Heiler, Diener Gottes	Tragen gern Weiß. Legen keinen Wert auf Aus-sehen	Machtmiß-brauch mit magischen Kräften, Drogenmiß-brauch

IV.
Leben ist Licht – Licht ist Farbe – Farbe ist Leben

»Mama, wo sind die Farben nachts?«

Seit Jahrhunderten beschäftigen sich die Menschen mit den Fragen:

Was ist Licht? Wie entstehen Farben?

Seit Descartes (Mathematiker und Philosoph 1596–1650) haben eine Reihe von Naturwissenschaftlern am Phänomen des Regenbogens wichtige physikalische Erkenntnisse über »farbiges Licht« gewonnen.

Die für uns entscheidendsten Aussagen – die auch gleichzeitig gegensätzlich waren – kamen von dem englischen Physiker Isaac Newton (1643–1727) und später von Johann Wolfgang von Goethe (1749–1832). Bevor ich versuche, Sie vorsichtig in den naturwissenschaftlichen Aspekt des Themas einzuführen, möchte ich an die Komplexität des Begriffs »Farbe« erinnern.

Auf die Frage: »Was ist Farbe?« gibt es nicht nur eine einzige Antwort. Der jeweilige Hintergrund, aus dem heraus die Frage beantwortet werden will, entscheidet darüber, wie wir das Thema Farbe angehen:

1. Betrachten wir Farben unter naturwissenschaftlichen Aspekten und messen ihre *physikalische Größe* wie Wellenlänge und Frequenz?

2. Behandeln wir Farben als Phänomen, das wir gerne sehen und untersuchen wir dabei, was *im Auge* und Gehirn geschieht?

3. Interessiert uns nur ihre psychologische *Wirkung* bei Verpackungen oder auf *Werbeflächen*? Oder

4. wollen wir mit Hilfe von Farben Aussagen über den *Charakter eines Menschen* machen?

5. Betrachten wir sie als Instrument für *Künstler*, *Architekten* oder *Designer* oder

6. nehmen wir vorrangig ihre starke *Signalwirkung* im öffentlichen Leben (z. B. im Straßenverkehr) wahr?

7. Sind sie für uns Gegenstand der *Farbtypbestimmung* und Modeberatung oder

8. wissen wir, daß Farben imstande sind, unsere *Selbstheilungskräfte* auf der körperlichen wie auf der feinstofflichen Ebene zu wecken und daß sie

9. der Schlüssel zu unseren Energiezentren, *den Chakras,* sind, so ist der Untersuchungsansatz ein anderer und folglich auch die Antwort auf die Frage:

Was sind Farben? Was ist Licht?

Das Licht – der Spiritus rector allen Lebens

»Es ist das Licht noch eine kleine Zeit bei euch.
Wandelt, dieweil ihr das Licht habt,
daß euch die Finsternis nicht überfalle.
Wer in der Finsternis wandelt, der weiß nicht,
wohin er gehet.«
Johannes 12,35

Licht an sich ist – genau wie Farben – unsichtbar. Das klingt phantastisch und unwirklich. Wir kennen Licht als Wahrnehmungserfahrung und benutzen unser Auge, um sichtbare Materie zu erfassen. Ein Gegenstand ist für uns dann sichtbar, wenn er selbst Licht emittiert oder reflektiert. In der Natur haben wir die Sonne als dominierende Lichtquelle (neben dem Blitz und Feuer). Andere Objekte reflektieren lediglich das Sonnenlicht und erscheinen uns farbig. Die Farben entstehen, weil die Gegenstände und Körper von dem empfangenen Licht nur einen bestimmten Teil reflektieren und den anderen Teil absorbieren. Ein grüner Gegenstand reflektiert das grüne Licht und gelangt so zu unserem Auge, wodurch wir Farbe und Kontur des Gegenstandes erkennen.

Was ist nun Licht im physikalischen Sinn?

Lichtwellen sind elektromagnetische Wellen. Wie andere Wellen (z. B. Schallwellen) sind sie im wesentlichen durch zwei meßbare physikalische Größen bestimmt: Frequenz und Wellenlänge.

Die Frequenz wird in der Anzahl der Schwingungsvorgänge je Zeiteinheit angegeben und in Hertz (Hz) gemessen. Die Wellenlänge des Lichtes mißt sich in Nanometer (nm). Um ein Bild von den Größenverhältnissen zu erhalten, stellen Sie sich vor, daß ein Nanometer (nanos; griech. = Zwerg) ein milliardstel Meter ist. Die Schwingungsfrequenz des sichtbaren Lichtes ist etwa das billionenfa-

che der Frequenz der hörbaren Töne(!). Hören und Sehen sind komplexe Begriffe der Wahrnehmung von Schwingungen. Es gibt Schwingungen, die wir hören (Töne) und solche die wir sehen (Farben).

Licht ist, wie ein Ton, eine Schwingungserscheinung. Beide besitzen Wellencharakter. Töne werden in der Höhe der Schwingungsfrequenz je Sekunde in Hertz (Hz) gemessen.

Daß Töne über ihre Schwingungsfrequenzen für uns erfahrbar werden und keine Materie sind, ist jedem geläufig. Ihre Existenz ist von einem Tonträger abhängig, so wie die Existenz der Farben von den Objekten abhängig ist, die Licht reflektieren. Für den Bereich der Töne treffen wir sichere Entscheidungen, ob sie uns guttun, d. h. für uns harmonisch schwingen, oder eine Disharmonie bilden. Dies ist für jeden Menschen individuell unterschiedlich. Für einen Freund klassischer Musik wird Mozart Balsam für die Ohren sein und manches Hard-Rock-Konzert wie ein Bombenangriff wirken. Umgekehrt ist möglich, daß einem Hard-Rock-Fan übel wird, wenn er sich Mozart anhören soll. Wir haben unsere Rezeptoren für hörbare Schwingungen sensibilisiert. Für Schwingungen, die über unsere Augen aufgenommen werden und in der gleichen Weise auf unser Gemüt wirken, ist unsere Wahrnehmung bislang noch weitgehend unterentwickelt, obwohl die visuellen Informationen für die industrialisierte Stadtbevölkerung einen Großteil der Gesamtwahrnehmung ausmachen.

Unsere drei Augen

»Der Körper ist ›rot‹ bedeutet, daß er im Auge die rote Farbe bewirkt.
Farbe ist und bleibt Affektion des Auges«
(...) »ist der im Auge hervorgebrachte Zustand«.
Schopenhauer[16]

Das Sonnenlicht wird über unsere Augen (die zwei nach außen gerichteten Augen und das »Dritte«, welches Verbindung zur Hypophyse hat) aufgenommen und in Strahlenbereiche aufgeteilt. Der eine Strahl wirkt über die Netzhaut auf den Sehnerv, wodurch wir sehen können.

Die Netzhaut ist ein etwa 0,3 bis 0,4 mm dünnes Häutchen. Fällt Licht auf diese Haut, so »erregt« es die etwa sechs Millionen Zapfen, die für das Sehen am Tage und das Erkennen von Farben zuständig sind. Die etwa 120 Millionen Stäbchen ermöglichen das Sehen, besonders bei herabgesetzter Beleuchtung. Mit Hilfe einer Art elektrischer Erregung wird die Information der Lichtstrahlen an den Sehnerv weitergeleitet. Dieser wiederum vermittelt dem Gehirn, was die Netzhaut registriert hat und ermöglicht die Erfahrung von Farbe, Form, Tiefe und Bewegung der Materie, die wir ansehen.

Die Netzhaut selbst hat drei verschiedene Zapfentypen mit Photopigmenten, die jeweils die Farben Rot, Blau und Grün (Lichtgrundfarben) wahrnehmen und durch eigenständige Mischung und Komplementärbildung alle anderen Farben selbst herstellen. Farbfernseher und Computerbildschirme erhalten ihre Informationen für jeden darzustellenden Punkt auf dem Bildschirm übrigens ebenfalls in den drei Farben: ROT, BLAU und GRÜN.

Der andere Strahl wird über elektrische Impulse an den Hypothalamus und gleichzeitig an die Hypophyse weitergeleitet. Je stärker nun die Lichtinformationen sind, die über die Augen in der Hypophyse ankommen, desto größer ist der Lichtstrahl, der unser Immunsystem in der Hypophyse aktiviert und danach die Epiphyse erreicht. Diese wiederum steht –

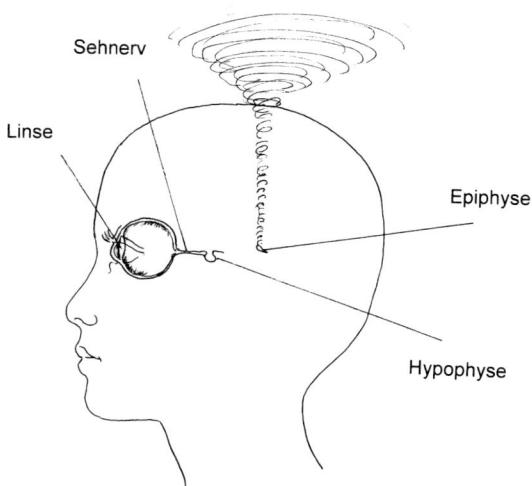

Das menschliche Auge

wie wir bereits wissen – als die oberste Meisterdrüse in direkter Verbindung zum 7. Chakra. Je mehr Sonnenlicht wir also über unsere Augen aufnehmen (was nicht bedeuten soll, daß wir direkt in die Sonne schauen), desto stärker funktioniert unser Immunsystem und um so strahlender erscheint unser elektromagnetisches Feld (die Aura) und kosmische Dimensionen können sich öffnen.

Durch natürliches UV-Licht (jedoch nicht durch das ausgefilterte UVA- oder UVB-Licht der Sonnenbänke) geht das Blut eine sogenannte Photonenemission ein. Es sind Lichtaussendungen, die in unserem Körper stattfinden, und die 8–10mal höher liegen, als der Normalwert von ca. 800 Photonen/sec.[13] Photonen sind die kleinsten Teilchen einer elektromagnetischen Strahlung. Sie stehen niemals still, beschleunigen sich nie und verlangsamen sich auch nicht. Sie bewegen sich immer mit gleicher Geschwindigkeit: der Lichtgeschwindigkeit.

Von Medizinern und Physikern ist mittlerweile wissenschaftlich anerkannt, daß die Aufnahmefähigkeit von Licht (durch Photonenemissionen) die innere Strahlkraft des Menschen erhöht. Durch das Licht der Sonne geschehen in unserem Körper also kleine Lichtexplosionen, die unserem Organismus 8 bis 10mal mehr Licht zuführen als es einem Zustand ohne Sonnenlicht entspräche. Somit ist das innere Licht nicht einfach ein esoterisches »Hirngespinst«, sondern es ist abhängig von unserer Aufnahmefähigkeit und Aufnahmebereitschaft des Sonnenlichtes.

Wir sollten uns nicht für das Tragen von Sonnenbrillen aus modischen Gründen entscheiden. Brillen mit Plastikgläsern werden sehr oft grundsätzlich mit UV-Schutzfiltern produziert. Kontaktlinsen sind bislang noch nicht UV-gefiltert, wobei man sich allerdings darum bemüht. Fragen Sie einen Optiker, wird er Ihnen sagen, daß UV-Licht den Augen schadet. Fragen Sie den Inhaber eines Sonnenbankstudios, wird er Ihnen sagen, daß das natürliche Sonnenlicht gefährlich sei. Ich rate Ihnen, jemand zu fragen, der Ihnen nicht gleichzeitig das Produkt, über das Sie informiert werden wollen, verkaufen will.

Untersuchungen bei Blinden haben ergeben, daß sie unter abnormen Melatoninwerten sowie Stoffwechsel- und anderen Hormonstörungen (die normalerweise maßgeblich durch die Lichtaufnahme der Hypophyse beeinflußt werden) leiden. Eigene Erfahrungen mit Meditationen, in denen ich Licht über das »Dritte Auge« aufnahm (siehe Übung in Kapitel IX) und imaginär an die Hypophyse und Epiphyse weiterleitete, haben meine Dioptrienwerte entscheidend verbessert. Ich denke, daß sich der allgemeine Gesundheitszustand von Blinden mit der gleichen Übung ebenfalls verbessern ließe.

Die Strahlkraft der Sonne

»Let the sunshine in«.
Rockoper »Hair«

Eine Sonnenübung der Indianer, um Kraft aufzutanken:

Schauen Sie durch eine nur einen halben Millimeter geöffnete Faust in die Sonne, so daß nur ein ganz kleiner Strahl Ihr Auge erreicht. Wenige Minuten genügen, um Kraft für Stunden zu bekommen.

Sonnenlicht ist unvergleichlich wichtig für unsere Lebensenergie, sowohl die körperliche als auch die geistige. Die Evolutionsgeschichte hat uns Menschen darauf eingestellt, daß wir ungefähr 60 Prozent unserer Tageszeit unter direkter Sonneneinstrahlung verbringen können. Infolge der wachsenden Computerisierung, der Panik vor dem Ozonloch sowie aufgrund der Möglichkeiten künstlicher Besonnung (Sonnenbänke) wurde die Zeit der natürlichen Lichtaufnahme in den letzten Jahren drastisch verkürzt. Ein Großteil der Menschheit westlicher Kulturen verbringt mittlerweile die überwiegende Lebenszeit in geschlossenen Räumen (mit Klimaanlagen) unter künstlichem Neonlicht vor sehkraftschädigenden Computermonitoren. Endlich in der Natur, wird sofort zur UV-undurchlässigen Sonnenbrille gegriffen, die Haut mit Sonnencreme (mit hohem Lichtschutzfaktor) eingecremt oder die Sonne tunlichst gemieden.

Die innere Einstellung zur Sonne hat sich so sehr ins Negative verkehrt, daß viele in ihr eher einen Feind sehen. Das schadet in zweifacher Hinsicht:

a) der Sehkraft und dem endokrinen System;
b) der Strahlkraft der Aura
   und damit der geistigen Gesundheit.

UV-Strahlen sind nur dann gefährlich, wenn sie so intensiv genossen werden, daß sie die Haut verbrennen oder austrocknen. Das wohldosierte regelmäßige Auftanken von Sonnenlicht ist genauso heilsam wie eine Therapie.

Viele ältere kränkliche Menschen, die ihre Rentenzeit in südlichen Breiten, wie den Kanarischen Inseln oder Florida verbringen, werden dort sehr schnell gesund. Wenn wir uns in der Sonne natürlich bewegen und unsere Augen den Schließreflex der Pupille beherrschen, reicht dieser Schutz gemeinhin vor UV-Strahlung aus.

Voraussetzung einer Therapie mit Licht ist, daß unser Körper und – *vor allem unsere Augen* – das volle Spektrum des UV-Lichtes plus Infra-Rot empfangen.

Einige der erfolgreich mit Licht behandelten Krankheiten möchte ich Ihnen im folgenden nennen:

– Blutdruck, Blutzucker und Cholesterinwerte sinken.
– Die Produktion von Interferon (Abwehrstoff gegen Viren) sowie die Sauerstoffaufnahmefähigkeit des Blutes steigt.
– Licht wirkt gegen Winterdepressionen und Frühjahrsmüdigkeit, Reizbarkeit, und Mattigkeit,
– gegen Alkohol- und Tablettensucht sowie Suizidgefahr.
– Menstruationsstörungen werden genauso wie
– Hormonstörungen durch die Harmonisierung der Epiphysefunktion gelindert.
– Rheumatische Erkrankungen werden gelindert und auch geheilt.
– Das Immunsystem wird über die Hypophyse aktiviert.
– Licht wirkt gegen Konzentrationsstörungen und Schlaflosigkeit.
– Die Belastungsfähigkeit des gesamten Organismus wird verstärkt.

Bisher bekannte Gegenanzeigen für die Lichttherapie wurden bei Krebs, Multiple Sklerose und Tuberkulose nachgewiesen.

Farben: sichtbares Licht

*»Es ist leichter, einen Atomkern zu spalten
als ein Vorurteil.«*
Albert Einstein

Goethe begann seine Farbenlehre*[17] mit der Erfoschung des Phänomens, daß das menschliche Auge die Komplementärfarbe der einzelnen Grundfarben eigenständig produziert. Jeder kann das Experiment selbst machen: Schauen Sie etwa 20 Sekunden intensiv auf einen roten Punkt und danach auf eine weiße Fläche oder schließen Sie die Augen. Was Sie dann sehen, wird in etwa der gleiche Punkt in Grün sein. Ebenso werden Sie einen violetten Punkt für Gelb und einen blauen Punkt für Orange sehen. Für Goethe war dies der Beweis, daß Farben ausnahmslos ein psychologisches Phänomen sind, das seine Entstehung einem physiologischen Phänomen in unserem Auge verdankt. Für ihn war das Auge ein Organ der Ganzheit, weil es das Streben nach der ihm fehlenden Komponente (der jeweiligen Komplementärfarbe) hat.

Auf Rot reagiert das Auge mit → Grün.
= Blau plus Gelb

Auf Gelb reagiert das Auge mit → Violett.
= Rot plus Blau

Auf Blau reagiert das Auge mit → Orange.
= Rot plus Gelb

Dies trifft auch im umgekehrten Falle zu. Siehe dazu Abb. V im Anhang.

Links sehen Sie die Grundfarben, in der Mitte stehen die Mischfarben als Komplementärreaktion. Das Auge reagiert auf eine Grundfarbe jeweils mit einer Mischfarbe und umgekehrt. Grün, Violett und Orange (auf der rechten Seite) sind Mischungen aus den zwei fehlenden Grundfarben. Das Auge ergänzt also tatsächlich zur »Totalität«. Durch seine Eigendynamik offenbarte es Goethe die drei Grundfarben, aus denen sich jede weitere Farbe mit allen Nuancierungen durch Mischungen bilden läßt. Durch Untersuchung der Netzhaut des menschlichen Auges gelang es erst viel später, Goethes Erkenntnisse physiologisch zu untermauern.

Daß die Erforschung der Farben Goethes Lebenswerk war und nicht – wie viele meinen – seine Dichtkunst, zeigen uns nicht zuletzt die vielen Bände, die seine Farbenlehre umfaßt.

Goethe zu Eckermann: *»Es gereut mich auch keineswegs (daß ich die Farbenlehre schrieb), obgleich ich die Mühe eines halben Lebens hineingesteckt habe. Ich hätte vielleicht ein halb Dutzend Trauerspiele mehr geschrieben, das ist alles, und dazu werden sich noch Leute genug nach mir finden.«*
(Fritz Lobeck, Farben anders gesehen, Basel '54)

Es ist ein naturwissenschaftliches Werk und in seiner Art einzig, weil es von einem Dichter und Denker geschrieben wurde. Deutlich unterschieden von anderen Veröffentlichungen zu jener Zeit, ging es ihm in erster Linie nicht um die physikalische Seite von Licht und Farbe, sondern um die Wirkung, die sie auf die Menschen haben. Zu bedauern ist – wie Goethe selbst vor seinem Tod schrieb –, daß er sein Werk nicht mehr zu einem »lesbaren Buch« gestalten konnte.

Das Anliegen, das Goethe mit der Lehre über die Farben verfolgte, formulierte er durch seinen Faust:

*»... daß ich erkenne, was die Welt
im Innersten zusammenhält,
schau alle Wirkenskraft und Samen
und tu nicht mehr in Worten kramen.«*
(Anfangsprolog von Faust aus Goethes »Faust«)

Goethes Zeichnung

Alle späteren Farbtheorien, die über physikalische Definitionen hinausgingen, bauten auf seinem umfangreichen Werk auf. Die Erkenntnis, daß Farben nicht objektunabhängig erfahren werden können, brachte mich auf die Bezeichnung der »physischen« Farben. Es sind Farben, die wir auf Material (auf Stoff, in der Malerei, beim Druck) sehen. Sie sind nicht im Licht enthalten, sondern bedürfen – damit wir sie sehen können – eines stofflichen Trägers. Man könnte sie auch Körperfarben nennen, wie sie oft in der Fachliteratur über Farben bezeichnet werden. Ich möchte hier bei der Goetheschen Bezeichnung der physischen Farben bleiben.

Ferner spricht Goethe vom Urphänomen, dem eine Gesetzmäßigkeit zugrunde liegt, die vereinfacht ausgedrückt, lautet:

Licht durch Finsternis gesehen *ist Rot* (beispielsweise durch das Vorhalten der Hand gegen die Sonne).

Also ist *Rot abgedämpftes Licht.*

Finsternis durch Licht gesehen *ist Blau.*

(Der Himmel ist eigentlich tief indigo bis fast schwarz und erhält sein helles Blau erst durch die Strahlen der Sonne.)

Blau ist aufgehellte Finsternis.

Der tiefe Sinn dieser Erkenntnis liegt darin, daß Farben durch das Zusammenspiel von Licht und Finsternis entstehen (durch die sogenannte »Trübe«) und nicht – wie Newton annahm – alle Farben im Licht *enthalten* sind. Für Newton waren Farben und Licht identisch. Er meinte, Licht bestünde aus farbigen Lichtstrahlen. Die Farben seien also ursprünglich da.

Für Goethe entstehen sie erst durch das Licht. Licht ist ursprünglich farblos. Beide hatten einen völlig unterschiedlichen Ansatz, sich mit dem Thema »Licht und Farbe« auseinanderzusetzen. Newton hat die Zusammensetzung des Lichtes in *physikalisch-optischer* Hinsicht erforscht. Goethe ging es um die Wirkung von Licht und Farbe im *physiologisch-psychologischen* Sinn.

Es ist erstaunlich, daß sich dieser gegensätzliche Ansatz, mit Farben umzugehen, bis heute bei Nicht-Physikern gehalten hat. Die einen bewegen sich mit Hilfe physikalischer Teilbetrachtungen vom Menschen weg. Die anderen machen ihn zum Mittelpunkt ihrer Denkweise und werden damit belächelt.

»Der Kampf Goethes gegen die physikalische Lehre muß auf einer erweiterten Front auch heute noch ausgetragen werden.«

Werner Heisenberg, Physiker und Nobelpreisträger[18]

Isaac Newton hat erstmals (1666) mit einem Prisma wissenschaftliche Lichtexperimente durchgeführt. Es gibt Quellen, die davon sprechen, er hätte das Prisma »wiederentdeckt«. Mit einem Prisma kann man Licht – durch dessen Brechung und Projektion, z. B. auf eine Wand – in Regenbogenfarben sichtbar machen. Ursprünglich sind die Farben jedoch nicht im Lichtstrahl.

Da die Übergänge der Farben, die wir durch das Prisma sehen, fließend sind, ging Newton von sieben physikalischen Farben aus. Heute weiß man, daß es in ungemischter Reinheit nur fünf Spektralfarben sind: Rot, Gelb, Grün, Blau und Violett. Orange entsteht durch Mischung von Rot und Gelb. Indigo ist ein schmaler Streifen von nur 10 nm, der durch Überschneidung von Blau und Violett entsteht. Siehe Abb. VI im Anhang.

Immer wieder gab es in der Vergangenheit Meinungsverschiedenheiten über Newtons und Goethes Definitionen, was Farben nun eigentlich seien. Im Grunde war Goethe – mehr als 100 Jahre nach Newton – entschiedener Gegner von Newton, weil dieser Farben streng physikalisch meßbar machen wollte. Durch Newtons Behauptung, Licht bestünde aus farbigen Strahlen, enthob er den Menschen der subjektiven Empfindsamkeit von Farben. Später revidierte Newton seine Aussage, indem er berichtigte, … »nicht im wissenschaftlichen, sondern im volkstümlichen Sinne« von »farbigen« Strahlen gesprochen zu haben[19]. Newton hat Farben mit seinem Prisma zwar *sichtbar* gemacht, jedoch *als Erlebnis nicht faßbar.*

Für Goethe waren Farben abhängig von individuellen Empfindungen. Er sah nicht nur die Bedeutung von Helligkeit und Finsternis für die Farben. Er sprach auch als erster von »warmen« (Plusseite) und »kalten« (Minusseite) sowie von »harmonischen« und »disharmonischen« Farben. Die Warm- und Kalt-Kategorisierung unterliegt den Gesetzmäßigkeiten der Farbenlehre.

So sind die *warmen* Farben in seinem Farbenkreis auf der Plusseite extensiv und stimulierend:

Gelbrot,
Orange,
Gelb und
Gelbgrün.

Die *kalten* Farben auf der Minusseite sind introvertiert:

Blaurot,
Violett,
Blau und
Blaugrün.

Ein warmes Blau kann es nicht geben, ebensowenig ein kaltes Gelb (!). Stufe um Stufe führt Goethe in seinem Werk durch die Gesetzmäßigkeiten der Farben, um am Ende wieder zum Menschen – mit der Wirkung der Farben auf »unsere Seele und das Gemüt« - zurückzukommen. Er sprach noch nicht von »Farbheilung«, wohl aber von der heilenden Wirkung der Farben. Von »Heilung durch Farben« können wir immer dann sprechen, wenn wir mit der Kraft von Licht und Farbe in Berührung kommen, und das geschieht praktisch alltäglich. Farben sind Lichtkräfte und von daher ebenso heilsam wie das Licht selbst.

Es ist gut, daß das ganzheitliche Verständnis vom Menschen heutzutage besonders bei Physikern zum Ausgangspunkt ihrer Untersuchungen geworden ist. Beginnend mit der Erkenntnis der Nuklearphysik, daß feste Materie überhaupt nicht existiert und daß alles einem Kommunikationssystem unterliegt, das mehr oder minder »chaotisch« ist, wird dem Geist Raum gegeben für individuelle Freiheit und Selbstverantwortlichkeit. Farben werden nicht mehr nur als Wellen erklärt, die auf die Netzhaut gelangen, sondern man weiß um ihre starke Wirkung, die jeden Menschen beeinflussen und auch verändern kann.

Totalität

Warmer Bereich   **Kalter Bereich**

Rot
Purpur
Orange — Violett
Gelb — Blau
Grün

Goethes Farbenkreis, graphisch

Die Lehre von der Farbe – Wahrnehmung und Wirkung

»Die Sinne trügen nicht, aber das Urteil trügt.«
Goethe

Um das Wesen einer Farbe mit dem Gefühl aufzunehmen, brauchen wir sie in all ihren verschiedenen Varianten nur in der Natur zu suchen. Theoretisches Wissen ist dazu nicht nötig. Wollen wir ihr Wesen mit dem Verstand begreifen, führt uns dies zu den beiden Polen – der Wahrnehmung und Wirkung einer Farbe. Für die Wirkung steht die subjektive, psychologische Komponente, für die Wahrnehmung die physiologische.

Die physischen Farben: Siehe dazu Abb. VII im Anhang.

Die subjektiven, psychologischen Farben haben die drei Grundfarben: Gelb, Purpur (Magenta) und Cyan-Blau. Es sind die Farben, die das vom Objekt reflektierte Licht sind. Sie entsprechen in ihrer Grundstruktur dem Farbenkreis von Goethe; er bezeichnete sie als *»physische Farben«*.
Mischen wir die drei Grundfarben miteinander, so ergeben sie Schwarz.
Man nennt sie deshalb auch *»subtraktiv«*, weil sie mit jedem Hinzugeben einer Farbe immer mehr Licht »abziehen«. Sie werden immer dunkler, d. h. subtrahiert. Schon mit ein paar Wasserfarben können Sie das Experiment selbst machen. Nehmen Sie Cyan, dazu Magenta und dann das helle Gelb. Sie erhalten ein dunkles Graubraun bis Schwarz.
Mischen wir nur zwei der Grundfarben, erhalten wir die Sekundärfarben:

Magenta + Gelb   = Rot
Magenta + Blau   = Violett
Cyan   + Gelb   = Grün

In der Kunst sind Farben sinnlicher Ausdruck des Malers. Sein Instrumentarium sind die physischen Farben, die Farben der Wirkung. Wir nehmen das fertige Bild psychisch auf und reagieren mit unserem Gemüt, ganz gleich ob wir darauf Figuren und Landschaften abgebildet sehen oder nur abstrakte Farbspiele. Die praktische Erfahrung mit Farben zeigt, wie sehr das gemalte Objekt hinter die Farbwahl rückt. Ein rotoranger Baum ist z. B. ein völlig anderer als der gleiche in Grün gemalt, indigofarbenes Wasser ist fürchterlich anzusehen im Vergleich zu türkisfarbenem, etc. Jeweils ist es die Farbe, die in erster Linie – *noch vor dem Objekt* – auf den Betrachter wirkt.

Die Lichtfarben: Siehe dazu Abb. VIII im Anhang.

Man spricht von *»Lichtfarben«*, weil sie immer von einer Lichtquelle , wie z. B. mit Hilfe von Diaprojektoren, produziert werden. In ihnen ergeben die drei Grundfarben, Rot, Grün und Blau – übereinander projiziert – *Weiß*. Deshalb nennt man sie auch *»additive Farben«*. Jede Hinzugabe einer Farbe – auf eine andere projiziert – erhöht ihren Lichtwert und hellt sie auf, d. h. »addiert« ihn. Hervorzuheben ist, daß Gelb bei den Lichtfarben nicht eine der Grundfarben ist, sondern erst durch das Übereinanderprojizieren von Rot und Grün (!) entsteht. Die Bildschirmfarben von Farbfernsehgeräten und Computern werden nach dem gleichen Prinzip über die Farbreize von Rot, Grün und Blau sichtbar. Ebenso haben unsere Augen die Farbrezeptoren Rot, Grün und Blau und stellen damit jede andere Farbe her, die wir sehen.
Mischen wir zwei Grundfarben der Lichtfarben, so erhalten wir die Grundfarben der physischen Farben:

Rot + Grün   = Gelb
Rot + Blau   = Magenta
Blau + Grün   = Cyan

Bei der theoretischen Auseinandersetzung mit Farben ist gerade die Kenntnis der Unterschiede zwischen beiden Farbgruppen entscheidend. Hier entstehen aus Unkenntnis die größten Verwirrungen, wenn wir allein an die Frage denken, was die Summe der drei Grundfarben ergibt. Die einen sagen Schwarz, die anderen Weiß. Beide haben recht, aber sie sprechen von unterschiedlichen Farbgruppen. Die physischen Farben können wir stofflich miteinander mischen. Die Lichtfarben müssen wir übereinander projizieren.

Die Lehre von der Farbe

Spektral-Farben	Farben nach nm-Bereich		LICHT Grund- und Zweitfarben	PHYSISCH Grund- und Sekundärfarben	Chakra- und Heil-Farben
(Purpur)			Z = Purpur	**G = Magenta**	Magenta °)
Rot	Rot	780–630	**G = Rot**	S = Rot	Rot
	Orange	630–600		S = Orange	Orange
Gelb	Gelb	600–570	Z = Gelb	**G = Gelb**	Gelb
Grün	Grün	570–490	**G = Grün**	S = Grün	Grün
Cyan	Türkis	ca. 490	Z = Hellblau	**G = Cyan**	Türkis °)
Blau	Blau	490–470	**G = Blau**		Blau
	Indigo	470–460			Indigo
Violett	Violett	460–400		S = Violett	Violett

°) Magenta und Türkis gelten nicht als Chakra-, jedoch als Heilfarben.

Anhang zur Tabelle

Farben im *nm*-Bereich und Spektral-Farben*
Siehe dazu Abb. III im Anhang.

Rot*   Reines Mittelwert-Rot oder Primär-Rot. Der *nm*-Bereich geht über in *Infra*-Rot mit 780–400 000 *nm*. Der sichtbare Rotbereich beginnt mit einem sehr tiefen Ton und geht in Orange über, weil es die nächste angrenzende Farbe in der Spektralordnung ist. Blaurot als Spektralfarbe gibt es nicht, weil Blau einem anderen Wellenbereich angehört und sich physikalisch nicht stufenlos an Rot anschließt.

Orange   Klares Orange, in der Mitte zwischen Gelb und Rot.

Gelb*   Das Primär-Gelb.

Grün*   Von Gelbgrün zum reinen Mittelwert-Grün bis hin zu einer leicht bläulichen Nuancierung, die durch den Anschluß an Blau entsteht.

Cyan*   Es ist ein Blautürkis und entsteht in der Nähe des *nm*-Bereichs von 490, ohne »sichtbaren« Gelbwert.

Blau*   Primär-Blau.

Indigo   Blau wird mit nur 10 *nm* dem Indigo-Bereich zugeordnet.

Violett° Der sichtbare Bereich ist bei genau 396 nm begrenzt, danach ist es ultraviolette Strahlung.

Magenta Wenn man zum Violett Rot hinzugibt, wird es zu Magenta. Es ist die Farbe, die durch ihre Verbindung zwischen Rot und Violett das Farbenband zum Kreis schließt.

Violett hat eine eigene Wellenlänge und ist als Spektralfarbe keine Mischung zwischen Blau und Rot, wie dies meist fälschlicherweise – von ihrem Charakter als physische Farbe – angenommen wird. Alle trüben oder gedämpften Farben gehören nicht zu den naturwissenschaftlich meßbaren Farben.

Die Farbnamen *Magenta* und *Cyan* existieren seit 1936 durch die Farbforschungen der Firmen *Agfa* und *Kodak*. Mit dem Vier-Farben-Druck wurden sie von der Druckindustrie übernommen und seit den fünfziger Jahren sind sie in DIN-Normen festgelegt.

Indigo ist die Farbe des Nachthimmels: Ein tiefes Dunkelblau mit einer Ahnung von Violett im Hintergrund. Physisch wird sie hergestellt durch eine Kombination von Orange, Blau, Grün und Purpur.

Die *nm*-Angaben der Farben basieren in den Quellen der Physik auf verschiedenen Berechnungsgrundlagen bzw. Prismenarten. In Abhängigkeit von der Meßmethode ergeben sich abweichende *nm*-Zahlen. Deshalb habe ich immer einen *Bereich* der Wellenlängen angegeben, den ich selbst ermittelt habe. Nach Fraunhofer liegt Primärrot beispielsweise bei 656,5 *nm*. Anderen Angaben zufolge beginnt Rot bei 670 bis 770 *nm*. Das Blau von Hans Cousto mit 434,2 *nm* würde ich als Violett bezeichnen, es liegt in meiner Tabelle deshalb auch in diesem Bereich.

V.

Der farbige Weg zu sich selbst

»Kleidung und Schmuck sind immer nur
eine Widerspiegelung des Herzens.«
Coco Chanel

Spreche ich von meinem Beruf, werde ich oft gefragt:

»Was ist denn das? Beraten Sie Maler und Anstreicher?«

Aufgrund der vielen Jahre intensiver Auseinandersetzung mit Farben und den Farbberaterinnen und Farbberatern, die ich ausgebildet habe, erscheint mir eine derartige Unkenntnis manchmal wirklich belustigend. Tatsächlich gibt es aber immer noch viele Menschen, die nie etwas von Farbberatung gehört haben. Andererseits ist es natürlich immer noch besser, gar nichts über Farbberatung zu wissen, als mit völlig unzureichender Kenntnis den eigenen Farbtyp und auch den anderer zu bestimmen. Das Ausmaß dessen, was eine falsche Farbtypbestimmung bewirkt, kann ausgesprochen tragisch werden.

Farbanalysen sind hierzulande meist unter dem Begriff »Farb- und Stil-Beratung« geläufig. In den USA sind sie erstmals schon in den fünfziger Jahren bekannt geworden. Hollywood-Stars haben sich für ihre Filmrollen die Farben ihrer Kleidung bestimmen lassen. Das System war derzeit lange nicht so ausgereift, wie es später (1974) von Carole Jackson[1] entwickelt wurde. Aber auch deren Art der Farbberatung war – und ist immer noch – ausschließlich auf den äußeren »schönen Schein« gemünzt. Die Analyse eines Farbtyps kann durchaus auf einer rein äußerlichen Ebene vollzogen werden. Für mich ist sie ihrem

Wesen nach keineswegs äußerlich, sondern kann zum Mittel werden, einen Menschen über seine Farben *auf den Weg zu sich selbst* zu führen. Starke heilsame Veränderungen können mit dem Offerieren einer bestimmten Farbpalette eingeleitet werden.

Mit jeder persönlichen Farbauswahl wird das Kleid einer Persönlichkeit gewählt. Jemand der sich hauptsächlich in Schwarz oder dunklen Farben kleidet, wird durch das Analyseergebnis, ein *Frühling* zu sein, plötzlich mit einer anderen Erscheinung seines Selbst konfrontiert. Die hellen, fröhlichen, leuchtenden Farben zeigen ihn in totaler Opposition zu seinem vorherigen Aussehen. Jetzt drängt sich die Entscheidung auf, dieses neue Bild als das eigene – bisher verdeckte – anzunehmen oder beim vorherigen zu bleiben. Natürlich kann »das Neue« den Sprung ins innere »Chaos« bedeuten und so lange Verunsicherung auslösen, bis die tiefe, bedeutungsvolle Wahrheit erkannt wird:

Der Farbtyp, der wir aufgrund von äußerlichen Faktoren sind, ist tatsächlich *ein Teil* der eigenen inneren *Wahrheit*.

Nachdrücklich möchte ich hier zum einen darauf verweisen, daß es nur »ein Teil« der Kenntnis des eigenen Selbst ist. Zum anderen kann ich mit voller Überzeugung sagen, daß dieses Quentchen nicht in die Ecke oberflächlicher Bagatellen abschiebbar ist. Es kommt immer darauf an, mit welchem Interesse wir uns mit Farben beschäftigen.

Wir müssen jedoch wissen, daß die Bestimmung des Farbtyps, die wir aufgrund der Haut, Haare und Augenfarbe vornehmen, *auf keinen Fall* eine Aussage über das Tempera-

---

[1] Carole Jackson (Farb- und Stilberaterin) veröffentlichte erstmals ihr System 1974, woran sich viele immer noch orientieren.

ment oder den Charakter eines Menschen zuläßt. Ob jemand ein *Frühling*, *Sommer*, *Herbst* oder *Winter* ist, sagt nichts darüber aus, ob er damit gleichzeitig ein vitaler, romantischer oder karrierebewußter Mensch ist.

Eine Farbtypbestimmung ist *eine tiefgehende Aufforderung*, sich mit seiner eigenen Farblichkeit auseinanderzusetzen. Es ist wie ein Antippen, das uns aus einem Tagtraum holt. Die Auseinandersetzung beginnt für jeden einzelnen in dem Prozeß des Umgangs mit den neuen Farben.

Wie gehen nun die einzelnen *Farbpersönlichkeiten*, die Sie im Dritten Kapitel kennengelernt haben, mit der Palette ihrer Farben um, nachdem die Analyse ergab, daß sie ein bestimmter Farbtyp sind?

Farbtyp und Farbpersönlichkeit sind nur idealerweise identisch. Sind sie es nicht, können sie sich nur mit einem Teil der Farbpalette arrangieren. Manchmal werden sie die Palette auch gänzlich ablehnen, weil diese Farben nicht ihrer Persönlichkeit entsprechen. Auf jeden Fall ist entscheidend, die Charakterstruktur eines Menschen in die Beratung über die Farben, die er tragen soll oder kann, mit einzubeziehen und niemanden zu zwingen, die Farben der Palette tragen zu müssen.

»Das hätte ich nie gedacht«, ist der Satz den wir am häufigsten bei der Farbanalyse hören. Die Kunden erleben vor dem Spiegel wirklich zum ersten Mal, wie stark sie sich durch die richtigen oder falschen Farben verändern. Darüber hinaus öffnen die Farben das Bewußtsein, wie sehr wir durch sie positiv oder negativ beeinflußt werden. Es ist Ausdruck eines sich entwickelnden Bewußtseins, wenn wir uns darauf einlassen, die Farben kennenzulernen, die wir ganz persönlich für unsere geistige und psychische Entfaltung brauchen, die unserem Organismus guttun und in denen wir mit unserem Wesen identisch aussehen. Natürlich können die Farben, die auf diesen drei Ebenen (geistig, psychisch, organisch) wirken, unterschiedlich sein. Das erschwert die Farbauswahl nicht, sondern macht die Palette reichhaltiger.

Da wir alle zum Glück sehr verschieden sind, ist es nicht möglich, einzig aufgrund eines Eindrucks, den wir von einem Menschen haben, mit Sicherheit zu behaupten, zu welchem Farbtyp er gehört. Es existieren zwischen den einzelnen Typen zwar Regelmäßigkeiten, aber auch viele Abweichungen. Menschen mit braunen Augen können wir z. B. unter allen Farbtypen finden. Auch der Teint ist kein sicheres Indiz für die Aussage über einen bestimmten Farbtyp: *Frühlingstypen* und *Wintertypen* werden meist schnell braun, manche von ihnen wiederum gar nicht. Erst recht kann die Haarfarbe zu enormen Verwirrungen führen: *Frühlingstypen* sind meist blond, einige von ihnen jedoch dunkelhaarig. Wurde das *Frühlings-* und auch das *Herbst-*Haar häufig chemischen Prozeduren unterworfen, kann es aschig, wie das des *Sommers* wirken, usw.

Das sicherste Verfahren den jeweiligen Farbtyp zu ermitteln, ist, unter Berücksichtigung der Beantwortung bestimmter Fragen, die Person selbst vor dem Bestimmungsspiegel unbeeinflußt erfahren zu lassen, welcher Farbtyp sie *wirklich ist*. Ein spezielles Analyseverfahren ermöglicht durch die Zusammenarbeit zwischen dem Analysierten und dem Farbberater oder der Farbberaterin, eine intensive Erfahrung der eigenen Persönlichkeit.

Die Analysemethoden sind teilweise sehr unterschiedlich. Eine fachlich durchgeführte Farbberatung darf nicht so aussehen, daß die Farbberaterin dem Kunden einfach sagt, welcher Farbtyp er ist, sondern der Kunde muß es *immer selbst* – mit Hilfe der Fachkraft – sehen oder spüren. Wir beginnen die Farbberatung grundsätzlich damit, daß sich der Kunde ungeschminkt (!) nur bis zur Kinnspitze im Spiegel sieht und unter seinem Gesicht Tücher in verschiedenen Farben gewechselt werden. Er sieht weder die Tücher noch die Farben; sieht aber andauernde positive oder negative Veränderungen in seinem Gesicht.

Diese Technik erlaubt, daß die Kunden unvoreingenommen die Wirkung der Farben fühlen oder sie in ihrem Gesicht sehen. Jeder hat Vorlieben für und Abneigungen gegen bestimmte Farben. Werden die Farben nicht gesehen, kann man sich ganz auf die eigene Wahrnehmung einlassen und sie aktiv erleben. Diese Erfahrung ist meist neu und sehr entscheidend, um die Kraft der Farben überhaupt realisieren zu können.

Fragen wir, wie die eine oder andere Farbe empfunden wurde, erhalten wir Beschreibungen intensiver Gefühle. Das Erlebnis, sich selbst als Farbtyp zu entdecken, ist ein unverwechselbarer Prozeß. Bevor die Person vor dem Spiegel nicht selbst gesehen und erlebt hat, welcher Farbtyp sie ist, gilt sie für mich nicht als analysiert.

Die Tätigkeit der Farbberatung ist eine der wunderbarsten, die ich kenne. Abgesehen davon, daß Farbberater selbst ständig in der Welt der Farben leben, arbeiten sie mit den Kunden tatsächlich an der Quelle zu deren Glück. Die Begleitung in die Selbsterfahrung mit Farben ist unglaublich intensiv. Oftmals fanden sich Frauen nie vorher so schön wie nach der Entdeckung ihrer »richtigen« Farben. Das strahlende Glück, sich attraktiv und »entdeckt« zu fühlen ist wie eine Neugeburt.

Wenn eine Farbberatung jedoch bei der simplen Farbtypbestimmung stehenbleibt, hat es nur noch wenig mit dem weiten Erfahrungsfeld zu tun, das mit Farben eröffnet werden kann. Die Menschen werden für viel Geld zu Sklaven der Unfreiheit solcher Beratungen gemacht. Es ist eine sehr unsinnige, neue Art, Befehle anzunehmen und sich, bis in völlig unverständliche Bereiche hinein, danach zu richten. Da wird z. B. echter Goldschmuck umgefärbt oder verschenkt, weil die Farbberaterin gesagt hat, das solle jetzt »nicht mehr passen«. Es werden mit Färbeaktionen – weil die Mittel für neue Kleidung fehlen – unsere Gewässer um ein vielfaches mehr belastet oder andererseits wird die gesamte Garderobe weggeworfen, um sich nach den neuen Farben einzukleiden.

Ich kann vor solchen radikalen Aktionen nur warnen.

Lassen Sie sich Zeit, Ihre Garderobe auszutauschen. Bleiben Sie bei Ihren »Lieblingsfarben«, weil Sie sie wahrscheinlich auf der organischen oder psychischen Ebene brauchen.

Die Textilindustrie und auch die Frauenzeitschriften haben sich lange gegen die Farbberatung gewehrt und gehen nun leider sehr seelenlos damit um. Zuerst wurde das Thema belächelt, dann abgelehnt. Jetzt wird es »gebracht« und dabei so getan, als hätte man es erfunden. Was darüber geschrieben wird, entbehrt meist jeglicher Fachkenntnis und ist einzig von dem Antrieb getragen, die Verkaufszahlen zu erhöhen. Leider sind Industrie und Medien mächtiger als alle Farbberatungs-Kolleginnen zusammen, die mit ihrer fachlichen Kenntnis gern etwas gegen die Art tun würden, wie das Thema in jüngster Zeit reißerisch »an die Frau gebracht« wird.

Aber auch unter den ausgebildeten Farbberaterinnen gibt es – wie man in letzter Zeit immer öfter hört – sehr viele unterschiedliche Arbeitsweisen, die nicht immer zum Wohle der Kunden ausfallen. Wie können Sie wissen, daß Sie zur »Richtigen« kommen? Die meisten Menschen gehen auf Empfehlung zur Farbberatung, so daß im voraus Kenntnis darüber besteht, wie die Beraterin oder der Berater arbeiten.

Ist die Beraterpraxis nicht bekannt, sollten – zusätzlich zur Klärung des Preises – differenzierte Fragen gestellt werden, z. B.

1. **Wie lange dauert die Farbberatung?**
   Sie sollte (inklusive Make-up und kurzen Stilempfehlungen) ca. zwei Stunden dauern. »Ganzheitliche« Beratungen dauern gemeinhin länger.

2. **Verstehen sich Beratung und der Preis inklusive Stil, Frisur und Brillenberatung?**
   Eine Farbberatung kann unterschiedlich akzentuiert sein. Das sollte vorweg geklärt werden. Intensive Stilberatung kann allein etwa zwei Stunden dauern.

3. **Wird bei der Stilberatung die Figur vermessen?**

Wenn ja, begegnen Ihnen meist festgefahrene Richtlinien, die Ihrer Persönlichkeit nicht Rechnung tragen (z. B. der *Sommer* trägt Rüschen, der Winter Schwarz/Weiß, Frühlingstypen kleiden sich klassisch).

4. **Gehört eine Make-up-Beratung dazu?**

Die Beraterin sollte Ihnen die neuen Schminkfarben sagen können. Visagistik gehört nicht zwingend zu einer guten Farbberatung. Manche Beraterinnen schminken nicht, beraten dafür aber intensiv in andere Richtungen (z. B. Heilkräfte der Farben, Gesundheit, Ernährung, Energiearbeit).

5. **Umfaßt die Beratung auch Auskunft über die Wirkung der einzelnen Farben für Organismus und Psyche?**

Dies wird bislang nur von »ganzheitlichen« Farbberaterinnen geleistet, ist aber eines der wichtigsten Elemente einer Beratung. Bei der *»ganzheitlichen Farbberatung«* geht es nicht um schöne Fassade, sondern darum, den Rosengarten in sich selbst zu sehen und den Sinn der Stachel zu verstehen.

6. **Ist die Farbberaterin Scientologin oder von Scientologen ausgebildet?**

Nach Artikeln in *Forbes* (8/92), *Der Augenoptiker* (8/92), *Stern* (9/93) und *Spiegel*, hat sich bei vielen verständliche Angst und gesundes Mißtrauen gegen Farbberater verbreitet, weil eines der Ausbildungsinstitute für Farbberater der Gemeinschaft der Scientology Church angehört. Gerade diese Schule gehört zu den bekanntesten, weil ihre Leiterin mehrere Bücher über Farb- und Stilberatung veröffentlicht hat. (Siehe zum Thema Scientology auch Literaturhinweis [20].)

Grundsätzlich sollten Interessenten für eine Farbberatung bei der telefonischen Terminvereinbarung fragen, wie lange deren Grundausbildung zur Farbberaterin gedauert hat. Es gibt Ausbildungsinstitute, die ihren Teilnehmern nach zwei Tagen (oder sogar nach sechs Stunden) Unterricht ein Zertifikat, das diese zu Farbberatungen berechtigt, in die Hand drücken. Dabei haben diese neugebackenen Beraterinnen oftmals während der Ausbildung an keinem einzigen Modell selbst praktische Erfahrungen gemacht. In solcher Unkenntnis kann natürlich niemand sichere Analysen machen. Andere Farbberaterinnen erzählen von monatelangen oder einjährigen Ausbildungen, denen man keinen Glauben schenken sollte. Hier werden oft mehrtägige Kurse auf die Dauer von ein paar Monaten oder auf ein Jahr verteilt.

Die Pigmentierung: »Mit Haut und Haaren Winter«

Auf den folgenden Seiten erläutere ich die einzelnen Farbtypen. Es gibt zwei grundsätzlich voneinander unterschiedene *Pigmentierungs-Gruppen*:

Zu *Frühling*, *Herbst* und *Frühling/Herbst*-Mischtyp »gehören« die warmen Farben mit gelbem Unterton.

Zur zweiten Gruppe, *Sommer*, *Winter* und *Sommer/Winter*-Mischtyp, gehören ausschließlich Farben, denen der gelbe Unterton fehlt.

Einige dieser Farben (nicht alle!) haben einen blauen Unterton. Im Jargon der Farbberater wird die erste Gruppe als warme, die zweite Gruppe als kalte Jahreszeit bezeichnet.

Die Pigmentierung der Haut und der Haare ist bei jedem von uns genetisch festgelegt. Die Farbe der Haare kann sich zwar im Laufe unseres Lebens auf natürliche Weise ein paar Male ändern, aber das geschieht nach einer bestimmten, festgelegten Ordnung. So ist das erste Haar – Lanugo-Haar genannt – in Deutschland meist ein weißblonder Flaum. In Südeuropa ist es ein schwarzer Flaum. Unsere eigentliche »eigene« Haarfarbe (Terminar-Haar) ist erst im Alter von ungefähr 10 Jahren voll ausgereift. Nach dieser Haarfarbe zu fragen, ist für die Farbberatung sehr wichtig. Ein Erwachsener kann in diesem Alter kupferrotes Haar haben und später aschblond oder gelbblond sein. Es kann zu dieser Zeit dunkelbraun sein und später flachsblond oder umgekehrt. Die Kenntnis all dieser Faktoren hilft bei der Farbberatung, Analysefehler auszuschließen.

Wie und wann das Haar grau wird, liegt nicht in der Macht des Schicksals, sondern ist in unseren Genen determiniert. Machen wir eine Farbanalyse bei einem zehnjährigen Kind – was ich persönlich ablehne – und finden heraus, daß es ein *Wintertyp* ist, können wir jetzt schon – ohne hellseherisch zu sein – sagen, daß dieser Mensch wahrscheinlich zwischen 25 und 30 Jahren grau sein wird. Die *Winter* werden eben häufig früh grau, was

einzig und allein an ihrer ererbten Pigmentierung liegt. Dafür werden sie auch meistens schnell und schön braun.

Das, was unterschiedliche Hauttönung und Haarfarbe ausmacht, bestimmt gleichfalls die Art, wie wir braun werden, ob wir Sommersprossen haben oder nicht, und wann unser Haar ergraut. Es ist die spezifische Verteilung der drei Stoffe im Blut:

Melanin,
Karotin und
Hämoglobin.

Melanin beeinflußt die Bräunung unserer Haut maßgeblich und ist für den – natürlichen – Farbstoff im roten Haar zuständig. Wie schnell jemand braun wird und welche Färbung der Teint dann hat, hängt ebenfalls vom Melaninwert im Blut ab. Hat jemand – im Verhältnis aller drei Stoffe zueinander – ein Übergewicht an Melanin, so wird er meist schnell braun.

Mit viel *Karotin* im Blut ist man nie besonders blaß. Es bleibt immer eine leicht gelbbraune Tönung oder der Karotinwert drückt sich durch Sommersprossen aus, die eine gelbbraune Färbung haben und durch UV-Strahlen an die Hautoberfläche gelangen.

Ein hoher Anteil an *Hämoglobin* bewirkt, daß der Betreffende leicht errötet und daß die Haut wirkt, als hätte sie eine leicht rote oder rosa Färbung. Auffällig ist, daß die Haut dünner und zarter wirkt als die der anderen und dadurch auch – besonders bei Kälte – etwas bläulich ist. Diese Haut- und Farbtypen neigen zu Couperose (an die Hautoberfläche dringende Blutäderchen) und bekommen leicht Sonnenbrand. Werden sie braun, sind sie zuvor erst einmal rot. In Ausnahmen können sie auch zu sehr schneller Bräunung gelangen, wobei ihre Haut ein tiefes Rotbraun aufweist.

Nun ist es aber nicht so, daß ein Übergewicht eines der drei Stoffe direkt auf einen bestimmten Farbtyp schließen ließe. Das wäre zu einfach und die Analyse des Farbtyps könnte mit Hilfe eines Fragebogens erfolgen. Tatsache ist, daß sowohl der *Frühling* als auch manche *Herbsttypen* und sogar der *Winter* mehr *Melanin* als die anderen Farbtypen aufweisen können.

Ebenfalls haben *Frühling* und *Herbst* zusätzlich mehr *Karotin* als der *Sommer* und *Winter*.

Diese haben dafür – jetzt wieder gemeinsam mit dem *Herbst* – mehr *Hämoglobin*.

Sie sehen, so einfach ist es wirklich nicht.

Die Pigmentverteilung kann z. B. bei einer Person:

32 % Melanin,
30 % Karotin und
38 % Hämoglobin

ausmachen.

Das zeigt, daß die einzelnen Stoffe im Blut relativ gleich gewichtet sind. Der gelbliche Hautton, der durch den relativ hohen Karotinanteil entsteht, läßt die Person auf den ersten Blick wie einen *Frühling* wirken. Durch die Farbanalyse können wir jedoch deutlich sehen, daß sie ein *Sommer* ist. Sie sieht nur so ähnlich aus wie der *Frühling*.

Im Aussehen der einzelnen Farbtypen gibt es keine Regelmäßigkeiten. In Mitteleuropa sind *Frühlinge* beispielsweise weitgehend (zu 80 %) blond. In slawischen Ländern hingegen finden wir viele dunkelhaarige *Frühlinge*. Hierzulande sind sie – wenn sie blond sind – ohne Analyse oft nicht von den *Sommern* zu unterscheiden. Farbige *Frühlinge* haben einen hellen Schokoladenteint.

Bei den folgenden Farbtypbeschreibungen, bitte ich nicht zu vergessen, daß sie immer nur zu etwa 80 Prozent auf die einzelnen Typen

zutreffen und sich auf die – im Erwachsenenalter befindliche – mitteleuropäische Bevölkerung beziehen. Die restlichen 20 Prozent sehen für den jeweiligen Farbtyp untypisch aus, gehören aber trotzdem in diese Kategorie.

Vorab möchte ich über die einzelnen Farbtypen folgendes sagen:

Ein Farbtyp ist nicht
mit einem Charakterzug oder Persönlichkeitsmerkmal behaftet,
sondern es ist ein Mensch,
dessen Pigmentierung sich in Harmonie
zu einer bestimmten Zusammenstellung von Farben befindet,
deren Palette einmal »zufällig«
Frühling, *Sommer*, *Herbst* und *Winter*
genannt wurde.

Es sind andere Begriffe als die der Jahreszeiten denkbar, aber der Versuch, sich auf sie zu einigen, scheitert immer wieder, weil andere Benennungen auch leicht eine Wertung implizieren. Die Jahreszeiten sind – abgesehen von persönlichen Sympathien für Hitze oder Schnee – angenehm neutral. Sie entsprechen zwar dem Bild der hiesigen Jahreszeiten nicht, treffen aber auf die USA zu. Da die Bezeichnungen von Carole Jackson kommen und sie in Kalifornien lebt, ist es logisch, daß sie sich auf die dortigen Jahreszeiten bezieht. So kommen die Farben des *Frühlings* dem kalifornischen Frühling mit all seiner Blütenpracht gleich. Der Sommer in Kalifornien wirkt durch die große Hitze verbrannt und ausgedörrt (abgegraut). Die Palette des *Sommertyps* enthält dementsprechend keine kräftigen Farben. Auch der *Herbst* findet Übereinstimmungen mit dem Herbst in der Natur. Einzig den *Winter* mit den Farben des Regenbogens, der Chakras, den Heilfarben und dem Schwarz-Weiß-Kontrast finden wir nicht jahreszeitenspezifisch in der Natur, sondern eher in den Blüten tropischer Länder oder in den Stoffen der Hochlandbewohner Lateinamerikas.

Die Varianten einer Farbpalette

Wie wir wissen, hat Goethe in seiner Farbenlehre erstmals von warmen und kalten Farben gesprochen. In seinem sechsteiligen Farbenkreis macht er anschaulich, daß lediglich Rot und Grün einen Mittelwert haben, d. h. daß sie sowohl in die warme (gelbe) als auch in die kalte Richtung tendieren. Dieses nahezu 200 Jahre alte Wissen aus Goethes Farbenlehre ist entscheidend für die Praxis der Farbberatung.

Die Farbmischungen, die Sie nachfolgend lesen können, sind grundsätzlich abhängig vom Farbmaterial. Wenn Sie die Mischungen nachvollziehen wollen, brauchen Sie mit Temperafarben andere Mischungsverhältnisse, als wenn Sie mit Aquarellfarben malen würden. Mit Acrylfarben erreichen Sie wiederum eine völlig andere Wirkung als mit Wachsstiften. Farbenhersteller arbeiten mit hochdifferenzierten, digitalen Computern, wo die Farbanteile bis zu vier (!) Stellen hinter dem Komma ausschlaggebend sein können. Farbverfälschungen können leicht durch Druckmethoden entstehen, die der Konzeption der ursprünglichen Farbgebung nicht entsprechen.

Deshalb habe ich darauf verzichtet, Farbpaletten für die einzelnen Farbtypen im Buch nachdrucken zu lassen. Die Farben der Paletten werden durch das Nachdruckverfahren im Buch verfälscht, weil beides unterschiedliche Farberfassungs- und Druckmethoden sind. Aus dem gleichen Grund sind sehr viele der in Zeitschriften abgedruckten Farbkarten unrichtig. Häufig entsteht die Misere dadurch, daß mit dem Nachdruck der Gelbwert extrem erhöht wird, was die *Sommer-* und *Winter-*Palette unrichtig werden läßt. Wir haben uns entschlossen, die Farben der einzelnen Typen zu malen, weil der Druck dann vom Original erfolgt.

In der *Frühlingspalette*

dürfen ausschließlich Farben zu finden sein, die Gelb enthalten oder ihren »warmen« Charakter *durch Addition von Gelb noch erhöhen* (siehe Abb. IX im Anhang). Farbpaletten, die ein »warmes« Blau oder gar Dunkelblau in der Skala zeigen, sind nicht möglich, da Blau grundsätzlich eine kalte Farbe ist. Hellblau + Gelb wird zu Türkis und wird dadurch zur *Frühlings*-Farbe. Dunkelblau + Gelb = Dunkelpetrol und kann somit keine *Frühlings*-Farbe sein, weil sie zu dunkel ist. Dagegen ist sie eine ideale *Herbst*-Farbe. Ebenso gibt es kein warmes Grau, da Grau die Mischung aus Schwarz und Weiß ist. Geben wir Gelb hinzu, ergibt es Beige. Je stärker der Grauwert im Beige ist, desto eher gehört die Farbe in die *Sommerpalette*.

In vielen *Frühlingspaletten* findet sich ein helles Violett, was nach den Erkenntnissen der Farbenlehre keine warme Farbe ist. Es entsteht durch die Mischung von Rot + Blau (+ Weiß). Ein Gelbanteil existiert einzig im Rot, weil Magenta + Gelb = Rot ergibt. (Mit der Entwicklung des Vierfarbendrucks haben wir gelernt, daß Rot als physische Primärfarbe eigentlich nicht existiert, sondern erst durch Mischung mit Gelb entsteht.) Der Gelbanteil im Violett ist also so gering, daß es keinesfalls als warme Farbe gelten kann. Hinzu kommt, daß dem reinen Violett das Gelb komplementär gegenübersteht. Komplementärfarben gleichen sich bekanntlich aus (siehe Abb. II im Anhang). Durch Addition von Gelb würde Violett zu einem dunklen Grau. Das Violett, das wir in den *Frühlingspaletten* finden, ist nicht in den warmen Bereich zu zaubern.

Ebenso wichtig zu wissen ist, daß Gelb prinzipiell die Leuchtkraft aller hellen warmen Farben verstärkt, wodurch diese zu *Frühlings*-Farben werden.

107

Allen Farben des *Herbstes*

ist ebenfalls ihr gelber Unterton gemeinsam. Sie werden zusätzlich abgetönt (gedeckt) und durch Addition von Grau dunkler. Dies nimmt den gelbtonigen Farben ihre Leuchtkraft. Reines Grau gehört allerdings nicht in die *Herbstpalette* (weil dem Grau das Gelb fehlt), ebensowenig Blau und Violett, weil sie die Komplementäre der *Herbst*-Farben Orange und Gelb sind.

Es gibt allerdings in der *Herbstpalette* Farben mit geringem Blauanteil, wie:

Weinrot =   Primär-Rot + Blau + Grau + (wenig) Gelb.

Braun-Violett   erhält man durch die Komplementärmischung Violett + Gelb.

Petrol =   Grün + Blau + Gelb + (wenig) Grau.

Pflaume =   Violett + Orange + (wenig) Blau.

Siehe Abb. X im Anhang.
In der *Herbstpalette* finden wir also einige Farben, die auch Blau enthalten. Es sind deshalb *Herbst*-Farben, weil sie *durch die Addition* von Gelb dunkel und warm werden bzw. bleiben.

Die *Winter*-Farben

werden meist als ausschließlich kalte (blaue) Farben bezeichnet, was nicht richtig ist. Im Grunde hat der *Winter* »klare« Farben, von denen einige einen blauen Unterton haben (siehe Abb. XI im Anhang):
    Blau, Violett, Flieder, Magenta, Blau-Rot, Blau-Grün, Blau-Türkis.

Nicht-blaue Farben sind:
Primär-Rot, -Grün, -Gelb, Rosa, Zitronengelb, alle Grautöne, Schwarz, Weiß und Silber.

Die sogenannten Eis-Farben sind so stark mit Weiß aufgehellt, daß sie fast weiß sind, dadurch »eisig« wirken und somit zur Palette des

Winters gezählt werden können. Es sind dies: Eis-Rosa, -Blau, -Violett und Eis-Gelb.

Warme Farben sind durch Hinzugabe von Weiß nicht in den kalten Bereich zu bringen. Ausnahme ist für den *Winter* das Gelb. Es wird durch Weiß extrem aufgehellt und eisig. Grün ist eine Mittelwertfarbe, die gemischt wird aus Blau + Gelb. Der Gelbwert im Grün ist so hoch, daß er bei Aufhellung mit Weiß immer stärker hervortritt, weil er sich mit dem hellen Element (Weiß) verbindet. Selbst ein blaues Grün wird durch die Aufhellung mit Weiß gelbstichig und somit zur warmen Farbe.

Orange oder Gelb können ebenfalls nie »kalt« sein. Gelb ist und bleibt eine warme Farbe.

Orange ist die Mischung aus den zwei wärmsten Farben überhaupt, nämlich Rot + Gelb.

Die Farbpalette des *Sommers*

ist am schwierigsten herzustellen. In den meisten *Sommerpaletten*, die produziert werden, finden sich höchstens zu einem Drittel *Sommer*-Farben. Der Rest gehört in eine Mischtyp-Palette oder zum *Winter*. Die Palette der *Sommer*-Farben muß zum überwiegenden Teil hell sein.

Dunkle *Sommer*-Farben sind:
Bordeaux, Steingrau, Anthrazit, Taubenblau, Dunkel-Mint, Malve, Rosabraun, Graubraun. Fast alle *Sommertypen* sollten ihre hellen Farben am Oberkörper tragen. Manchen stehen jedoch auch die dunklen Farben ihrer Palette recht gut.

Alle *Sommer*-Farben müssen gedeckt sein. Diese Abtönung ist sehr speziell und wird keineswegs nur durch einen bestimmten Grauwert hervorgerufen. Die Farben sehen aus, als sei man mit einer dicken Puderquaste darüber gegangen. Dadurch verlieren sie an Glanz und Strahlkraft, sind aber nicht »abgegraut«. Aufgrund des Pudereffekts stehen dem *Sommer* auch alle Beigetöne (mit Ausnahme des leuchtenden Gelb-Beige des *Frühlings*).

Der Puder macht aus Rosa – Rosenholz, aus Blau wird Taubenblau, aus Pink – Himbeere und Malve, aus Weiß wird Wollweiß. Siehe Abb. XII im Anhang.

Die Farben des *Sommers* wirken auf die meisten Menschen erst einmal fade, farblos, manchmal sogar abstoßend. An Menschen, die *Sommertypen* sind, wirken sie hingegen sehr schön.

Wenn ich über die Palette der einzelnen Farbtypen schreibe, geschieht dies nach wie vor unter Einbeziehung meines Standpunktes, daß *jeder Mensch alle Farben tragen sollte, die er braucht. Das ist für den Bereich der Farbtypbestimmung keineswegs vernichtend, sondern bereichernd.

Ich denke, daß es für jeden wichtig ist, seine Idealfarben, die er aufgrund seines Aussehens – seiner Pigmentierung – hat, zu kennen. Daraus folgt aber nicht, daß der gesamte Stil des Betreffenden auf diese Farben abgestimmt werden soll, so daß er oder sie sich von Kopf bis Fuß nur noch in diese Farben hüllt.

Wir wissen, daß die Farbtypbestimmung nur ein Teilbereich einer Farbberatung sein kann. Dazu möchte ich Ihnen die Vorschläge machen:

Ich empfehle Ihnen,

a) alle Farben Ihrer Palette auszuprobieren;
b) die Farben, die Sie brauchen und die in Ihrer Palette nicht vorhanden sind, mit den Farben Ihrer Palette zu kombinieren.

Die nachfolgenden Vorschläge sollen zur Anregung für die Erstellung Ihrer Grundgarderobe dienen. Finden Sie die Farben, die Sie organisch, psychisch und auf der Ebene der Chakras benötigen, mit Hilfe dieses Arbeitsbuches heraus. Vertrauen Sie dabei Ihrer Intuition.

Die Farbtypen

Frühling

Frühlinge haben zumeist einen goldenen oder cremefarbenen Hautton. Selten sind sie blaß oder weißhäutig. Der Goldton mit einem kaum spürbaren rosafarbenen Hauch – wie beim Pfirsich – ist charakteristisch für diesen Farbtyp. In den Wintermonaten können sie wieder sehr blaß werden, sehen aber mit gelblich getöntem Make-up oder Tagescreme völlig natürlich aus. Der *Sommer* und *Winter* hingegen wirken damit krank und »angemalt«. Auch sogenannte »Afrikanische Erde« (ein unter diesem Begriff bekanntes braunes Puder) gibt ihnen ein gesundes, frisches Aussehen. Ihre Haut bräunt meist schnell und hält die Tönung auch wesentlich länger als z. B. die *Sommer*-Haut. Die Farbe der Bräunung erinnert an ein knuspriges Brathähnchen. Leben sie in Sonnenländern, brauchen sie immer nur wenige Strahlen, damit der Teint ihrer Haut einen beständigen Goldton aufweist. Bedauerlicherweise wird der *Frühling* jedoch merken, daß er mit den Jahren (ab 35 bis 40) immer langsamer braun wird. Hat der *Frühling* Sommersprossen, intensivieren sie meist ihren Goldton, während die Haut vom *Herbst* – trotz Sommersprossen – sehr hell bleibt.

Die Haare des *Frühlings* haben einen warmen Grundton. Es ist meist das gelbe Blond der typischen Blondinen oder die Farbe des Honigs – ob hell oder dunkel. Ist das Haar gesund, hat es immer einen sonnig goldenen Glanz in der Sonne, der selbst bei sehr dunklem *Frühlings*-Haar deutlich erkennbar ist. Menschen dieses Farbtyps, bei denen der Melaninanteil im Blut sehr hoch ist, hatten in der Kindheit kupferrotes Haar und haben jetzt mittelblondes. Das Gleiche trifft auch auf viele *Herbste* zu. Hier entscheidet die Analyse. Ausgesprochen signifikant für einen flachsblonden *Frühling* ist das Phänomen, daß das Haar ab Mitte Dreißig immer dunkler wird. Mit dünnen gelbblonden Strähnen können sie das erste Ergrauen abdecken, wobei der *Frühling* in der Regel relativ spät (ab etwa dem vierzigsten Lebensjahr) ergraut. Ist er ganz grau, ist es ein leicht gelblicher Ton im Gegensatz zum Schneeweiß des *Sommers* und *Winters*.

Bei den Augen des *Frühlings* finden wir die größte farbliche Bandbreite. Die typischsten sind die goldgrünen oder Bernstein-Augen. Sind sie blau, ist es selten ein klares Blau, häufiger haben sie einen leichten Gelbtürkisanteil, wie die Farbe Aqua. Aber es gibt natürlich auch blauäugige *Frühlinge*. Vergleicht man sie jedoch mit den Augen des *Sommers*, werden sie daneben in jedem Fall kühler wirken. Hat der *Frühling* braune Augen (hell, mittel oder dunkel), steht ihm das Nachdunkeln seiner Haare gut.

Die Farben des *Frühlings*

Sie sind leuchtend, hell und warm (mit gelbem oder goldenem Grundton). Immer sind die Farben klar, niemals gedämpft oder gar dunkel. Sie müssen so jung und frisch sein, wie der *Frühling* in der Natur. Die Nicht-Farben Schwarz, Weiß und Grau kann er genausowenig am Oberkörper tragen, wie die ausnehmend kalten Farben: Blau, Indigo, Violett und Silber.

Seine Favoriten sind Apricot, Pfirsich, Lachs und Hummer. Es sind Farben mit einer sehr hohen feinstofflichen Schwingungsfrequenz. In Räumen, die in diesen Farben gestrichen sind, fühlt sich jeder für unbegrenzte Zeit behütet und geborgen. Es ist eine ideale Farbgebung für Heilpraxen.

Frühlinge mit starker Couperose oder Akne sind im Tragen ihrer Farbpalette eingeschränkt, da alle Rot- und Orangetöne zu Hautrötungen anregen. Ideal-Farben für die Betroffenen sind Türkis, Grün, Beige und manchmal auch Gelb.

Farben, die den *Frühling* am besten zur Geltung bringen:

Braun   Das Braun sollte hell und warm wie Honig sein. Auch Kamelhaar, Goldbraun stehen ihm gut.

Rot   Ein helles Tomatenrot, Orangerot, das weiche Rot der Koralle sowie das Rot, das die größte Power gibt: das Primär-Rot.

Orange   Alle Orangetöne, wenn sie warm strahlen, sie können auch richtig grell sein.

Gelb   Ein warmes Creme-Gelb und das Primär-Gelb.

Gold   Gelbgold, nicht grell – aber leuchtend.

Grün   Alle klaren, hellen, leuchtenden Grüntöne, wie das der Knospen und jungen Blätter sowie das Grün der Sekundärfarbe von Johannes Itten.

Türkis   Ein gelbes, helles Türkis, wie Aqua.

Blau   Ein klares Blau gibt es für den Frühling *nicht*, da seine Farben immer einen gelben Unterton haben müssen. Wenn man zu einem hellen Blau Gelb hinzugibt, wird es zum hellen Türkis.

Beige   ist eine ideale Farbe für den Frühling, wenn dieser sich einmal aus seiner Farbenprächtigkeit zurückziehen will. Dann empfiehlt sich ein helles, gelbgoldenes Beige.

In der Palette fehlen: Blau, Indigo, Blauviolett, Silber.

Grundgarderobe für *Frühlings*-Frauen

Kostüm/Hosenanzug in warmem Beige oder Apricot,
Jacke/Blazer in Lindgrün, Hummer oder hellem Braun,
Rock/Hose in Mittelbraun/Kamelhaar oder Dunkelbraun (als Farbausgleich),
Hose in Rot oder Orange,
Hose in Dunkelblau oder Blauviolett (als Farbausgleich),
Jeans in Hellbeige,
Bluejeans (als Farbausgleich),
Gemusterte Bluse, beigegrundig (nicht weiß): Apricot, Grün, Rot, Türkis,
Bluse in Lachs,
Bluse in Beige,
Pullover in den Farben wie die gemusterte Bluse,
Strickjacke in Kamelhaar,
Tücher und Schals in Lindgrün, Lachs, Hummer, Orange, Rot,
Mäntel in warmem Beige (Trenchcoat), Apricot oder Rot.

Für festliche Anlässe:

Alles, was hell golden wirkt. Eventuell mit einer breiten Goldkette unterstützen. Auf keinen Fall Weiß oder Schwarz.

Accessoires

Schuhe: Beige, Kamelhaar, Rot oder in den Farben der Farbpalette

Brillengläser: Gelb, Braun, Grün, Hellblau (!) mit gelbem Gestell

Brillengestelle: Gold, Gelbbraun, Fleischfarben, Apricot, randlos, vor allem hell

Uhren: Gold, Braun, Bunt

Kombinationen mit *Herbst*- oder *Winter*-Farben sehen besonders gut und einfallsreich aus.

Ideale Kombinationen mit Farben, die *nicht in Ihrer Palette* sind:

am Unterkörper	am Oberkörper
Dunkelblau	Orange, Lachs, Goldgelb, Lindgrün, Tomatenrot
Violett	Rot, Lindgrün, Lachs
Pink	Türkis, Goldgelb, Blattgrün
Rosa	Beige, Kamelhaar
Braun	Kamelhaar, Lachs, Orange
Olivgrün	Lindgrün, Tomatenrot
Weinrot	Beige, Goldgelb, Lindgrün

Damit fehlt Ihnen keine der anderen Farbwirkungen. Der *Frühling* sollte darauf achten, seine Palette immer wieder mit den »Kopffarben« Blau und Violett auszugleichen, weil seine Farben weitgehend aus dem Bereich der kräftigen Energiefarben stammen. Das kann nach einiger Zeit dazu führen, sich »ausgebrannt« zu fühlen. Auch Konzentrationsschwierigkeiten und der Verlust innerer Ruhe können die Folge sein, wenn sich der Frühling ständig – und über Jahre hinweg – in den Farben seiner Palette kleidet.

Die Erscheinung des *Frühlings*

Wir müssen vorsichtig sein mit Aussagen, die einem Farbtyp eine bestimmte Persönlichkeit geben und meinen: »Der Frühling ist …«

Bei jedem Farbtyp sind es die Farben, die eine bestimmte Aussage über das Erscheinungsbild für diesen Menschen treffen. Natürlich ist der *Frühling* von seiner Persönlichkeit her nicht an bestimmte Wesenszüge gebunden und auch nicht an einen bestimmten Kleidungsstil. Es gibt streng klassische *Frühlinge*, genauso locker sportliche.

Seine Farben verleihen ihm viel Lebendigkeit und Vitalität. Es sind hauptsächlich Farben der unteren Chakras, die ein Optimum an Energie ausstrahlen. Davon profitiert er selbst auf der direkten Ebene, schafft aber auch bei seinen Mitmenschen den Eindruck eines Energiebündels. Durch seine Farben strahlt Jugendlichkeit und Fröhlichkeit von ihm aus,

ohne daß er noch viel dazutun muß. Würde der gleiche Mensch die Farben des *Sommers* tragen, hätte er eine andere Wirkung und würde als ein völlig anderer erscheinen.

Nun könnten alle, die eine frühlingshafte Erscheinung ausstrahlen wollen, einfach diese Farben tragen. Aber sie würden nicht das gleiche Resultat erzielen, weil die Farben einzig mit dem Menschen, der wirklich *Frühling* ist, Harmonie bilden. Ein *Sommer* oder *Herbst* würde in den *Frühlings*-Farben nicht mehr wahrgenommen werden, sondern nur noch die Farben seiner Kleider. Der *Winter* würde so aussehen, als habe er sich zum Karneval verkleidet. Einzig der *Frühling* erblüht in den *Frühlings*-Farben.

Wie geht die Farbpersönlichkeit damit um, ein *Frühling* zu sein?

(Fett gedruckt sind die Charaktere, bei denen Farbpersönlichkeit mit dem Farbtyp identisch ist.)

Der braune *Frühling*
wird auf seine lauten Farben und kontrastreichen Kombinationen verzichten. Im warmen Beige, hellen Braun und Blattgrün seiner Palette wird er sich am wohlsten fühlen.

**Der rote *Frühling*
trägt exakt die Farben seines Wesens. Er könnte sie zusätzlich noch kontrastreich kombinieren. Seine Haupt- und Grundfarbe kann – wie er selbst – Rot sein.**

Die orangen und grünen *Frühlinge*
wirken in den Farben lebendiger und leichter. Die Farben – mit Vorsicht gewagt – tun ihrem Gemüt sehr gut.

Der gelbe *Frühling*
würde in den Farben bodenständiger und weniger vergeistigt wirken, als ihm lieb ist. Mit den leichteren Farben der Palette, wie Apricot, Gelb, Beige, fühlt er sich mehr in Übereinstimmung als mit den kräftigen.

Der rosa *Frühling*
wird seine Farben – abgesehen von Apricot – schlichtweg nicht tragen. Rot und Orange sind

für ihn derart unmögliche Kleidungsfarben, daß er den Eindruck hat, sie nähmen ihm die Luft.

Der türkise *Frühling*
kann sein Abwehrverhalten durch die *Frühlings*-Farben nur schwer glaubhaft machen. Sie sind eigentlich zu fröhlich für ihn und treten zu sehr nach außen.

Der blaue *Frühling*
wird sie ebenfalls zu aufdringlich und auffällig finden. Außerdem wird er Farbberatung als oberflächliches Stylingangebot ansehen, das er »nicht nötig« hat.

Der Indigo-*Frühling*
trägt seine Palette, wenn er Kraft braucht. Mit wachsender spiritueller Entfaltung wird er auf Rot verzichten und sich mehr und mehr in Beige und Apricot kleiden.

Der violette *Frühling*
kann mit den Frühlingsfarben nichts anfangen. Sie sind ihm zu laut und zu auffällig. Sie würden seine Einkehr nach innen erschweren.

Sommer

Sommertypen haben zumeist eine sehr zarte, durchscheinende Haut. Durch den hohen Hämoglobinanteil wirken sie rosig und haben manchmal – besonders bei Kälte – einen leicht blauen Hautton. Ihre Haut scheint dünner als die anderer Farbtypen zu sein. Deshalb erröten sie auch sehr leicht, wenn sie verlegen sind. Die Röte kommt ganz unwillkürlich, ohne daß sie sie kontrollieren könnten. Bei den *Sommern* tritt die Couperose (Äderchen, die an die Hautoberfläche gelangen und wie »Rotbäckchen« aussehen) verstärkt auf.

Couperose ist ein Sonderthema bei der Farbtypbestimmung. Die Farben der *Sommerpalette* Mint, Hellblau und Flieder drängen die Couperose bei der Analyse augenblicklich zurück. So passiert es sehr oft, daß jemand zum *Sommer* »gemacht« wird, nur weil durch die *Sommer*-Farben Rötungen zurückgehen. Die Haut darf natürlich nicht alles sein, worauf bei der Farbberatung geachtet wird. Wenn die Person kein *Sommer* ist, wird gleichfalls auch ihre natürliche Ausstrahlung zurückgedrängt.

Die meisten *Sommer* sind sehr hellhäutig. An den hellsten Körperstellen sind kleine rosafarbene Kreise unter der Haut zu sehen. Sie werden sehr langsam oder gar nicht braun und bezahlen jedes Sonnenbaden mit einem – zumindest leichten – Sonnenbrand. Die empfindlichste Körperpartie ist um das Brustbein. Wenn ihnen heiß wird – in der Sauna oder bei angeregtem Kreislauf –, werden sie krebsrot. Aber wie bei allen Farbtypen, gibt es auch Ausnahmen unter den *Sommern*, die dunkle rosabeige Haut haben, die schnell bräunt und dann zu einem schönen indianischen Teint (Bronze) führt.

Fragen wir einen *Sommer* nach seiner Haarfarbe, können wir – milde ausgedrückt – »aschblond« hören. Viele gehen weiter und bezeichnen ihre Haare mit abfälligen Ausdrücken wie »Straßenköter-Blond, Asphalt-Farbe, Mausfarbe, farblos, schmutzig«, u.ä. Für die weiblichen *Sommer* ist charakteristisch, daß sie schon seit frühester Jugend mit ihrer Haarfarbe experimentieren. Auch gibt es keinen anderen Farbtyp, der so viele angebliche Probleme mit seiner Frisur hat, wie der *Sommer*. Was *Sommertypen* vor der Farbberatung natürlich nicht wissen ist, daß das Problem hauptsächlich an den falschen Farben liegt, die sie tragen. Dadurch sieht das Haar fad und farblos aus. Tragen die *Sommer* »ihre Farben«, paßt das aschige Blond oder Braun der Haare wunderbar dazu.

Dunkelhaarige *Sommer* (dunkelbraun, aschbraun) wirken in den zarten Farben sehr edel. Mit ihrem hohen Hämoglobin- und dem gleichermaßen hohen Melanin-Anteil besitzen sie ein hohes Maß roter Pigmente im Haar. Durch UV-Strahlung sieht das Haar dann rotbraun aus, was bei einer schnellen Analyse häufig zu Verwechslungen mit dem *Herbsttyp* führt. Beim Prozeß des Ergrauens steht der *Sommer* – nach dem *Wintertyp* – an zweiter Stelle und sieht damit sehr attraktiv und elegant aus.

Wenn das Haar des *Sommers* dauernd geschnitten wird, dunkelt es stark nach, so daß es mit der Zeit fast schwarz wird. Das ist einer der Gründe, warum *Sommer*-Männer fälschlicherweise manchmal zum *Winter* »gemacht« werden. Ein anderer Grund ist, daß so manche Farbberaterin Schwierigkeiten hat, sich einen Mann in den zarten *Sommer*-Farben vorzustellen und ihn deshalb zum *Winter* analysiert. *Winter*-Farben machen einen Mann männlicher, *Sommer*-Farben machen ihn im Ausdruck zarter.

Sommeraugen sind überwiegend klar blau oder aquamarin. Mit diesem Blauton bezeichnet man sie auch als »Wasseraugen«. Manchmal wirken sie unwirklich oder »außerirdisch«. Sehr oft sind sie haselnuß- oder dunkelbraun, besonders bei Dunkelhaarigen. Andere sind tief blaugrau oder graugrün, wobei das Grau durch einen schmalen Ring um die Iris verstärkt wird. Das Weiß des Augapfels kontrastiert (im Gegensatz zum *Winter*) nicht sehr mit der Iris. Es ist eher cremig als schneeweiß.

Die Farben des *Sommers*

Es sind weiche, gedämpfte, pudrige – immer helle Farben. Sie werden auch als kühle Farben bezeichnet, weil ihnen der gelbe Unterton fehlt, dennoch bewegen sie sich manchmal an der Grenze zu den sogenannten warmen Farben. Dies entsteht durch ihre »Pudrigkeit«. Die ist ungefähr so, als würde man zarte Pastelltöne nehmen und überall mit einem dicken Pinsel voll beigem Puder darübergehen. Beigetöne (mit Ausnahme des leuchtenden gelben Beige) sind deshalb auch überaus ideal für den *Sommer*, weil es Kompositionen unterschiedlicher Puderfarben sind. Farben, die diesen Effekt nicht haben, gehören nicht in die *Sommerpalette* (sondern zum *Winter*). Die meisten *Sommerpaletten*, die auf dem Markt

zu finden sind, enthalten nur zu einem Drittel Farben, die ideal für diesen Farbtyp sind. Die restlichen sind *Winter*-Farben. Es fehlt ihnen die gedeckte Pudrigkeit.

Des *Sommers* Favorit ist ein gedämpftes Rosa in allen Varianten: beiges Rosa, graues Rosa, Pastellrosa, Altrosé, Rosenholz. Sein klares Rosa ist noch nicht so leuchtend wie das des *Winters*.

Braun	Braucht hohen Rosa-Anteil, wie Rotbraun oder Rosabraun, auch ein stumpfes Graubraun gehört zu seinem Braun.
Rot	Bordeaux – auch Weinrot genannt; Malve sowie das zarte Nicht-Rot der Himbeere (kein reines Rot).
Gelb	Ein sehr helles Gelb, das fast identisch ist mit dem Gelbbeige des Frühlings. Das Gelb muß (durch leichten Grauwert) »gedeckt« sein.
Grün	Ein graues Blau-Grün und das Grün der Jade oder das von Trockenschilf.
Blau	Pastellblau, Taubenblau und das Blau des Himmels, wenn er etwas verhangen ist.
Violett	Ein zartes Flieder, das bis ins Rauchblau geht.
Weiß	Kein anderer Farbtyp kann das Wollweiß so gut tragen wie der *Sommer*. Reines Weiß ist zu grell für ihn.
Beige	Alle Beige-Varianten, mit Ausnahme des leuchtenden, gelben Beige.
Grau	Es kann die Farbe der Grundgarderobe des *Sommers* sein. Das Grau muß hell sein und kann zarte Tönungen ins Rosa, Mint oder Blau aufweisen. Manchen *Sommern* steht sogar ein dunkles Steingrau bis Anthrazit.
Silber	Es sollte nicht stark oder gar nicht glänzen.

In der Farbpalette fehlen Rot, Orange, Sonnengelb, Grün, Türkis, Gold.

Sommer-Kinder sollten nicht dazu angeregt werden, »ihre« Farben zu tragen. Ausnahmen sind: Rosa, Hellblau, Hellgelb und Flieder. Die stark abgepuderten Farben wirken sich ungünstig auf ihre Vitalität aus. Sie sollten unter den Spektralfarben selbst auswählen dürfen.

Grundgarderobe für *Sommer*-Frauen

- Kostüm/Hosenanzug in hellem Grau oder Grau-Beige,
- Jacke/Blazer in Mint oder Rosenholz,
- Rock/Hose in dunklem Grau,
- Rock/Hose in Petrol oder Braun (als Farbausgleich),
- Hose in Orange oder Rot (als Farbausgleich),
- Hose in Dunkelblau, Weinrot oder Himbeere,
- Bluejeans mit Jacke oder Jeanshemd,
- Gemusterte Bluse: Rosa, Malve, Hellblau, Mint, Hellgelb,
- Bluse in Beige oder Wollweiß,
- Bluse in Flieder,
- Pullover in den Farben wie die gemusterte Bluse,
- Strickjacke in Beige oder Wollweiß,
- Tücher und Schals in Rosa, Himbeere, Mint, Flieder, Hellgelb,
- Mäntel in kaltem, stumpfem Beige (Trenchcoat), Grau oder Rosagrau sowie alle hellen Farben der *Sommerpalette*.

Für festliche Anlässe: Silbrig wirkende, graue Seide oder Bordeaux als Oberteil sehen besonders festlich aus.

Accessoires

Schuhe: Schwarz, Grau, Beige oder in den Farben der Palette

Brillengläser: Grau, Blau, Flieder, ohne Tönung

Brillengestelle: Silber (matt), Rosa, Hellblau, Grau, Flieder, randlos

Uhren: Silber, Schwarz, Grau

Ideale Kombinationen mit Farben, die nicht zu Ihrer Palette gehören:

am Unterkörper	am Oberkörper
Klares Rot	Mint, Grau, Beige, Wollweiß
Orange	Mint, Grau, Blau
Violett	Flieder, Himbeere, Malve, Hellgelb
Braun	Rosa, Rosenholz, Hellblau
Petrol	Mint
Lind- und Blattgrün	Rosa
alle *Winter*-Farben	alle *Sommer*-Farben

Die *Sommer* sind die Farbtypen, die – wenn sie sich komplett nach ihrer Palette einkleiden – sehr stilvoll und edel wirken. Dennoch sollten sie für die Kleidung des Unterkörpers unbedingt so oft wie möglich zu den Energiefarben Rot, Orange und Blattgrün greifen, da sie sonst deutlich an Kraft und Vitalität verlieren.

Die Erscheinung des *Sommers*

Die zarten pastelligen Farben des *Sommers* lassen ihn selbst auch zart erscheinen. Besonders bei *Sommer*-Männern ist auffällig, daß sie wesentlich weicher in ihren Farben wirken. Auf jeden Fall bedeutet es jedoch nicht, daß der *Sommer* ein zarter Mensch ist, sondern daß ihn die Farben lediglich so erscheinen lassen. Korpulente Menschen wirken in ihren Farben dünner und leichter. Laute und heftige (»rote« Menschen) wirken gemäßigter. Die Farben bewirken vornehme Zurückhaltung und produzieren vorrangig Eleganz. Da die Palette keine Komplementärmöglichkeiten birgt, vermittelt das Ineinanderlaufen der Farben aus der gleichen Farbfamilie den Eindruck einer edlen Erscheinung.

Wie geht die Farb-Persönlichkeit damit um, ein *Sommer* zu sein?

(Fett gedruckt sind die Charaktere, bei denen Farbpersönlichkeit mit dem Farbtyp identisch ist.)

Der braune *Sommer*

Der braune Mensch befindet sich mit seiner eigenen Schwingung im (gelbtonigen) Erdreich, während die *Sommer*-Farben den Elementen Wasser und Luft angehören. Um alle drei Elemente zu verbinden, sollte er mit Weinrot, Braun und Holzschmuck kombinieren. Seine Persönlichkeit kann er jedoch in der Palette nicht ideal repräsentiert finden.

Der rote *Sommer*

Wenn der rote Mensch die *Sommerpalette* als seine Farben akzeptiert, entsteht eine interessante Spannung zwischen seiner lauten Expressivität und den sphärischen Farben. Doch wird er entsetzt von einer Farbberaterin zur nächsten laufen, bis er eine gefunden hat, die ihn zum *Winter* »macht«.

Der orange *Sommer*

wird von sich aus am Unterkörper dunkle, schwere Farben tragen, die ihm den Kontakt zur Erde gewähren. Generell wird er jedoch mit der Palette nicht glücklich werden. Für ihn sind die Farben zu »blutleer«.

Der gelbe *Sommer*
Ihm gefällt das feine, edle Aussehen, denn so kann er sein Wesen ideal ausdrücken.

Der grüne *Sommer*
ist sehr froh darüber, daß er mit den Farben etwas mehr Zartheit gewinnt und sie dem eher schlichten grünen Menschen einen Ausdruck von Eleganz vermitteln.

Der rosa *Sommer*
sieht in seiner Palette ausnahmslos wunderschön aus. Es sind exakt seine Farben, mit denen er sich *auf den Weg zu sich selbst* begibt. Er wünscht die Vitalität gar nicht, die er mit anderen Farben ausdrücken könnte. Nein, er fühlt sich wohl in den sphärischen Klängen seiner Palette. Sie ist eigens für ihn bestimmt. (Vorsicht bei Energieverlust! Dann sollten Sie zusätzlich zu den Energiefarben greifen.)

***Der türkise* Sommer**
Für ihn ist die Palette ideal, weil er gern den »Wolf im Schafspelz« spielt. Allerdings lassen ihn die Blautöne der Palette leicht zu kühl erscheinen.

Der blaue, violette und der Indigo-*Sommer*
Ihnen gefällt die Ruhe, Ausgewogenheit und Zurückhaltung der Farben.

Herbst

Die Haut des *Herbstes* ist meist sehr hell, fast weiß mit einem zarten Hauch von Rosa und übersät mit Sommersprossen, die sogar im Winter deutlich sichtbar bleiben können. Die *Herbsttypen* sind meist noch nie in ihrem Leben braun geworden und vertragen die Sonne auch nicht. Es gibt aber auch die Ausnahme des *Herbstes*, der schnell und tief braun wird. Er hat nur in seltenen Fällen Sommersprossen. Der Teint hat dann – wie beim *Frühling* – einen goldbraunen Ton.

Die Haare des *Herbstes* sind so unterschiedlich, wie die keines anderen Farbtyps. Ist er

blaß mit Sommersprossen, hat er meist feuerrotes Haar, wie wir es von den Iren kennen. Oft hat das Haar auch einen Aschton, das auf den ersten Blick an einen *Sommer* erinnert. Das Rot verliert sich aus manchem *Herbst*-Haar mit den Jahren völlig. Der *Herbst* kann aufgrund seiner Haarfarbe an jeden anderen Farbtyp erinnern und wird deshalb auch oft falsch analysiert.

Viele *Herbste* tragen ihr Haar lang. Die Farbe erinnert an dunklen Honig und weist – wie bei den *Frühlingen* – einen goldenen Schimmer auf. Einige haben aber sogar schwarze oder dunkelbraune Haare und werden deshalb auch von weniger erfahrenen Farbberatern für einen *Winter* gehalten. Die *Winter*-Farben machen den *Herbst* jedoch hart und streng.

In der Übergangzeit zum grauen Haar wirkt er nicht attraktiv, da das Grau, vermischt mit dem warmen Ton, der Frisur einen stumpfen Ausdruck verleiht. Hier ist rote Färbung, die dem *Herbst* überhaupt immer sehr gut steht, sehr geeignet, dem Haar Glanz zu verleihen. Ist das Haar ganz ergraut, hat es einen sehr schönen warmen Ton.

Die Augen des *Herbstes* sind im wahrsten Sinne des Wortes Spiegel seiner Seele. Sie sind sehr ausdrucksvoll und wechseln die Farbe je nach Stimmung. Die meisten *Herbste* haben braune Augen, wobei das Braun sehr vielfältig sein kann. Es ist goldenes Bernstein, Haselnußbraun, helles oder dunkles Rotbraun oder ein Braun, das fast schwarz wirkt. Die Grünvarianten der *Herbst*-Augen sind oliv- oder avocadogrün mit goldenen Flecken (sog. Katzenaugen) und ein Türkis, das mehr grün als blau ist. Sehr interessant sehen sie mit petrolfarbenen Augen aus, was allerdings selten vorkommt.

Die Farben des *Herbstes*

Man stelle sich einen Waldspaziergang im Herbst vor und hat das ganze Spektrum der *Herbstpalette*. Es sind tief warme und goldene Farben (mit einem gelben Unterton), die nicht leuchten.

Im Gegensatz zum *Frühling* und *Sommer* sind es die dunklen Töne, die ihm am besten stehen. Seine hellsten Farben sind ein mittleres Beige und Dottergelb. Die Nicht-Farben, Schwarz, Weiß und Grau, kann er am Oberkörper genausowenig tragen, wie die ausnehmend kalten Farben: Blau, Indigo, Blauviolett und Silber.

Herbst-Frauen werden nach der Farbanalyse mehr oder weniger starke Veränderungen in ihrer Beziehung zu sich selbst wahrnehmen können, weil der größte Teil der *Herbst*-Far-

ben der farbliche Ausdruck der unteren Chakras ist, was Erdigkeit und weibliche Energie unterstützt.

Braun	Alle Brauntöne sind ausnahmslos ideal.
Rot	Tiefes, dunkles Rot mit einem gelben Unterton, Ziegelrot, aber auch das gleiche Weinrot oder Bordeaux wie das des *Sommers*.
Orange	Etwas gedeckt – nicht so leuchtend wie das des *Frühlings*.
Gelb	Goldenes Sonnengelb, Dottergelb bis zum Orange.
Gold	Warmes Gold mit stärkerem Rotanteil; es sollte nicht glänzen und ist dann am schönsten.
Grün	Das Grün darf nicht zu hell sein und auch nicht leuchten.
Petrol	Es ist eigentlich ein mit einem Grauwert abgedecktes Türkis. Wir können es auch Blau-Grün nennen, das einmal mehr ins Grün und einmal mehr ins Blau gehen kann. Es ist die einzige Blau-Variante des *Herbstes*.
Violett	Ein Violett, das durch eine Komplementärmischung entstand (Gelb + Violett) und dadurch fast ins Braun geht.
Beige	Dunkles, gedecktes Beige bis zu einem Fuchsbraun.

In der Palette fehlen Blau, Indigo, Blauviolett, Silber.

Herbst-Kinder sollten keinesfalls dazu angeregt werden, »ihre« Farben zu tragen, da ihnen die dunklen, gedeckten Töne des *Herbstes* nicht guttun. Kinder sollten sich unter den Spektralfarben ihre Lieblingsfarben selbst aussuchen dürfen.

Grundgarderobe für *Herbst*-Frauen

– Kostüm/Hosenanzug in Braun oder Oliv,
– Jacke/Blazer in dunklem Apricot,
– Rock/Hose in Pflaume oder Petrol;
– Rock/Hose in Dunkelblau oder Violett (als Farbausgleich),
– Hose in Rot oder Orange,
– Hose oder Jeans in Hellbeige (als Farbausgleich),
– Bluejeans (als Farbausgleich),
– Gemusterte Bluse: Oliv, Orange, Maisgelb, dunkles Apricot, Rost,
– Bluse in gedecktem Grün,
– Bluse in gedecktem Orange,
– Pullover in den Farben wie die gemusterte Bluse,
– Strickjacke in Maisgelb, Oliv oder Kamelhaar,
– Tücher und Schals in Oliv, Braun, Gold, Petrol, Pflaume,
– Mäntel in Braun, Petrol, Oliv

Für festliche Anlässe: Als Oberteil Gold oder Goldorange; Rost und Petrol sehen auf Seide besonders gut aus.

Accessoires

Schuhe: Braun, Bordeaux, Dunkelblau (zum dunkelblauen Rock oder Hose) oder in den Farben der Palette

Brillengläser: Braun, Gelb, Oliv

Brillengestelle: Gold, braunes Horn, Tiger-Muster

Uhren: Gold, Braun

Kombinationen mit *Frühlings*-Farben geben den dunklen *Herbst*-Farben Lebendigkeit und stimmen im Ton überein.

Ideale Kombinationen mit Farben, die nicht in ihrer Palette sind:

am Unterkörper	am Oberkörper
Hell- bis Dunkelblau	Orange, Gelb, Braun Weinrot
Violett	Orange, Gelb, Olive, Senf
Rosa	Braun
Mint	Petrol
Frühlings-Farben	alle *Herbst*-Farben

Der *Herbst* sollte seine Garderobe immer wieder mit den hellen Farben des *Frühlings* und den kühlen (blaugrundigen) Farben des *Sommers* und *Winters* ausgleichen. Allein die *Herbst*-Farben zu tragen, führt zu einer gewissen »Schwere« und Unbeweglichkeit. Besonders Menschen, die zu Depressionen und Übergewicht neigen, brauchen den Ausgleich mit hellen, leichten, freundlichen Farben. Blau und Violett »zügeln« – falls erwünscht – die erhöhte Schwangerschaftsbereitschaft der *Herbst*-Frauen und bewahren außerdem die Konzentrationsfähigkeit.

Die Erscheinung des *Herbstes*

In ihren Farben wirken die *Herbsttypen* naturhaft erdig. Sie strahlen Beständigkeit, Ruhe und Tiefe aus. Viele frisch analysierte *Herbste* sind entsetzt über das Ergebnis, weil sie sie als »Alte-Leute-Farben« empfinden. Daß Braun ein so negatives Bild anhaftet, ist schade, weil es andererseits sehr viel Behaglichkeit, Wärme und Naturhaftes ausstrahlt. Ein Indianer in Pink mit Schwarz wäre unvorstellbar. Ebenso wirken *Herbste*, die diese Farbkombination tragen.

Wie geht die Farb-Persönlichkeit damit um, ein *Herbst* zu sein?

(Fett gedruckt sind die Charaktere, bei denen Farbpersönlichkeit mit dem Farbtyp identisch ist.)

**Der braune *Herbst*
ist der Mensch, für den die *Herbstpalette* gemacht worden zu sein scheint. Er wirkt nicht nur so, sondern ist tatsächlich mit seinen Farben vollkommen identisch.**

Es ist nicht selten, daß der *Herbst* mit den neuen Farben erst zu seiner Persönlichkeit des braunen Charakters findet.

Der rote *Herbst*
kann mit den Farben erst etwas anfangen, wenn er sein inneres Feuer gezügelt hat. Er wird dennoch immer mit klaren *Winter*- oder *Frühlings*-Farben kombinieren.

Der orange *Herbst*
wird sehr glücklich mit seinen Farben werden, weil er mit ihnen seine Sinnlichkeit unterstreichen kann.

Der gelbe und türkise *Herbst*
werden die Farben zu konservativ und »schwer« finden. In den erdigen Farben fühlen sich beide nicht zu Hause.

Der grüne *Herbst*
findet sich – genau wie der braune – in den Farben wieder. Er muß darauf achtgeben, daß ihm die Eleganz nicht verlorengeht.

Der rosa *Herbst*
findet die Farben zu »schwer« und depressiv und wird deshalb die Palette ablehnen.

Der blaue und violette *Herbst*
wird die Farben – wie der gelbe und türkise Herbst – nicht tragen.

Der Indigo-*Herbst*
hat durch die Farben Verbindung mit der Erde und wird über diese Erfahrung froh sein.

Winter

Vorrangiger Hautton der *Wintertypen* ist ein helles bis dunkles Oliv, das unter UV-Licht deutlich wird. Erhält die Haut keine Sonne, wirkt sie etwas gräulich, manchmal gelbgräulich. In der Regel werden sie so schnell braun, daß man dabei zuschauen kann. Als Unterton tritt dann ganz deutlich das Oliv hervor, oder sie werden graubraun, schwarzbraun oder rotbraun. Bei den meisten *Wintern* hält sich der braune Teint lange, bei einigen verliert er sich sofort wieder. Manche *Winter* haben eine sehr helle, fast weiße Haut, die ihnen zusammen mit schwarzen Haaren ein »schneewittchenhaftes« Aussehen verleihen. Diese Menschen werden teilweise überhaupt nicht braun. Im allgemeinen (zu 80 Prozent) kann man sagen, daß *Wintertypen* ohne UV-Strahlen sehr blaß sind. Sie neigen dann auch zu bläulichen Augenringen und stark blauroten Lippen.

Winter können als Kinder weißblonde und auch gelbblonde Haare gehabt haben und sind als Erwachsene schwarzhaarig. Ungefähr 1 Prozent aller *Winter* sind als Erwachsene blond. Dies ist dann jedoch ein Weißblond oder ein helles Blond meliert mit weißen Haaren. In der Regel sind sie dunkel- bis schwarzhaarig und ergrauen ausgesprochen früh. Zwischen 25 und 30 Jahren grau zu werden, ist bei ihnen keine Seltenheit. Allerdings wirkt dies an ihnen sehr interessant und markant, ohne älter zu machen *Winter* sollten keinesfalls das Experiment wagen, sich das Haar blond färben zu lassen oder es mit blonden Strähnen aufzuhellen. Das sieht schlichtweg nicht gut aus. Ist das *Winter*-Haar im Ganzen ergraut, wird es silberweiß und wirkt majestätisch.

Braune Augen sind beim *Winter* vorherrschend. Sie sind goldbraun, haselnuß-, dunkelbraun und schwarzbraun. In manchen braunen Augen finden wir einen kleinen violetten Reif um die Pupille, bei anderen Augen ist das Braun um die Pupille konzentriert und läuft an der Außenseite der Iris zu einem Blaugrün aus. Einige *Winter*-Augen ähneln der Haut einer Forelle mit dunklen, braunschwarzen und blauschwarzen Flecken und Streifen. Die blauen Augen des *Winters* sehen aus wie das klare Blau, das wir von Westernhelden kennen, oder ein dunkles Blau, das zu Indigo tendiert. Graue Schattierungen in der Iris sind bei blauen Augen für den *Winter* nur dann möglich, wenn das Augenweiß trotzdem noch deutlich kontrastiert. Grundsätzlich bildet das Weiß des Augapfels beim *Winter* immer einen starken Kontrast zur Iris.

Die Farben des *Winters*

Sie haben die Palette mit den Farben der stärksten Heilwirkung. Keine ihrer Farben ist auch nur eine Spur »gedeckt«. Wir finden darin die reinen Grundfarben entsprechend dem Goetheschen Farbenkreis (mit Ausnahme von Orange). Wenn der *Winter* auf Schwarz, Weiß und Grau in der Kleidung verzichtet, lebt er immer in den Schwingungsfrequenzen der Farbheilung. Wenn er dann auch noch seine Farben bewußt einsetzt, kann er ein Optimum für seine geistige und körperliche Entwicklung erreichen – einfach über die Kleidung. Seine Palette schließt auch die Farbe Magenta und Türkis ein.

Am idealsten ist für den *Winter*, die Farben kontrastierend zu tragen (z. B. Magenta oder Royalblau mit Grün, Rot mit Violett oder Türkis, Gelb mit Blau, etc.). Je nach Menschentyp kann er sich aber auch einfach nur in Hell-Dunkel-Kontrasten bewegen. Natürlich steht – von allen Farbtypen – nur ihm allein der Schwarz-Weiß-Kontrast. Der Psyche tut er jedoch nicht gut.

Rot	Das reine Primär-Rot entsprechend dem Ittenschen Farbenkreis sowie alle anderen klaren Blaurottöne.
Pink	Helles Rosa bis zu leuchtendem Pink.
Purpur	Dunkler, kräftiger und intensiver als Pink: Magenta.
Gelb	Das reine Primär-Gelb und leuchtendes Zitronen-Gelb.
Grün	Die reine Sekundär-Farbe sowie alle klaren Grün, denen man noch einen Schuß Blau hinzugefügt hat.
Türkis	Das Blautürkis der Arizona-Türkise.
Blau	Vom hellen Himmelblau zum Royalblau und dunklen Marineblau.
Indigo	Als einzigem Farbtyp steht dem *Winter* das Indigo.
Violett	Vom hellen Flieder bis zum magischen Blauviolett.
Silber	Glänzend und hell soll es sein.
Weiß	Nur reines Weiß – wie Kreide – kommt in Frage.
Eisfarben	nennt man sehr helle Farben, die nicht eisig, sondern fast weiß sind. Es gibt sie in den Nuancen mit Rosa, Hellgelb, Hellblau, Helltürkis, Hellflieder.
Grau	Alle Schattierungen des Grau, solange keine Nuance eines gelblichen Tons darin enthalten ist. Das Grau muß »kalt« sein.
Schwarz	Tiefes Schwarz wie das von Samt.

In der Palette fehlen Braun, Orange, Gold.

Grundgarderobe für *Winter*-Frauen

– Kostüm/Hosenanzug in Magenta mit Grün;
– Jacke/Blazer in Rot oder Marineblau;
– Rock/Hose in gleichem Grün wie Kostüm/ Hosenanzug;
– Rock/Hose in Magenta;
– Hose in Weiß;
– Hose in Violett oder Dunkelblau;
– Bluejeans mit Jacke;
– Gemusterte Bluse in Farb-Kontrasten: Rosa, Violett, Rot, Zitronengelb, Grün;
– Bluse in Flaschengrün oder Gelb;
– Pullover in den Farben wie die gemusterte Bluse;
– Strickjacke in Steingrau, Rot oder Marineblau;
– Tücher und Schals in Türkis, Blau, Rot, Violett, Magenta;
– Mäntel in allen Farben der Farbpalette.

Bei der Zusammenstellung der Grundgarderobe habe ich auf Schwarz und Grau verzichtet, um zu zeigen, daß dies – auch für den *Wintertyp* – ohne weiteres möglich ist.

Für festliche Anlässe: Der Winter ist der einzige Typ, der im »kleinen Schwarzen« oder Smoking gut aussieht. Dennoch sollte er zur Farbe greifen und nicht die Kontraste vergessen.

Accessoires

Schuhe: Schwarz, Weiß, Silber, Gold und alle anderen Farben der Palette.

Brillengläser: Grau, Blau, Rosa, ohne Tönung

Brillengestelle: Silber, Schwarz, Bunt.
Die Gestelle können in Design und Farbgebung ruhig auffällig sein.

Uhren: Silber, Schwarz, Weiß, Bunt

Dem *Winter* fehlen nur zwei Farben in seiner Palette: Orange und Gold.

Orange am Unterkörper kann sehr gut zusammen mit Grün, Magenta, Violett, Dunkelblau (und Grau) getragen werden.

Gold als Schmuck paßt wunderbar auf Dunkelblau, Violett, Rot, Weinrot, Grün, Blaugrün (und auf Schwarz).

Die Erscheinung des *Winters*

Da die *Winter*-Farben klar und stark sind, erscheinen auch die *Winter*, die sie tragen, selbstsicher und klar. Sie vermitteln das Bild des karrierebewußten, durchsetzungsfähigen Menschen. Auch hier sind es wieder nur die Farben, die den Menschen so *erscheinen* lassen. Trägt allerdings ein Nicht-Winter, die gleichen Farben, wirkt er wie ein »wandelnder Kleiderständer«. Einzig der *Winter* kann die *Winter*-Farben wirklich tragen. Er sieht darin weder verkleidet aus noch wirkt er auffällig.

Wie geht die Farbpersönlichkeit damit um, ein *Winter* zu sein?

(Fett gedruckt sind die Charaktere, bei denen Farbpersönlichkeit mit dem Farbtyp identisch ist.)

Der braune *Winter*
muß das Ergebnis der Farbanalyse erst einmal ablehnen und vielleicht auch bei der Ableh-

nung bleiben. Denn im Grunde ist es ein Widerspruch, daß ein zurückhaltender und nach Harmonie strebender Mensch Farben tragen soll, die starke Akzente setzen.

Der rote *Winter*
trägt mit seiner Palette genau die Farben, die ihn selbst repräsentieren. Seine Farben bringen seine Persönlichkeit zur Geltung.

Der orange *Winter*
nutzt gern den Schwarz-Rot-Kontrast, was aber eher seine sexuelle Komponente als seine Sinnlichkeit bekundet.

Der gelbe *Winter*
wird auf Farbkontraste verzichten und statt dessen Hell-Dunkel-Kombinationen wählen, die aber auf keinen Fall zu ausgeprägt sein dürfen.

Der grüne *Winter*
wird seine Palette nur zaghaft nutzen. Er wählt die nicht allzu kräftigen Farben und kombiniert sie mit Schwarz, Weiß, Grau oder Grün.

Der rosa *Winter*
wird von den Farben »erschlagen« und hält sich – wenn überhaupt – bei den hellen und den Eis-Farben auf.

Der türkise *Winter*
trägt die Power-Farben Rot und Violett gern mit Schwarz kombiniert. Diese Farbkombinationen geben ihm Kraft und signalisieren in für ihn idealer Weise seine Abwehr.

Der blaue *Winter*
geht mit der Palette wie der gelbe Mensch um, und kombiniert zusätzlich hauptsächlich mit Dunkelblau.

Der Indigo-*Winter*
trägt die Palette, wenn er die Farbenkräfte für sich nutzen will. Er wird jedoch gänzlich auf Schwarz und dunkle Farben verzichten.

Der violette *Winter*
wird Weiß, Flieder und Violett tragen und auf die kräftigen Kontraste sowie auf Farben wie Pink und Rot verzichten.

Die Mischtypen

Das theoretische Wissen über die Farben, das Goethe hinterlassen hat, ist für Menschen, die mit Farben arbeiten (auch für Farbberater) notwendiges Rüstzeug, damit sie erkennen, daß es keine Mischungen der kalten mit den warmen Jahreszeiten geben kann. Die Gruppe der warmen Farben enthält Gelb und kann ihren typischen Farbcharakter durch Addition von Gelb noch verstärken. Diese Farben haben eine spezifische Wirkung auf den Menschen. Sie wirken stimulierend, während die kalten Farben eher beruhigend sind. Wir können zwar beide Kräfte für uns nutzen, aber sie gehören nicht in eine Farbfamilie und damit auch nicht in die Farbpalette eines bestimmten Farbtyps.

Nicht möglich sind deshalb Mischtypen zwischen:

Frühling und *Winter*,
Frühling und *Sommer*,

Sommer und *Herbst*,
Winter und *Herbst*.

Mischungen innerhalb der zwei großen Gruppen:

warme Jahreszeiten: *Frühling* und *Herbst* (F/H-Mischtyp)
sowie
kalte Jahreszeiten: *Sommer* und *Winter* (S/W-Mischtyp)

sind möglich. Es sind Menschen, die sich mit ihrer Pigmentierung genau in der Mitte zwischen *Frühling* und *Herbst* oder *Sommer* und *Winter* befinden. Man kann es sich vorstellen wie ein Bandmaß, auf dem die Zahlen von 1–49 zum *Frühling* (bzw. *Sommer*) gehören und von 51–100 zum *Herbst* (bzw. *Winter*). Die Mischtypen liegen dann bei der Zahl 50. Auch mit ihren Kleidungsfarben liegen sie weitgehend in beiden Bereichen, müssen aber dennoch eine spezielle Farbpalette erhalten, weil Farbgrenzbereiche herausfallen.

Frühling/Herbst

Die Erscheinung des F/H-Mischtyps

Sie sehen in ihrem Erscheinungsbild teilweise wie *Frühlinge* und teilweise wie *Herbste* aus. Erst durch die Farbanalyse kann festgestellt werden, daß ihnen die besonders leuchtenden *Frühlings*-Farben nicht stehen. Die Farben wirken an ihnen richtig aufdringlich. Testet man dann die dunklen warmen Farben, die den *Herbst* besonders gut kleiden, an ihnen aus, wird man sehen, daß auch diese unvorteilhaft für sie sind. Sie lassen sie alt und finster erscheinen. Ihnen stehen die hellen Herbst-Farben, die Rot-Orange-Töne und die Braun-Töne des *Frühlings*.

Häufig entspricht die Bräunung des F/H eher der des *Frühlings*, das heißt, er bräunt wesentlich leichter und wird dunkler als der *Herbst*.

Der F/H-Mischtyp ist als eigenständiger Farbtyp zu sehen, der häufiger vorkommt, als der »reine« *Herbst*. Manche Beraterinnen bezeichnen ihn auch als »hellen *Herbst*«, was allerdings paradox ist, denn gerade die dunklen Farben sind für den *Herbst* charakteristisch und besonders kleidsam. Meist werden diese Menschen jedoch als *Herbsttyp* analysiert und tragen dann von sich aus nur die helleren Farben der Palette. Insofern hat diese Art Falschanalyse keine allzu negativen Konsequenzen. Analysiert man sie hingegen fälschlicherweise zum Frühling, nimmt man ihnen die eigentliche Schönheit ihrer Ausstrahlung.

Die Farben des F/H-Mischtyps

Die Farben dieses Mischtyps, der genau in der Mitte zwischen *Frühling* und *Herbst* liegt, sind noch eindeutiger *gelb* unterlegt als die des reinen *Frühlings*.

Mit anderen Worten, es entfallen alle Farben, die etwas Blau enthalten, wie Türkis, das dunkle Blau-Petrol und warme Rosatöne (Hummer). Die Farben des F/H-Mischtyps können – im Gegensatz zu denen des *Herbstes* – hell sein, dürfen aber nicht leuchten wie die des *Frühlings*. Beispiele hierfür sind Khaki, Pistazie, ein mattes Orange und Beigetöne.

Ihre Farben sind

Gelb	Goldgelb und Dotterblumengelb, wie das des *Herbstes*.
Apricot	Ein dunkleres, gedämpftes Apricot.
Rot	Kein grelles Tomatenrot, kein dunkles Bordeaux.
Petrol	Von hell bis mittel, nicht zu dunkel, nicht leuchtend.
Braun	Kamelhaar bis Mittelbraun.
Beige	Sand.
Grün	Kein grelles Frühlingsgrün, kein dunkles Oliv, statt dessen dunkles Grasgrün, Khaki, mattes Grün.

Keine hellen Türkistöne, kein warmes Rosa, kein helles Gelb oder helles Beige; als Schmuck sollte vom Gold eher der matte Ton oder Kupfer getragen werden, ebenso Holz.

Die Farbpersönlichkeit geht mit ihrer Mischtyp-Palette in nahezu gleicher Weise um, wie in meinen Ausführungen über den *Herbst*-Typ beschrieben.

Sommer/Winter

Die Erscheinung des S/W-Mischtyps

Diese Menschen wirken auf den ersten Blick wie *Wintertypen* und werden bei der Bestimmung auch meist dazu »gemacht«. Bei manchen von ihnen hat man den Eindruck, sie könnten die Farben beider Farbtypen tragen und wären dann jeweils eine andere Person. Fragen wir sie danach, mit welchem Alter ihr Haar zu ergrauen begann, hören wir zwischen 30 und 40 Jahren (und nicht im Alter zwischen 20 und 30, wie beim Winter).

Das allein genügt natürlich nicht, einen Mischtyp zu vermuten. Wiederum können wir erst durch fachgerechte Analyse sehen, daß die Pigmentierung keinesfalls dem *Frühling* oder *Herbst* entspricht, dem Menschen die kräftigen *Winter*-Farben, wie Pink und Rot sowie Schwarz und Schneeweiß jedoch auch nicht stehen. Er wird durch die Farben verdrängt. Andererseits lassen die besonders zartpudrigen *Sommer*-Farben ihn kränklich aussehen. Zwischen *Sommer* und *Winter* gibt es Farben, die von beiden Farbtypen getragen werden können, und das sind eben die Farben des Mischtyps.

Die Farben des S/W-Mischtyps

Es sind dies: ein klares Rosa, helles Blau, helles Gelb, helles Grau, Steingrau und Bordeaux. Keine dieser Farben darf stark abgepudert sein. Ebenso darf keine der Farben so stark leuchten, wie die des *Winters*. Schwarz wird durch Anthrazit und Schneeweiß durch Wollweiß ersetzt.

Ihre Farben sind

Rosa	Nicht zu hell, klar und nicht pudrig.
Magenta	Stärker ins Himbeerrot gehend, nicht leuchtend.
Rot	Bordeaux, Malve, gedecktes Rot.
Grau	Alle kalten Grautöne, Steingrau bis Anthrazit.
Blau	Himmelblau, Jeansblau, Preußisch-Blau, Grünblau.

123

Grün   Blaugrün, blaues Mint-Türkis.
Gelb   Hell, aber nicht leuchtend.
Violett   Flieder bis Aubergine.
Anthrazit und Wollweiß.

Kein grelles Pink, kein Altrosa, keine Eisfarben, keine stark »abgepuderten« Töne. Als Schmuck sollte Silber – wie die eher matten Töne – getragen werden.

Die Farbpersönlichkeit geht mit ihrer Mischtyp-Palette in nahezu gleicher Weise um, wie in meinen Ausführungen über den *Wintertyp* beschrieben.

Die Farbtypen

	Frühling	Sommer	Herbst	Winter	F/H	S/W
Haut	Creme oder Golden, Pfirsichfarben Goldene Sommersprossen *Bräunung*: leicht, schnell Gelb-(Gold-)braun	Durchscheinend, zart, rosig mit blauem Unterton, Blaß, Rosabeige bis Rotbraun *Bräunung*: meist schlecht mit Sonnenbrand.	Blaß, fast weiß mit rosa Hauch Viele starke Sommersprossen *Bräunung*: meist gar nicht, wenn, dann Gelbbraun	Helles bis dunkles Oliv Sehr helle, fast weiße Haut, Teint sehr stark sonnenabhängig *Bräunung*: schnell, Schwarzbraun bis Oliv	Creme oder Golden, sehr blaß Viele goldene Sommersprossen *Bräunung*: eher leicht, jedoch manche schlecht	Heller Teint, nicht bläulich durchscheinend *Auffällig*: Keine starken Augenbrauen und Wimpern *Bräunung*: meist leicht, Rotbraun
Haare	Gelbblond, heller und dunkler Honig, Kupfer-Gold, Warmes Mittel- bis Dunkelbraun Immer mit goldenem Glanz, *Grau*: Cremiges Weiß	Aschblond, Hell- bis Dunkelblond, Aschbraun, Dunkelbraun bis Schwarz *Grau*: Blaugrau, Perlweiß	Kupferrot, Feuerrot, Dunkler Honig, Aschblond, Dunkelbraun bis Schwarz *Grau*: Warmes Cremeweiß	Blauschwarz, Schwarzbraun, Schwarz Wenn Hellblond, – dann weiß meliert (selten!) Ergrauen früh (ab 25. Lj.) *Grau*: Silberweiß, Weißgrau	Rotblond, heller und dunkler Honig, Warmes Mittel- bis Dunkelbraun *Grau*: Warmes Cremeweiß	Dunkelbraun bis Schwarz, Aschbraun *Auffällig*: Ergrauen nicht früh, sondern zw. 30. u. 40. Lj. *Grau*: Silberweiß, Perlweiß
Augen	Gold-Grün, Bernstein, Blau mit Gelbtürkis-Anteil (wie Aqua), Braun (hell, mittel, dunkel), Klares Blau (selten)	Blaugrau, Klares Blau, Aquamarin, Graugrün, Haselnuß- oder Dunkelbraun	Braun (Haselnuß, goldenes Bernstein, Rotbraun), fast Schwarz, Oliv- und Avocadogrün, Grüntürkis, Petrolfarben	Braun (Dunkelbraun, Goldbraun, Haselnuß, Schwarzbraun) Klares Blau, dunkles Blau bis Indigo Sehr weiße Augäpfel	Gold-Grün, Bernstein, Gelbtürkis, Avocadogrün, Braun (hell, mittel, dunkel)	Klares Blau, Braun (Goldbraun, Haselnuß, Dunkelbraun, Schwarzbraun) Sehr weiße Augäpfel

Bitte denken Sie daran: Alle Angaben in der Tabelle gelten für die Farbtypen jeweils zu 80 Prozent.

125

VI.

Farbberatung »ganzheitlich«

*»Die Natur hat zehntausend Farben, und wir haben uns
in den Kopf gesetzt, die Skala auf zwanzig zu reduzieren.«*
Hermann Hesse

So bunt, wie die Farben uns die Welt präsentieren, so umfangreich muß auch eine Farbberatung gestaltet sein. Deshalb kann Farbberatung nur auf der ganzheitlichen Ebene erfolgen. Das beinhaltet

– die Farbtypbestimmung nach der Pigmentierung;
– Beratung über die neue Farbpalette und das äußere Erscheinungsbild;
– Analyse der Persönlichkeit (Farbcharakter);
– Kombinationen zwischen eigener Farbpalette und Farben anderer Farbtypen;
– Bedeutung der Lieblingsfarben sowie der Farbantipathien;
– Beratung über die Farben, die für Organismus und Psyche gebraucht werden;
– möglicherweise Behandlung mit einer der benötigten Farben.

Herkömmliche Farbberatungen erschöpfen sich in den ersten beiden Punkten. Dabei eröffnet beispielsweise die Analyse der Farbpersönlichkeit den Zugang zum Wesen des Kunden und ermöglicht somit, aus einer Stilberatung eine Persönlichkeitsberatung werden zu lassen. Einem »rosa« Menschen, der *Winter* ist, müssen ganz andere Farbkombinationen innerhalb seiner Palette empfohlen werden, als einem »roten«.

Bei einer »ganzheitlichen« Farbberatung muß auf folgende Probleme des Kunden eingegangen werden:

– Kann ich die neuen Farben annehmen?
– Was bedeutet der neu analysierte Farbtyp für meine Mitmenschen?
– Welche Lieblingsfarben hatte ich vor der Farbberatung? – und was bedeutet das?

– Welche Farben würde ich niemals tragen – und warum nicht?
– Wo liegen Schwächen in meinem Organismus, denen ich durch Farbanwendung entgegentreten könnte?

Eine Beratung, wie die Kräfte der Farben für jeden individuell nutzbar sind, stelle ich jeder Farbtypbestimmung voran. Ganz gleich, welchem Farbtyp jemand angehört und welche Farben infolgedessen zu ihm passen, versuche ich vorab herauszufinden, welche Farbschwingung dringend in der augenblicklichen Situation »gebraucht« wird. Wie bereits gesagt, ein bestimmter Farbtyp ändert sich niemals. Jedem steht eine bestimmte Auswahl von Farben zur Verfügung, die für ihn ideal sind. Dennoch gibt es für jeden Menschen auch Farben, die temporär gebraucht werden und sich außerhalb der jeweiligen Farbpalette befinden. Manchmal ist es wichtiger, gerade diese Farben zu tragen, als die sogenannten »eigenen«, die sich durch die Typbestimmung ergaben. Der plötzliche unbewußte Zugriff zu bestimmten Farben, die vorher nicht getragen wurden, ist oft ein Hinweis auf organische oder psychische Unterstützung, die man sich auf diese Weise verschafft. Wie wir wissen, kann ebenso die Antipathie gegen bestimmte Farben ein Indiz für psychische Blockaden und organische Erkrankungen sein.

– Es kann bei der Farbberatung *nur* darum gehen, den *ganzen Menschen* zu erfassen, mit *allen* Farben, die für ihn wichtig sind.
– Es kann *nicht* darum gehen, einzelne Individuen in die Kategorisierungen der Farbtypen – wie in eine *Schublade* – zu *pressen*.

127

Ein »Sommer« für die Freundin

Herr A. kam in Freizeitkleidung zur Beratung, obgleich die Ursache für seine Entscheidung, sich farbberaten zu lassen, wie er mir am Telefon gesagt hatte, beruflich begründet war. Er war ein blonder, gutaussehender, dynamisch wirkender junger Mann. Seine Sprache war elaboriert, sein Lachen offen und freundlich.

Aufgrund von Betriebseinsparungen hatte er seine frühere Arbeitsstelle verloren, nun war ihm eine Position als Leiter der Werbeabteilung einer großen Firma in Aussicht gestellt worden. Die Vorteile einer Farbberatung beschränkten sich für ihn ausschließlich auf Äußerlichkeiten. So glaubte er, mit den richtigen Farben und Styling-Tips seine »neue Welt« zu erobern.

Ich fragte nach seinen Lieblingsfarben, woraufhin er mir erzählte, welche Farben ihm seine Freundin für seine Garderobe ausgewählt habe. Es waren: Hellblau, Taubenblau, Blaugrün und Grau. »Aha« – dachte ich –, »die Sommerpalette«. Wie seine Freundin denn aussähe, wollte ich wissen. Es folgte eine Beschreibung, die auf einen *Sommer* schließen ließ. Natürlich kann man per »Fernanalyse« nicht sagen, welchem Farbtyp jemand definitiv angehört. Entscheidend ist letztendlich nur die Analyse vor dem Spiegel. Doch drängte sich mir die Frage auf, warum sie ihm *Sommer*-Farben aussuchte, die sie selbst nicht trug (wie ich erfuhr). Dieses Phänomen tritt immer wieder auf. Viele Menschen suchen ihren Partnern ausschließlich die Farben aus, die in die eigene Palette gehören könnten. Sie selbst tragen sie jedoch nicht.

Ich fragte ihn, wie er zu Rot und Orange stünde. Weinrot sei das einzige Rot, das in den letzten Jahren in seiner Kleidung zu finden war. Vor ein paar Wochen jedoch, fügte er hinzu, habe er sich selbst ein paar Stücke in kräftigem Rot und auch in Orange gekauft. Er hatte das Gefühl, diese Farben würden ihm guttun, obwohl er sich das nicht erklären

könne. Ich half ihm, an die Zeit zurückzudenken, als sich diese Farbveränderung eingestellt hatte und konnte spüren, daß es in ihm Betroffenheit auslöste. Ich erklärte ihm, es sei gut möglich, daß er aufgrund irgendwelcher Vorkommnisse einen Leistungsabfall erlitten habe und sich mit Hilfe der Farben – unbewußt natürlich – die »Power« holte, um die Situation zu bestehen. Als ich im weiteren davon sprach, daß beide Farben auch eine Stimulanz für Sexualität seien, brach sich das »Geheimnis« eine Bahn.

Vor wenigen Monaten hatte sich seine Freundin von ihm getrennt, wodurch für ihn die Welt zusammenbrach. Er fühlte sich nicht mehr imstande, noch irgendeine Leistung zu erbringen. Um seine Depression zu lindern, wollte er sich ein paar neue Kleidungsstücke kaufen, die dann – »rein zufällig« – rot und orange waren. Sehr schnell hatte er das Gefühl, daß ihm diese Farben halfen, was stimmte. Mit beiden Farben holte er sich sowohl die Kraft, die er für seine berufliche Neuorientierung brauchte, als auch die Lebensenergie, die ihm durch die Trennung verlorengegangen war. Ich empfahl ihm, jetzt außerdem noch recht viel Grün in der Kleidung und in seiner Wohnungseinrichtung aufzunehmen, weil er damit sein gebrochenes Herz trösten könne.

Die Farbtypbestimmung ergab zweifelsfrei, daß er ein *Frühling* war, zu dessen Idealfarben auch Rot, Orange und Grün gehören. Was die Bestimmung aber ebenfalls offenbarte war, daß er in diesen Farben wesentlich jünger aussah, als in *Sommer*-Farben. Schon hielten wir den zweiten Schlüssel zur Struktur seiner Persönlichkeit in der Hand. Seine bisherige Freundin war zehn Jahre älter als er und lebte in der ständigen Furcht, man könne es ihr ansehen, was ihr viel ausmachte. Das also war der maßgebliche Grund für sie gewesen, ihn in *Sommer*-Farben zu kleiden. Ihm selbst waren die *Frühlings*-Farben in Anbetracht seiner zukünftigen Position ebenfalls ein Problem. Er wollte zum einen älter, zum anderen seriös wirken.

So haben wir ein Konzept erarbeitet, wie er sich im Büro mit den *Sommer*-Farben um zehn Jahre älter – und auch seriöser – erscheinen lassen konnte und in der Freizeit die energiestarken Farben des *Frühlings* nutzte. Auf seinen Schreibtisch sollte er in Sichtnähe eine Glasschale in kräftigem Grün stellen und ein paar Orangen hineinlegen. An die gegenüberliegende Wand hängte er eine Grafik, die überwiegend in Rot gehalten war, daneben eine üppige Pflanze. Sicher wäre die Zeit der Lethargie und fehlender Energie nun bald vorüber. Bis dahin wird er sich selbst so weit sensibilisiert haben, daß er genau spürt, welche Farbe er braucht.

Die Neugeburt

Eine junge Frau, die sich bereits mit den Heilkräften der Farben beschäftigt hatte, wollte nun gerne wissen, welche Farben für ihre Kleidung ideal seien. In diesem Bereich traute sie sich nicht so recht an Farben heran. Sie hatte das Gefühl, daß ihr nur Schwarz, Weiß, Dunkelblau und Grau stehe. Schwarz trug sie nicht, weil sie wußte, daß es jeglicher Heilung entgegen wirkt. Sie lebte also in ihrer Farblichkeit wirklich sehr reduziert.

Ihr Haar war dunkel-aschblond, in der Sonne wurde sie nicht braun und bekam sofort einen Sonnenbrand. Ihre Haut wirkte auf mich leicht sommersprossig, allerdings ohne daß diese sichtbar waren. Vom ersten Eindruck her hätte man sie zweifellos für eine »typische« *Sommerfrau* halten können, die bereits ihre Farben trägt. Ich fragte, ob sie als Kind Sommersprossen und rote Haare hatte. »Fuchsrot« antwortete sie, »und alles voller Sommersprossen«. Dies wiederum ist untypisch für einen *Sommer*.

Sie hatte – nach eigener Aussage – keine organischen Probleme und nutzte schon seit Jahren die Kräfte der Farben. Bei der Farbtypbestimmung geschahen dann kleine Wunder. Alle kalten Farben, die sie die ganze Zeit getragen hatte, machten sie hart und männlich. Sie sah kantig, fast verbissen, aus. Ich erinnerte mich an den ersten Eindruck, den ich von ihr hatte: Sie kam mir wie eine überanstrengte »Kämpferin« vor. Ihre Lieblingsfarben sorgten für eine Art Gnadenlosigkeit, die aus ihrem Gesicht sprach. Mit den *Frühlings*-Farben war dieser Eindruck sofort verschwunden, doch wurde auch ihre Persönlichkeit durch die leuchtenden Töne verdrängt.

Mit den *Herbst*-Farben schließlich wurde eine neue Frau in dieser Frau geboren. Es war wie die Auferstehung eines Wesens, das vorher nicht vorhanden war. Ihr Ausdruck bekam eine stark weibliche, warme und schöne Note. Sie hatte das Gefühl, »heimzukehren«, »sich zu spüren«. Wir waren beide fasziniert und betroffen zugleich. Wie traurig ist es doch, wenn sich jemand hinter falschen Farben derart versteckt. Wegen ihres roten Haares wurden ihr von klein auf bestimmte Kleiderfarben ausgeredet. Früher herrschte der Irrglaube, daß Rothaarigen keine warmen Farben, wie Rot, Gelb und Orange stünden. Statt dessen wurden sie auf kühle Farben und Schwarz verwiesen. Dabei stehen rothaarigen Menschen alle Brauntöne wunderbar, ebenso ein dunkles Rot, Oliv und gedecktes Orange (um nur einige ihrer idealen Farben zu nennen).

Meine Kundin war begeistert von ihrer »Neugeburt«. Die passenden Make-Up-Farben rundeten das Bild zur Vollkommenheit ab. Ihr wurde klar, daß sie unbewußt vor dem Ausdruck ihrer Weiblichkeit geflohen war. Als ich ihr – wie jeder *Herbst*-Frau – sagte, daß sie jetzt vorsichtiger »verhüten« solle, da meine Erfahrung bislang zeigte, daß mit den *Herbst*-Farben eine erhöhte körperliche Bereitschaft zur Schwangerschaft[1] gegeben sei, fiel sie mir freudestrahlend um den Hals. Seit langem versuchten sie und ihr Mann, ein Kind zu bekommen, bis jetzt leider ohne Erfolg. Ich wünschte ihr alles Gute und erhielt etwa eineinhalb Jahre später ein Foto von ihr mit einem kleinen Baby im Arm.

---

[1] Die erhöhte Disposition zur Schwangerschaft konnte ich nur bei *Herbst*-Frauen, die auf *Herbst*-Farben umstiegen, beobachten. Wenn andere Farbtypen versuchten, das gleiche mit den *Herbst*-Farben zu erreichen, hatten sie keinen Erfolg. Ebenso kann man natürlich nicht mit Sicherheit davon ausgehen, daß es gelingt.

Lady in Black

Eine junge blonde Frau kam, völlig in Schwarz gekleidet, zur Beratung. Bei Menschen, die in Schwarz gekleidet sind, habe ich mir längst abgewöhnt zu vermuten, sie könnten Trauer tragen. Ich habe bereits erwähnt, daß meine Garderobe früher ebenfalls fast ausnahmslos schwarz war. Ich kann verstehen, was in diesen Menschen vorgeht und weiß auch, was es für sie bedeuten kann, wenn sie sich »in die Farbe begeben«. Viele Frauen tragen bis Mitte Drei-ßig Schwarz und erfahren plötzlich durch einen »Zufall«, daß sie mit anderen Farben jünger aussehen. Nur, welche Farben stehen ihnen wirklich? Die lange Zeit der farblosen Kleidung macht oft eine objektive Einschät-zung unmöglich. Die eigene Unsicherheit und die zusätzliche Verunsicherung durch das Überangebot an Kleidung bilden meist den Anfang, sich damit zu beschäftigen und zu einer Farbberaterin zu gehen.

Frau S. machte einen sehr lebendigen Ein-druck auf mich. Sie war eine Frau, die beruf-lich genau wußte, was sie wollte. Zwei Jahre lang hatte sie sich schon vorgenommen, zur Farbberatung zu gehen. Immer gab es andere Gründe, die Analyse hinauszuschieben. Nun war es soweit.

Im Vorgespräch wurde sehr schnell klar, daß sie nicht an einer Beratung über die Heilkräfte der Farben interessiert war, worauf ich mich sofort einstellte. Jede Beratung ist an den Bedürfnissen des jeweiligen Klienten orien-tiert. Sie erzählte, daß sie früher schnell braun wurde, ihre Haut jedoch seit einigen Jahren nicht mehr der Sonne aussetze. Sie konnte somit nicht sagen, ob ihre Haut auf Sonnenein-wirkung nun anders reagierte.

Generell frage ich nach den Lieblingsfarben für die Kleidung, weil ich darüber im Ge-spräch eventuelle Blockaden, Persönlichkeits-struktur und organische Schwachstellen erfah-ren kann. Frau S. trug jedoch seit ihrer Heirat vor fast 15 Jahren hauptsächlich Schwarz. Aus-nahmen waren eine weiße Bluse und ein rotes

Kostüm. Ich wollte wissen, ob das Kostüm ein warmes oder ein kaltes Rot hatte. »Ein schönes warmes Rot, wie dieses dort«, sagte sie und zeigte dabei auf ein Blaurot. Es ist völlig normal, auch blaunuancierte Farben als »warm« zu bezeichnen, weil wir Menschen die Tendenz haben, alle Farben, die uns ange-nehm sind, als warm zu empfinden. Ich ver-suchte, etwas mehr über ihre Vorzugsfarben und Abneigungen zu erfahren, um die Ursache für die Schwarz-Vorliebe zu ergründen. Dem ging sie aus dem Weg, und wir begannen mit der Farbtypbestimmung.

Die Arbeit mit ihr war etwas schwierig, weil sie ungeduldig war. Am liebsten wäre ihr gewesen, ich hätte ihr einfach gesagt, welcher Farbtyp sie sei. Doch so etwas tue ich natürlich nicht. Abgesehen davon, war es schwer für mich, zu sehen, was sie war. Ihr gelbblondes Haar paßte sehr gut zu allen Frühlingsfarben, dennoch konnte ich feststellen, daß ihr die Winterfarben standen, aber andererseits kein harmonisches Bild erzeugten.

Plötzlich war es mir klar. Ich fragte sie, ob sie sich die Augenbrauen zupfe. Sie meinte, daß sie dies schon seit vielen Jahren täte und fast keine Augenbrauen mehr habe, sie früher hingegen breit und buschig gewachsen seien. Die Haare seien blond gefärbt, aber eigentlich schon lange grau bzw. weiß. Früher seien sie ganz schwarz gewesen. Das Gelbblond der Haare wirkte derart natürlich, daß mir tatsäch-lich der Fehler unterlaufen war, nicht nach der Echtheit ihrer Haarfarbe zu fragen.

Ich zeichnete ihr mit einem schwarzen Stift breite Augenbrauen und band ein schwarzes Tuch um ihren Kopf und eine wunderschöne, ausdrucksstarke *Winter*-Frau kam zum Vor-schein. Natürlich konnte sie Schwarz hervorra-gend tragen, aber als ich ihr der Reihe nach erläuterte, in welchem Maß sie die Farben ihrer Palette für ihr Wohlbefinden einsetzen könne, war sie begeistert und wollte alle aus-probieren. Sie war sogar davon zu überzeugen,

131

das Gelbblond der Haare herauswachsen zu lassen und empfand es als eine gute Idee, ihr Haar mit dunklen Strähnen zu melieren. Es war ihr vorher einfach nie in den Sinn gekommen, eine Veränderung an ihrem Aussehen vorzunehmen. Ihre Mitmenschen waren ihre Erscheinung gewohnt und fanden sie gut. Mit den neuen Farben wird sie allerdings erst einmal eine völlig andere Frau für die anderen sein, weil sie damit ausdrucksstark und sehr attraktiv erscheint. Die schwarze Garderobe mit den blonden Haaren hatte ihr ureigenes Wesen in den Hintergrund gedrängt und sie zudem disharmonisch wirken lassen.

Ein »Macho« für die Beraterin

Auf Herrn K. war ich sehr gespannt. Er hatte bereits zwei Farbberatungen hinter sich und sollte jetzt zum dritten Mal – von seiner Frau – analysiert werden. Sie war erst kürzlich von mir ausgebildet worden und wollte mich dabeihaben, weil er »ein schwieriger Fall« sei. Es ist immer sehr schwer, jemanden zu analysieren, den man gut kennt oder den man sehr mag. Mir geht es genauso, daß ich Freunde grundsätzlich von Kolleginnen analysieren lassen muß. Ich bin einfach nicht mehr objektiv, habe mir eine vorgefaßte Meinung gebildet, oder die Person gefällt mir so sehr, daß ich mich nicht zwischen zwei möglichen Farbtypen entscheiden kann. Es gilt für Farbberatungen wie für Therapien: Der beste Heiler ist der »ohne Absicht«.

Bei den vorangegangenen Farbberatungen war er von der ersten Beraterin als *Winter*, von der zweiten als ein *Sommer* analysiert worden. So traurig es auch sein mag, aber es ist natürlich möglich, daß jemand von verschiedenen Beratern unterschiedlich eingeschätzt wird, selbst wenn diese intensiv und gut ausgebildet wurden, eine lange Praxis haben und gewissenhaft arbeiten. Das eigene Bild oder schnelle Urteil, das man sich von einem Menschen macht, kann die objektive Sicht verstellen. Am häufigsten habe ich dies bei Analysen an Männern feststellen müssen. Viele Farbberaterinnen gehen von dem Stereotyp aus, daß ein Mann markant und männlich aussehen soll. Für die Männer bedeutet das manchmal, daß es von der Beraterin als attraktiv und vorteilhaft angesehen wird, wenn sie in bestimmten Farben unrasiert oder »durchzecht« aussehen. Die Männer selbst fühlen sich ebenfalls geschmeichelt durch ihr »männliches« Aussehen und vor allen Dingen von dergleichen Bemerkungen der Beraterin. Genau dieselben Kriterien, die bei Frauen angesetzt werden, um diese mit den richtigen Farben vital und jünger aussehen zu lassen, werden bei Männern oft im konträren Sinne verwendet.

Eine andere Fehlerquelle kann der eigene Farbtyp des Beraters sein, das heißt, es gibt tatsächlich Berater und Beraterinnen, die beispielsweise *Sommer* sind und einen Großteil ihrer Kunden dann in Grenzfällen ebenfalls – wenn auch unbeabsichtigt – zu *Sommern* machen. Manche sind in ihre eigenen Farben derart verliebt, daß sie jeden damit »beglücken« wollen. Der Grund, warum ich selbst zum Sommer »gemacht« wurde, lag darin, daß sich die ersten Farbberater nicht trauten, mich von meinem wahrhaftigen Typ, dem *Frühlingstyp* zu überzeugen, weil ich diese Farben vehement ablehnte.

In einem solchen Fall muß die Beratung auf der ganzheitlichen Ebene erfolgen und nicht so, daß der Kunde nach der Beratung ist, was er sein will, oder was er willens ist, zu akzeptieren. Der Grund für meine Ablehnung gegen Orange waren meine Unterleibsprobleme und der Streß, in dem ich lebte. Die Themen der Farbe Rot waren von mir noch nicht durchlebt und in mir nicht integriert, und Gelb mußte bedrohlich wirken, weil es das Unbewußte in mir erhellt hätte, was ich noch gar nicht aushalten konnte.

Diese Informationen und ein Gespräch über mögliche Bedeutungen meiner Ablehnung gegen die strahlenden Farben des *Frühlings* hätten es mir möglich gemacht, mich mit mir über das Medium Farbe auseinanderzusetzen. Statt dessen verordnete man mir mit Grau eine Ebene als vermeintliches Ideal, auf der ich mich ohnehin befand und die mich keinen Schritt weiter in meiner Entwicklung brachte. Hätte ich nicht selbst Farbberaterin werden wollen, würde ich vielleicht wieder zur schwarzen Garderobe gegriffen haben, in der ich mich »zu Hause« fühlte, auch hätte ich fortan ein negatives Urteil über Farbberatungen gehabt. Andererseits brachte mich meine eigene Falschanalyse zur Beschäftigung mit der Wirkung von Farben bis hin zur Erfahrung ihrer Heilkräfte.

Zurück zu meinem Kunden. Er wirkte in den Winter-Farben sehr markant, sein Bartwuchs trat sehr deutlich hervor. Er hatte auch nicht die kräftigen Augenbrauen, die besonders für *Winter*-Männer charakteristisch sind. In den typischen *Sommer*-Farben wirkte er fade und kraftlos. Er lag mit seiner Pigmentierung genau zwischen *Sommer* und *Winter*. Seine Idealfarben waren die des *Sommer/Winter*-Mischtyps. Die besonders kräftigen *Winter*-Farben wirkten zu stark für ihn und verdrängten seine Ausstrahlung, Schwarz und Weiß standen ihm gar nicht, von den *Sommer*-Farben waren es die ausdrucksstärkeren, die sich optimal für ihn eigneten.

Interessant ist, daß sich Herr K. sowohl nach der ersten als auch nach der zweiten Analyse einen kleinen Teil der Farben seiner Palette selbst herausgesucht hatte und ein Gefühl dafür entwickelte, daß der Rest der Farben nicht zu ihm paßten. Dennoch blieb er unsicher und fühlte sich zwischen zwei Stühlen. Jetzt hat er eine eigene spezielle Farbpalette für den *Sommer/Winter*-Mischtyp, nach der er sich richten kann.

VII.

Farben im Wohn- und Arbeitsbereich

»Euer Haus ist Euer größerer Körper.
Es wächst in der Sonne und schläft in der Stille der Nacht.«
Khalil Gibran

Farbempfehlungen für Wohn- und Arbeitsräume zu geben, bedeutet keinesfalls, daß die Idealfarben eines Farbtyps auf den Lebensbereich übertragen werden können.

Jeder Farbtyp braucht möglicherweise in seinem Umfeld gerade die Farben, die in seiner Palette fehlen.

Um die richtige Entscheidung bei der Farbwahl für Wohn- und Arbeitsbereich treffen zu können, müssen Sie sich zunächst darüber klarwerden, was Sie mit den Farben bezwecken.

Wollen Sie:

– eine bestimmte Atmosphäre schaffen,
– von den Farben beruhigt werden,
– sich von Ihrer Umgebung anregen lassen,
– Ihren Raum größer oder kleiner wirken lassen?

Dabei stehen uns drei Möglichkeiten zur Verfügung, Farben gezielt einzusetzen

a) der harmonische Farbverlauf
b) Komplementär-Kontraste
c) Farbakzente

Empfehlenswert ist, die Farben im Lebensbereich erscheinen zu lassen, die in der Palette Ihrer Idealfarben fehlen. Denn gerade diese Farben werden möglicherweise für den Organismus und die Psyche gebraucht. Dabei muß berücksichtigt werden, daß einzelne Farben nur für Räume, die vorwiegend einem bestimmten Zweck dienen (z. B. zum Schlafen), günstig oder andererseits hinderlich sind.

Räume, in denen helle gedeckte Blautöne vorherrschen, sind nachweislich 4–6 Grad kälter als Räume in gelbgrundigen Tönen. Blauvarianten tun also Menschen mit viel Hitze oder hohem Blutdruck sehr gut.

Umgekehrt sollten Sie, wenn Sie leicht frieren und dazu noch niedrigen Blutdruck haben, viel warmes (gelbes) Rot, kräftiges Apricot, Ziegelrot oder Orange in Ihre Einrichtung integrieren. Bei morgendlichen Schwierigkeiten, »hoch«zukommen, empfehle ich Handtücher, Badevorleger, Morgenmantel und ähnliche Ausstattungen in Rot und/oder Orange zu verwenden. Als »Wachmacher« können Sie die beiden Farben auch mit der Tischdecke und dem Frühstücksgeschirr auf sich wirken lassen. Der Farbbereich Orange bis hin zu einem warmen Goldgelb stimmt darüber hinaus noch heiter.

Bei der Gestaltung des Lebensraumes ist entscheidend, daß jemand, der seinen Farbtyp kennt, darauf achtet, eher die Farben in seiner Wohnung zu verwenden, die er nicht am Körper trägt. So sollten *Frühling* und *Herbst* gedeckte zarte Farben aus der *Sommerpalette* und andere Farben in den Wohnbereich bringen, denen der gelbe Unterton fehlt. Der *Sommer* kann ruhig kräftige, vitalisierende Farben einsetzen, weil seine Kleidung keine einzige Farbe enthält, die anregend ist. Umgekehrt tut dem *Herbst* als Ausgleich zu seiner Palette eine kühle und klare Atmosphäre in seiner Wohnung gut. Der *Winter* braucht viele warme Elemente und sollte auf starke Kontraste verzichten, weil er sie schon meist in seiner Kleidung realisiert.

Das Schlafzimmer

Hier sollen Ruhe und Schlaf gefunden werden. Die dafür zuständigen Farben sind Grün, Blau, Gold, Rosa und Apricot.

Grün, Gold und Rosa wirken sehr beruhigend auf das Herz, Blau beruhigt das Nervensystem. Zartes Apricot schwingt auf einer Ebene, die für jeden Menschen ausgleichend und befriedend wirkt. Es ist ein bestimmter Ton, der die Farben Rot, Gelb, Blau, Schwarz und viel Weiß enthalten muß. In Räumen mit dieser Farbe kann sich jeder Mensch unbegrenzt lange aufhalten. Es ist eine Idealfarbe für Räume, die für Heilbehandlungen genutzt werden, und damit auch für Schlafräume.

Blau als überwiegende Farbe vermittelt den Eindruck, mehr Sauerstoff zu haben und kühlt die Raumtemperatur. Das kann im Schlafzimmer sinnvoll sein, sollte aber von *Sommern* vermieden werden, weil sie sich infolge ihrer Kleidungsfarben ohnehin ständig in dieser unterkühlten Schwingung befinden. Sie brauchen zum Schlafen vorzugsweise Grün, Apricot und Gold. *Frühlingen* tut die kühlende und klärende Kraft des Hell- bis Mittelblau zum Ausgleich ihrer Palette sehr gut.

Dunkles Blau wirkt zum einen entzündungshemmend, zum anderen äußerst entspannend und blutdrucksenkend. Für Menschen mit starken Ein- und Durchschlafschwierigkeiten wirkt die Farbe Wunder. Auch die Schmerzen und Häufigkeit von Migräneanfällen werden mit dunklem Blau gelindert. Dennoch empfehle ich Dunkelblau nicht für die Wände, sondern lediglich für die Bettwäsche. Es ist anzunehmen, daß bei Anwendung dieser Farbe nach relativ kurzer Zeit (etwa 2–3 Wochen) eine Beruhigung des gesamten Organismus eintritt, die so weit geht, daß man nicht mehr »aus den Federn« will. Ich kenne bei dunkelblauer Bettwäsche das Phänomen, schlechter aufwachen und aufstehen zu können, was das allmorgendliche Drama derjenigen sicher verstärkt, die an niedrigem Blutdruck leiden.

Die Farben Grün, Rosa, Apricot und Gold bewegen sich in einer Schwingung, die eine Atmosphäre von Frieden und Ruhe schafft. Rot und Orange regen im Schlafbereich zu stark an und können deshalb nur als »Stand-Up«-Unterstützung am Morgen eingesetzt werden. Auch Gelb ist eine Farbe, die für uns am Morgen ihre »erhellende« Strahlkraft zur Wirkung bringt. Sie erleichtert das Aufstehen. Violett als Schlafraum-Farbe wirkt sexualfeindlich. Flieder verfeinert und sensibilisiert grobe Persönlichkeitsstrukturen. Die Farbe wird in Partnerschaften oft unbewußt eingesetzt, wenn einer der beiden keinen Zugang in geistige Bereiche hat. Zusammen mit Rosa und Grün kann sie auch gegen Aggressivität eingesetzt werden.

Weiß als Wandfarbe braucht im Schlafzimmer entweder beruhigende Farbakzente oder Abdunklung über eine künstliche Lichtquelle. Durch das Lampenlicht erhält Weiß einen wärmenden Effekt. Grundsätzlich ist Weiß für die Augen am wenigsten erträglich. Es reflektiert zu stark und ist zu kalt. Wenn Sie mit Hilfe von Wandbildern oder Mobiliar im Ruheraum Farbakzente setzen, achten Sie darauf, daß Sie sie nicht zu massiv in Kontrast zueinander setzen. Die permanent veränderte Farbaufnahme beschäftigt das Auge so sehr, daß diese Impulse von der Hypophyse stimulierend an den Körper weitergegeben werden.

Als Bettwäsche wirkt Weiß hingegen klärend und reinigend und ist besonders für den *Frühling* ein neutraler Ausgleich zu seinen Energiefarben und für den *Herbst* zu dessen dunklen Farben. Rosa und Grün sind wiederum beruhigend für das Herz, und die Blautöne wirken wie oben beschrieben. Starke Kontraste und aufwendige Muster, wie sie in letzter Zeit für Bettwäsche modern wurden, wirken dem Ruhebedürfnis entgegen. Rot oder die Kombination Rot/Schwarz machen ein Durchschlafen mit erholsamen Träumen für die meisten Menschen unmöglich.

Die Küche

Asiatische Köche bestehen auf der gelben Farbe in der Küche für gutes Gelingen der Gerichte. Dies wurde mir verschiedentlich bestätigt. Es sei, als würde man mit der Reflexion der gelben Wände die Sonne in die Speisen hineinscheinen lassen. Vielleicht rührt daher die häufige Verwendung von Safran in orientalischen und chinesischen Speisen.

Der unreflektierte Umgang mit Gelb im Eßbereich kann aber – wie wir bereits wissen – den Appetit enorm steigern. Achten Sie bei Gewichtsproblemen darauf, den Eßplatz in möglichst kühlen Farben, wie Grau, Hellblau, Flieder, Petrol, Mint, Silber, Edelstahl und Chrom, zu gestalten. Verzichten Sie auf gelbe Tischdecken und Geschirr.

Die Ideal-Farbe für Geschirr ist Weiß, ohne Farbmuster. Dabei kommt die Farblichkeit der Speisen optimal zur Geltung. Da wir Farben auch »essen«, ist es wichtig, diese farblich so rein als möglich zu konsumieren. Farbige Teller lenken von den Farben der Speisen ab und sind einzig für das Kaffeegeschirr günstig. Dort können sie dem jeweiligen Farbbedarf angepaßt werden. Suchen Sie sich Ihre Tassen nach farbtherapeutischen Kriterien aus.

Die Farben für Wände und Möbel der Küche sollten wir danach richten, zu welchem Zweck wir uns in ihr vorrangig aufhalten. Brauchen wir sie als Ort, um vor der Arbeit wach zu werden und ein kurzes Frühstück zu genießen, dann können wir sie in Rot und Orange gestalten. Wollen wir zu- statt abnehmen, sollte sie in Gelb gehalten sein. Nutzen wir sie vorwiegend abends, um uns zu entspannen und den Feierabend mit Gesprächen auszufüllen, wäre ein helles, klares Blau die richtige Farbe. Bei extremen Gewichtsproblemen hilft gegen ständigen Hunger Violett in der Küche.

Küchen sind gemeinhin ein Ort – ähnlich einem Künstleratelier –, an dem kreativer Geist seine Entfaltung findet. Die Erschaffung der Speisen ist ein Kunstwerk, das uns ernährt. In den meisten Ländern ist die Küche außerdem der Platz, wo das Feuer brennt, also ein Ort der Wärme. Dort finden wir neben dem Feuer getrocknete Pflanzen (Gewürze), Nahrungsmittel, Wasser und die geistige Energie, aus alledem Speisen zu schaffen. Leider ist dieser Platz in unseren Breiten oftmals zu dem kleinsten Raum der Wohnung verkommen, der nicht mehr ist, als ein Lagerraum voller elektrischer Geräte. Dabei haben wir gerade hier die Möglichkeit, unsere Beziehung zu den Schätzen der Natur und zur Heilung unserer Mutter Erde wieder herzustellen.

Gestalten Sie Ihre Küche zur Kapelle Ihres Hauses. Unser gesamtes bewußtes Sein offenbart sich an diesem Ort.

Das Kinderzimmer

Die Farben im Kinderzimmer sollten auf das Alter des Kindes abgestimmt sein. Die erste Farbe, die jedes Baby sieht, ist Rot. Deshalb greifen Kinder auch zuerst nach ihr und machen sie gern zu ihrer Lieblingsfarbe. Wundern Sie sich also nicht, warum Ihr Kind andauernd an einen roten Schrank geht, obwohl Sie es ihm vielleicht mehrfach untersagt haben. Rot ist andererseits die Ideal-Farbe für alle Gegenstände, die das Baby sehen und greifen soll, wie das Spielzeug, den Ball, ein bestimmtes Kissen, das Töpfchen, etc.

Die Wände des Kinderzimmers sollten hell und freundlich in zarten Farben (Rosa, Hellblau, Gelb, Apricot, Hellgrün, Cremeweiß) gestrichen sein. Achten Sie darauf, daß sie nicht grell reflektieren, sondern leicht abgetönt werden. Dies erreicht man durch Hinzugabe von etwas Grau oder Beige. Die bunten Kindertapeten, die in den fünfziger Jahren modern wurden und den Kindern leider immer noch »angetan« werden, sind äußerst hinderlich für die kindliche Phantasie. Viel zu lange müssen die Kleinen sich die immer gleichen Geschichten anschauen.

Wesentlich förderlicher für die geistige Entwicklung und Phantasie des Kindes ist es, ein Plakat mit einer Geschichte in der Nähe des Bettchens aufzuhängen und dies alle paar Wochen auszuwechseln. Später könnten diese Plakate durch selbstgemalte Bilder der Kinder ersetzt werden. Damit bekunden Sie Wertschätzung der Kreativität Ihrer Kinder und unterstützen damit die Entwicklung ihrer Persönlichkeit.

Es gibt ein paar Farben, die in einem Kinderzimmer nichts zu suchen haben. Das sind Schwarz, Grau, Braun und alle anderen dunklen Töne. Auch wenn sicher ist, daß das Kind ein *Herbst* ist, darf es weder in den *Herbst*-Farben gekleidet werden, noch damit in seinem eigenen Wohnbereich umgeben sein. Ausnahmen sind Holzdielen oder Terrakotta-Kacheln am Fußboden. Der Raum muß hell gestaltet sein, weil sich nur dann Sehnerven und Hypophyse optimal entwickeln können. Das Mobiliar sollte in klaren Spektralfarben gehalten sein. Komplementär-Kontraste sind ebenfalls günstig für die Augen und die Lebendigkeit des Geistes.

Ist das Kind hyperaktiv, können Sie sparsamer mit Rot und Orange umgehen und statt dessen klarem Blau den Vorzug geben. Umgekehrt gelingt Ihnen die Vitalisierung Ihres Kindes am besten mit Rot und Orange. Weiß zur Hauptfarbe des Raumes zu machen, schafft einen klinischen Eindruck, was die kindliche Phantasie wiederum behindert. Kinder haben noch nichts »zu klären« wie wir Erwachsenen und brauchen das Weiß nicht. Gelb, Grün und Apricot halte ich für ideale Kinderfarben, weil sie leicht und »öffnend« sind. Gelb ist für das Kind die Farbe der Sonne, wodurch sie ihm in seinem eigenen Zimmer ein Stück näher rückt. Zusätzlich regt Gelb auch noch seine Verdauung an.

Das Wohnzimmer

Das sogenannte »Wohn«-zimmer verrät mit seinem Namen, daß dieser Raum am wenigsten nach spezifischen Bedürfnissen, wie Schlafen, Essen, Arbeiten oder Baden ausgerichtet ist. Es ist der Raum, in dem der maßgebliche Aufenthalt – das »Leben« – stattfinden soll. Holen Sie sich dort »befreundete« Farben herein. Gerade in diesem Bereich sollten Sie sich von Konventionen verabschieden und ihn ausschließlich nach Gesichtspunkten gestalten, die Ihnen guttun.

Sehr oft finden wir ihn jedoch hauptsächlich für imaginäre Besucher eingerichtet, oder er sieht aus wie das Wohnzimmer der Eltern und Großeltern. Oft zieren schwere Eiche und Antiquitäten den Raum. Sie schaffen eine Atmosphäre von vermeintlicher Beständigkeit und Sicherheit. Wertvorstellungen sind vorrangig durch Langlebigkeit der Einrichtungsgegenstände gekennzeichnet. Diese Art Wohnungseinrichtung wird gern von Menschen bevorzugt, die große Angst vor Veränderungen jeglicher Art haben oder die um jeden Preis an versteinerten Verhältnissen festhalten.

Anders sind Räume mit viel freibleibenden, hellen Wandflächen und niedrigem Mobiliar. Sie wirken größer und stark klärend. Sie »räumen« die innere Unruhe auf. Für Menschen, die immerzu ihren »Kopf voll« haben oder unter Streß leben, ist diese Atmosphäre ein sinnvoller Ausgleich. Starke Kontraste, wie Schwarz/Weiß, Rot/Schwarz, Schwarz/Violett, setzen die Psyche in Alarmbereitschaft. Das Spiel mit den Gegensätzen kommt im Wohnbereich häufig einem »Kriegs-Spiel« gleich. Damit ist der Wohnraum nicht ein Ruhepol und Rückzugsort, sondern Vorbereitung auf den Kampf des Alltags.

Achten Sie darauf, daß das Ambiente Ihres Wohnzimmers Ihre Persönlichkeit positiv unterstützt. Schaffen Sie sich damit einen Ort, in dem Sie wahrhaft *sein* können. Geben Sie sich Raum und Zeit für Veränderungen. Achten Sie auf Ihr Bedürfnis nach Lebensqualität.

a) Der harmonische Farbverlauf

Dabei können Sie sich für eine Grundfarbe entscheiden und diese in den verschiedensten helleren und dunkleren Nuancen – fließend aufeinander abgestimmt – dosieren. Die Wände sind beispielsweise in zartem Grün oder Gelbbeige gehalten, der Fußboden in einem etwas intensiveren Grün und die Kissen in kräftigerem Beige mit Mustern im gleichen Grün wie der Fußboden. Dazu passen auch Rattan- und Korbmöbel sowie Pflanzen und Blumen mit zartgelben und weißen Blüten. Solch ein Wohnraum schafft eine Atmosphäre von Sonnenfrische und Weite und vermittelt Klarheit im Geist. Sensiblen Menschen entspricht diese Art Raum sehr.

b) Komplementär-Kontraste

Eine gewagtere Möglichkeit besteht darin, Komplementärfarben in gleicher Stärke nebeneinander zu kombinieren. Hierzu ist eine große Portion Geschmackssicherheit notwendig. Rot wirkt im Raum zusammen mit Grün lustig und vital. Violett und Gelb zusammen wirken fast mystisch geheimnisvoll. Blau und Orange sind spannungsgeladen wie der Zustand frisch Verliebter. Die Kombination Orange – Blau – Grün regt – durch das Orange – an, beruhigt mit seinem Komplementär (Blau) und harmonisiert die Spannung mit Grün. Für lethargische Menschen ist solch ein Raum ein Kraftspender. »Sensibelchen« reagieren auf diese Farbkombinationen allerdings allergisch.

c) Farbakzente

Oder Sie lassen eine Farbe (auch Weiß) vorherrschen und setzen sparsam kräftige farbliche Akzente mit Bildern und Kunstgegenständen. Dies kann sehr stilvoll wirken und das Auge sucht sich immer die Farbanregung, die der Körper gerade braucht.

Das Büro

Zumeist ist der Arbeitsraum derjenige, in dem die meiste Zeit des Lebens verbracht wird. Sparen Sie deshalb weder Mühe noch Kosten, lebenswichtige Akzente darin zu setzen, die sowohl an gesundheitlichen Kriterien orientiert sind als auch ihre Psyche und Leistungsfähigkeit positiv unterstützen. Besonders einem Büro kann man mit Farbakzenten Gestalt geben. Dies wirkt für andere kreativ und Sie können eine ganz persönliche Beziehung in ihm entwickeln, wenn Sie ihn beispielsweise mit Farben akzentuieren, die Sie »brauchen«.

Sollten Sie viel reden und telefonieren müssen, ist klares Blau die richtige Raumfarbe. Sie kann mit Hilfe eines Bildes (oder anderer Gegenstände), das Ihnen gegenüberhängt oder -steht, eingesetzt werden. Müssen Sie Ihr Leistungspotential ständig aufs neue aktivieren, dann sorgen Sie einfach für viel Orange. Wollen Sie Streß abbauen und außerdem Ihrem Herzen etwas Gutes tun, bringen Sie Grün in den Raum. Wenn Sie leicht cholerisch reagieren, aber auch, wenn es Ihnen schwerfällt, bei sich zu bleiben, holen Sie sich die Farbe Rosa in den Raum oder legen Sie sich zusätzlich einen großen Rosenquarz auf den Schreibtisch. Er macht Sie empfindsamer für sich und andere Menschen. Haben Sie Konzentrationsschwierigkeiten, hilft der Amethyst.

Behandlungsräume

Als Anregung für die Einrichtung von Behandlungräumen habe ich drei Arztpraxen ausgewählt, deren farbbewußte Gestaltung mir besonders am Herzen liegt, weil in ihnen häufig große Ängste der Patienten ausgelöst werden. Es ist so einfach – auch dort –, die Kraft der Farben zu nutzen und sie zu unserem *alltäglichen Helfer und Heiler* werden zu lassen. Zusätzlich habe ich mich mit der Einrichtung von Kosmetikinstituten beschäftigt, weil ein großer Kreis der Farbberaterinnen aus diesem Bereich kommt. Im Grunde können wir jeden Raum – entsprechend dem Tätigkeitsfeld, das in ihm gelebt wird – mit Farben optimal gestalten, so daß sie eine Heilwirkung haben.

In einer Zahnarztpraxis

könnte als Deckenanstrich ein ruhiges Blau (ein wenig dunkler als Primär-Blau) eingesetzt werden. Es wirkt heilend bei allen Beschwerden im Kopfbereich. Zum anderen beruhigt die Farbe und nimmt den Patienten etwas von ihrer Angst. Ein Wartezimmer in Sonnengelb würde ebenfalls Angst reduzieren und sogar fröhlich machen.

In der Gynäkologen-Praxis

könnte ein Bild mit einer riesigen orangen Sonne im Wartezimmer hängen, weil durch das Orange der gesamte Unterleibsbereich – speziell die Gebärorgane – entspannt wird. Zusätzlich könnte die Decke über dem Untersuchungsstuhl orange gestrichen sein. Je voller der Ton, desto stärker wirkt die Farbe. Gelbe Vorhänge ließen sich gut dazu kombinieren und würden für eine angenehme Atmosphäre sorgen.

Der Kinderarzt

sollte für Spielzeug die Farbe Rot vermeiden, wenn sich in seiner Praxis mehrere Kinder die Sachen teilen müssen, weil Rot – auch bei Kindern – die Aggressivität steigert. Im Behandlungsraum dagegen kann er die Farbe wiederum für alle Gegenstände einsetzen, für die er Aufmerksamkeit bei den Kindern erregen möchte. Ansonsten gelten die gleichen Anregungen für die Räume wie beim Kinderzimmer.

Im Kosmetikinstitut

vermitteln die Farben Mint, Minze und Aquamarin eine reine, antibakterielle Ausstrahlung, was in diesem Bereich ideal ist. Wenn die Kosmetikerin sich zum überwiegenden Teil für diese Farbnuancen entscheidet, muß sie ihren Kunden mit noch mehr Freundlichkeit begegnen, als in einem Raum mit gelbgrundigen Farben. Die Mintvarianten können als »cool« wahrgenommen werden, und das schwingt durch die Räume.

Von Frauen wird die Farbe Rosenholz, die zusammen mit Mint ideal kombinierbar ist – als sehr angenehm empfunden. Rot gehört nicht in die Einrichtung eines Kosmetikinstituts, weil es zu sehr aufregt. Zum Zudecken sollten Frauen mit Periodenkrämpfen orange Decken zur Verfügung stehen. Blaue Decken unterstützen die Entspannungsphase bei der Behandlung.

Großartig wäre es, wenn Sie sich – über wohldurchdachte Einrichtungsfarben hinaus – außerdem noch darauf einstellen könnten, welche Farbe jeder einzelne Ihrer Kunden im Moment braucht. Dies läßt sich über ein Gespräch oder mit Hilfe des Prismas herausfinden. Mit einem Seidentuch in der betreffenden Farbe kann die Kundin dann zusätzlich zugedeckt werden, es kann auch als Farbvorhang für ein nahes Fenster dienen.

VII.
Textil-Farben: Heilkräfte für unseren Planeten?

»Alles so schön bunt hier.«
Nina Hagen

Wir geraten in ein verhängnisvolles Dilemma, wenn wir farbige Kleidungsstücke auswählen oder sie anderen empfehlen und andererseits bemüht sind, den Planeten Erde zu heilen. Im Grunde ist es so, daß Mode an sich schon umweltschädlich ist. Die Herstellungs- und Färbeprozesse der Stoffe, ihre Behandlungsmethoden, um sie färbbar, farbecht, haltbar, knitterfrei zu machen, sind in unvorstellbarem Maße schädigend für die Umwelt. Die Mitglieder der Textilverbände sowie die industrienahen Forschungsinstitute behaupten, daß die in Deutschland produzierte Bekleidung »sauber« sei. Was nutzt das aber, wenn wir bedenken, daß etwa 85 Prozent der auf dem Markt befindlichen Kleidungsstücke im Ausland produziert werden? Stoffe, die Textilhersteller in der sogenannten »Dritten« Welt produzieren, sind meistens »Giftproduktionen«.

An oberster Stelle steht dabei unsere sehr geschätzte Baumwolle. Sie ist eine Faser, die dank unseres Vorurteils den ersten Platz unter den naturreinen Stoffen einnimmt. Baumwolle ist zwar ein natürlich gewachsenes Produkt, wird aber erst durch mehrfache schadstoffreiche Prozesse zu der Textilfaser, die allen Anforderungen der Konsumenten standhält. Das beginnt schon lange vor der Ernte mit Spritzaktionen gegen Pilzbefall und Insektenfraß. »Bis zu 25mal werden die riesigen Monokulturen vor der Ernte gespritzt, ein Fünftel aller weltweit eingesetzten Pestizide landet dort.«[1] Diese ganze Prozedur findet zweimal im Jahr statt, weil zweimal geerntet wird. Der Baumwollanbau ist auf über 80 Länder verteilt und nimmt eine Gesamtfläche von 33 Millionen Hektar ein. Derzeit werden lediglich 0,001 Prozent der Baumwolle ohne chemische Spritzmittel erzeugt.

Nach der Ernte, die mit gigantischen Pflückmaschinen und chemischen Entlaubungsmitteln vor sich geht, erfährt die »Naturfaser« mehrfache Bäder in Natronlauge, um sie zum einen leichter färbbar zu machen. Zum anderen wird sie mit Chlorbleiche schmutzabweisend, knitterfest, antibakteriell und mottensicher gemacht. Abgesehen von der Umweltbelastung kann Chlorbleiche zu Dioxinrückständen im Gewebe führen, die vom Körper aufgenommen werden. Dabei wird die organische Aufnahme der Gifte über die Lunge als gefährlicher eingeschätzt als die über die Haut. Die giftigen Substanzen werden von uns eingeatmet, wenn der Stoff erwärmt wird, wie z. B. beim Bügeln, beim Schwitzen oder durch Sonneneinstrahlung.

Farben auf Textilien bedeuten – bedingt durch die großindustriellen chemischen Herstellungsverfahren – die Zerstörung unseres Planeten. Würde ich beginnen, alle Inhalte der Färbemittel aufzuzählen, würde Ihnen vielleicht ebenso übel werden wie mir.

Diese sind reich an Schwermetallen, Formaldehyd, Kupfer, Nickel, Blei, Quecksilber, Benzidinfarbstoffen und anderem mehr. Hier vollzieht sich ein Feldzug der Vernichtung unserer Gewässer und Ackerflächen. Waschen wir die Teile, fließen die Rückstände in unser Spülwasser. Die Gewißheit, daß wir durch Waschen die Gifte nicht mehr auf der Haut tragen, kann uns keineswegs beruhigen, denn sie landen als schwer abbaubare Rückstände in unseren Kläranlagen. »Heim-Färbeaktionen« mit Chemiefarben sind nicht weniger gefährli-

---

[1] Artikel »Baumwolle« aus der Zeitschrift *Schrot & Korn* 3/94

143

che Giftküchen. Ebenso der Entzug sowie die chemische Fixierung von Farben.

In manchen Kleidungsstücken befinden sich aufgrund dessen, daß sie nicht heiß gewaschen werden dürfen, über lange Zeit hinweg bedrohliche Substanzen, darunter die Pestizide aus dem Anbau, das krebsauslösende Vichylchlorid, Cumarin (ein Rattengift, das als Aufheller benutzt wird), Lindan, Formaldehyd und PCP. Ein Untersuchungslabor fand in Baumwollproben die Menge von 12,5 Prozent(!) an Giftstoffen, die als »möglicherweise« erbgutverändernd gelten.

Ist es vielleicht möglich, daß mit Giftstoffen belastete Textilien unser Immunsystem so weit schwächen können, daß Krankheiten, Allergien und vielleicht sogar AIDS möglich werden?

Schwarze Baumwollkleidung – speziell schwarze Jeans – wird mit schwermetallhaltigen Farbstoffen gefärbt, um das Schwarz darin zu halten. Bei Untersuchungen der Zeitschrift ÖKO-Test fanden sich erhebliche Rückstände von Blei, Nickel, Chrom[1] und Quecksilber, »ebenso Vanadium, ein Stoff, der in höheren Konzentrationen Schleimhautreizungen, Asthma, Übelkeit und Krämpfe auslösen kann« (ÖKO-Test).

Naturgefärbte Stoffe sind bis jetzt, in großem Rahmen produziert, noch kein Ausweg, weil für den organischen Abbau vermehrter Sauerstoffbedarf nötig ist, den unsere Kläranlagen noch nicht bereitstellen können. Aber es gäbe Auswege aus dem Dilemma, wenn wir einfach weniger und bewußter einkauften. Geben Sie sich nicht damit zufrieden, daß das Kleidungsstück aus Baumwolle oder Seide ist. Erfragen Sie das Herstellungsland. Markenartikel, die hierzulande produziert werden, haben eine größere Chance, giftfrei zu sein. Färben Sie einen Teil Ihrer Kleidung mit Naturfärbemitteln selbst und sehen Sie es als

natürlich an, daß die Farbe mit der Zeit aus dem Stück schwindet. Farbechtheit ist fast immer eine Giftgarantie.

Wahrscheinlich werden Sie wesentlich mehr Geld für ein T-Shirt ausgeben müssen, als Sie es gewohnt sind. Der finanzielle Ausgleich gelingt Ihnen dadurch, daß Sie einfach weniger Textilien kaufen. »Wühltisch-Preise« sind nur dadurch möglich, daß die Produktion in Ländern stattfindet, wo zum einen die Löhne nur einen Bruchteil der hiesigen ausmachen und zum zweiten die Chemie zum Großeinsatz kommt.

Seide war früher nur den Wohlhabenden vorbehalten, während sie jetzt für jeden zur Grundgarderobe gehört. Die Seidenraupe produziert einen mehrere Kilometer langen Faden, in den sie sich einwickelt. Weil die Raupe zu Beginn der Arbeit noch kräftiger ist, ist der Faden dicker, später wird er immer dünner, bis die Raupe die Produktion einstellt. Aus dieser Hülle, die Kokon genannt wird, entwickelt sie sich zum Schmetterling. Der Kokon wird, zusammen mit vielen anderen, eingesammelt, der Faden abgespult und als Seidenfaden verarbeitet.

Diese Seide, die wir auch als Naturseide oder Rohseide kennen, ist ein Material, das kräftig und schwer und in unregelmäßig dicken Fäden gewebt ist. Leider ist es nicht die Seide, die wir *en gros* angeboten bekommen. Die feine, regelmäßig strukturierte Seide wird fast ausschließlich so hergestellt, daß der Kokon, bevor die Raupe ihren natürlichen Metamorphoseprozeß beenden konnte, zusammen mit der Raupe, die sich in ihm befindet, gekocht (!) wird. Man umgeht damit die Gefahr, daß die Raupe beim Schlüpfen den Kokon verletzt; gleichzeitig wird das Produktionsvolumen gesteigert. Ich weiß nicht, ob es eine Zahl für die Tonnen von Raupen gibt, die für diesen »edlen« Stoff getötet werden.

---

[1] Chromat zählt zu den stärksten Krebsgiften.
Alle Zahlenanganben sind aus ÖKO-Test-Sonderheft 12/93

Was können wir tun?

– Kaufen Sie sich so wenig Textilien wie möglich.

– Kaufen Sie bewußt und vermehrt von Herstellern, deren Textilen aus kontrolliert biologischem Anbau stammen und die sie mit Naturfarben einfärben. (Hersteller-Adressen konnte ich für meinen Gebrauch im Öko-Test-Sonderheft 12/93 finden.)

– Werfen Sie Kleidungsstücke, die noch tragbar sind, nicht einfach weg. Wenn Sie sie verschenken oder zu einem Secondhandgeschäft bringen, tragen Sie dazu bei, daß ein neues Kleidungstück weniger gekauft wird.

– Kaufen Sie in Secondhandläden. Energien des Menschen, der das Kleidungstück vor Ihnen trug, können mit Wasser neutralisiert werden.

– Verzichten Sie auf schwarze Kleidung!

– Reduzieren Sie – nicht nur im Hinblick auf Ihre Kleidung – Ihr Konsumverhalten auf die wirklich wesentlichen Dinge.

Farbbewußtsein zu entwickeln, kann nicht bedeuten, den Kleiderschrank neu zu füllen. Bewußtsein für Farben erhöht die Lichtkräfte in uns, so daß wir in unserer Entwicklung weitergehen können und beginnen, uns selbst und die Natur zu heilen.

»Du hast die Erde heilig gemacht
wie auch meinen Körper, darum will ich in
Deinem Namen
die Erde heilig halten, jeden Grashalm achten
und
die Blumen und Bäume ehren.
Mit der Verehrung alles Lebendigen
wächst meine Seele
und mein Leib wird stark
im Rhythmus Deiner Sonne und Deines
Mondes.«

Gebet eines Schamanen[21]

IX.

Farbübungen und Farbmeditationen

Die Kraft der Sinne liegt nicht im Körper,
sondern kommt aus dem Geiste.
Masaharu Taniguchi

Bei allen Übungen bitte ich nicht zu vergessen, daß sie nicht dazu dienen sollen, ein Chakra »zu öffnen oder zu schließen«. Wie ich bereits im zweiten Kapitel schrieb, sind unsere Chakras immer geöffnet und können von uns durch unser Denken und Handeln nur mehr oder weniger stark energetisiert werden. Die nachfolgend beschriebenen Übungen sollen die Sensibilisierung eines Chakras bewirken und an dieser Stelle Zusammenhänge zum täglichen Leben durchsichtig machen. Sie sollen den Geist öffnen für die Gefühle, die bei den Übungen entstehen. Die Umsetzung dieser Gefühle kann helfen, eventuelle Blockaden zu lösen.

Phantasiereisen und Meditationen führe ich in der ICH- oder DU-Form. Bei Übungen benutze ich gelegentlich die Höflichkeitsform. Ich springe gern zwischen den Anreden hin und her und gebe weder der einen noch der anderen einen besonderen Vorrang. Es gibt allerdings Bereiche, wo ein »Sie« für mich befremdend wirkt.

1. Reinigungsmeditation mit Farben

Ich atme ein und konzentriere mich dabei auf das **linke** Nasenloch.

Ich atme weißes Licht ein, halte kurz den Atem an und stelle mir dabei die Luft, die ich in mir halte, als rote Luft vor.

Ich atme aus und konzentriere mich dabei auf das rechte Nasenloch. Dabei stelle ich mir die Luft, die ich ausatme, blau vor.

Ich wiederhole alles mit Konzentration auf das **rechte** Nasenloch.

Nun atme ich, mit Konzentration auf **beide** Nasenlöcher weißes Licht ein, halte den Atem an und denke dabei an rote Luft, die ich innehalte. Beim Ausatmen konzentriere ich mich auf beide Nasenlöcher und atme blaue Luft aus.

Diesen Zyklus wiederhole ich dreimal. Entscheidend bei der Übung ist, sich die Farben vorzustellen.

2. Heilmeditation mit Farben

Wir legen uns auf den Boden und sind entspannt. Unser Körper ist eine leere Hülle, die wir jetzt ganz mit Licht auffüllen wollen. Ein heller Lichtstrahl tritt durch unsere Fußsohlen in den Körper ein.

Wir sehen und spüren, wie das Licht in unseren Beinen hochleuchtet und zuerst die unteren Fußgelenke durchstrahlt und dann weiter nach oben zu den Knien leuchtet. Das Licht wärmt unsere Kniegelenke und strahlt weiter nach oben in die Oberschenkel.

Von da aus ziehen wir es mit unserem Atem in den Unterleib, wo es sich jetzt ROT färbt. Das rote Licht durchstrahlt unseren gesamten Genitalbereich. Es bildet am unteren Teil unseres Rumpfes eine rote Schale.

Das Licht wird heller, bis es ein kräftiges ORANGE erreicht und durchstrahlt den gesamten Bauchraum mit allen Darmwindungen (und für Frauen die Gebärmutter).

Es wird noch heller, wird zu SONNENGELB und strahlt in den Magen, die Leber, die Galle, die rechte Niere, die linke Niere, Milz und

Pankreas, den Zwölffingerdarm, und kehrt zurück zum Magen. Unser Bauchraum ist jetzt mit gelbem Licht so stark ausgeleuchtet, daß das Gelb bei jedem Atemzug aus dem Solarplexus heraustritt. Wir sehen und spüren, wie unsere »innere Sonne« aus dem Magen herausscheint.

Das Licht dringt weiter nach oben und erreicht unser Herz, wo es sich GRÜN färbt. Wir wiegen nun unser Herz in dem grünen Licht wie eine Mutter ihr Kind.

Der Strahl des Lichtes scheint weiter nach oben und färbt sich TÜRKIS. Diese Farbe erreicht alle Lungenbläschen bis hoch zu den Bronchien und findet ihre Konzentration in dem Punkt, wo der Thymus liegt.

Von da aus ziehen wir den Lichtstrahl durch unseren Hals in den Kopf und färben ihn dabei BLAU. Rachen und Mundhöhle werden nun tief Blau, auch das rechte Innenohr, das linke Innenohr, die Nasenhöhle, der Kiefer und die Kiefernhöhlen.

Das Blau wird dunkler und dunkler, bis es die Farbe INDIGO erreicht. In dieses tiefe Blau legst Du Deine ganze Wahrnehmung und Du spürst, wie tief die Farbe Dich mit hineinnimmt. Du spürst, wie weit der Raum dieser Farbe ist. Dein Gehirn und Dein Geist ruhen sich in ihr aus.

Das Indigo hellt sich auf und verbindet sich mit dem irdischen Rot, so daß ein VIOLETTES Licht entsteht, das aus Deinem Scheitel heraustritt wie ein kleiner Springbrunnen. Es bildet eine strahlende Krone.

Das violette Licht wird röter und heller, bis es die Farbe MAGENTA erreicht, und wir bilden um uns herum eine Schutzhülle wie ein Ei aus Magenta. Dieses Ei kann so groß werden, wie wir es brauchen. Wir können uns darin unermeßlich ausdehnen. Es ist der Schutz, in dem wir uns frei bewegen können und unangreifbar sind.

Langsam beginnen wir, unsere Arme und Beine in unserem Magenta-Ei wieder zu bewegen

und öffnen in der Zeit, die wir brauchen, unsere Augen.

3. Licht ist in Dir – Farben entstehen daraus

Stelle Dir weißes Licht über Deinem Kopf vor, das wie aus einer Kugel leuchtet. Es wird immer heller und strahlender. Die Kugel löst sich langsam in unzählige winzige Lichttropfen auf. Sie fallen von oben auf Deinen gesamten Körper herab, werden von ihm aufgenommen und verschmelzen mit Dir. Nimm dieses Licht ganz in Dich auf.

Jetzt erscheint über Deinem Kopf eine Kugel in klarem reinem Rot, das auf Dich strahlt. Führe die rote Kugel in Deinen Unterleib. Sie gibt Dir Kraft und Stabilität. Verweile in diesem Gefühl und spüre Deine Energie.

Über Deinem Kopf erscheint jetzt gelbes Licht so kräftig wie die Sonne. Führe dieses strahlende Licht in die Mitte Deines Körpers. Das Gelb strahlt Freude und Zuversicht aus. Spüre, wie es Dich frei atmen läßt. Atme aus Deinem Solarplexus gelbes Licht aus.

Eine blaue Kugel erscheint nun über Deinem Kopf. Sie strahlt Klarheit und weiten Raum in Dich hinein. Spüre, wie das blaue Licht Deine Gedanken klärt.

Verbinde alle drei Farben miteinander, die sich in Deinem Körper befinden.

Durch all Deine Chakras hindurch kannst Du nun einen Regenboden spannen, der von unten nach oben aus Deinem Kopf heraustritt. Schau, wie er sich in den Himmel spannt.

4. Die Kraft der Quelle

Nachfolgende Übungen sollten der Reihe nach – beginnend mit der ersten – ausgeführt werden. Jede Übung kann etwa 6–7 Minuten dauern. Wenn Sie nur eine der Übungen machen wollen, die Ihnen als angenehm und geeignet erscheint, beginnen Sie bitte mit der ersten. Wenn Sie diese lange genug gemacht haben, gehen Sie zur zweiten über, dann zur dritten usw.

Zur Erdung
(etwa 10–20 Minuten)
Zu indianischer Musik die Fußaußenkanten und Fersen in den Boden stampfen – zuerst mit dem rechten Bein zehnmal, dann mit dem linken Bein. Dabei nicht fest auftreten, sondern die Füße mit dem ganzen Körpergewicht in die Erde (den Boden) »drücken«. Diese Übung ist am wirkungsvollsten, wenn wir sie im Freien ohne Schuhe und Strümpfe ausführen.

Zur Verstärkung der Orgasmusfähigkeit sowie der Blasenfunktion
(etwa 5–7 Minuten)
Mit weit gespreizten Beinen so tief wie möglich in die Hocke gehen. Die Füße sollten dabei parallel stehen. Anus- und (für Frauen) Vaginalmuskulatur zusammenziehen und mit einem festen Atemstoß durch den Körper nach oben schießen lassen, als wollte diese Stelle mit dem Atem oben aus unserem Kopf wieder austreten. Beim Ausatmen mit der Muskulatur leicht nach unten drücken.

Zur Durchblutung des Gebärmutterbereichs und Lockerung der unteren Därme
(bis zu einer Stunde)
Bauchtanz. Dabei darauf achten, daß nur der Unterkörper bewegt wird.

Gegen Angstgefühle und Streß

(5 Minuten bis unbegrenzt lange)
Im Sitzen oder Stehen die Sonne imagienieren, deren Strahlkraft mit unserem Solarplexus eingeatmet wird. Wir halten einen Moment inne und spüren, wie das Licht der Sonne unseren gesamten Körper ausfüllt. Beim Ausatmen sehen wir – mit geschlossenen Augen – gelbes Licht aus unserem Solarplexus heraustreten. Diese Übung machen wir so lange, bis wir sehen (oder spüren), daß uns die Sonne ausfüllt und bis wir gelbes Licht aus uns heraustreten sehen.

Um unsere Herzenswärme zu aktivieren

(5–10 Minuten)
Dazu benötigen wir etwas Platz. Zu einem Musikstück, das mich »anrührt«, verhake ich meine Hände vor der Brust und schwinge mit den Armen – Ellbogen nach außen – analog dem Zeichen der Ewigkeit. Der Oberkörper schwingt durch die Bewegung der Arme automatisch mit. Wieder sollten die Beine nicht mitbewegt werden. Der Schwung und die Bewegung kommen aus der Körpermitte.

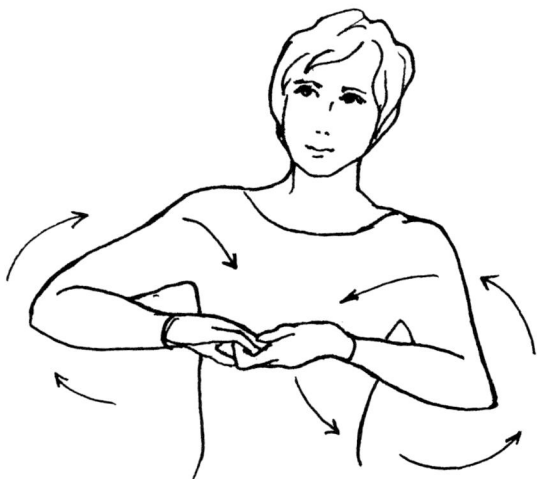

Ewigkeitszeichen und Übung

Laut werden, um Stille zu üben

(7 Minuten bis unbegrenzt lange)

Es ist eine Übung, bei der Sie allein sein sollten. Plappern Sie lauthals unentwegt Laute, Töne, Vokale. Das wichtigste dabei ist, daß sie keinen Sinn ergeben. Konzentrieren Sie sich auf nichts, denken Sie an nichts. Geben Sie einfach Töne von sich. Danach können Sie mühelos frei sprechen – bzw. Reden halten – oder Sie genießen Ihren inneren Raum der Stille.

Für alle drei Augen
(so lange, bis es klappt)

Setze Dich aufrecht und bequem. Schließe die Augen und stelle Dir die Sonne vor, die direkt vor Dir scheint und Dich mit ihren Strahlen im Gesicht erreicht. Ihre Kraft ist so stark, daß Du die Augen fest geschlossen halten mußt. Jetzt öffnest Du Dein »Drittes Auge« und läßt die Sonne dort hinein. Du öffnest Dich ganz und läßt die Kraft der Sonne über die Stirn in Dich hinein. Spüre, wie Dich die Energie durchfließt. Verweile, bis Du ganz mit Licht ausgefüllt bist.

Diese Übung möchte ich speziell blinden Menschen und solchen mit starken Sehschwierigkeiten empfehlen. Menschen, die an Tinitus leiden, sollten in dem Moment, wo sie sich ganz »geöffnet« wissen, hinhören, was sich hinter dem Ton, der in ihnen schwingt, verbirgt.

Sie müssen Ihre Angst vor dem, was Sie hören könnten, verlieren. Lassen Sie sich viel Zeit für die Phase der Öffnung.

Anhang

Test

Im Rahmen meiner Arbeit konnte ich immer wieder feststellen, daß es für uns alle von großer Bedeutung ist, ob wir uns für oder gegen eine Farbe entscheiden, die wir sehen, mit der wir malen wollen oder die wir als Kleidungsstück tragen.

Die Vorstellung, eine bestimmte Farbe am eigenen Körper zu tragen, stößt oft auf große Widerstände. Deshalb möchte ich mit den nachfolgenden Fragen eine Testreihe starten, deren Ergebnis ich mit großem Interesse verfolge. Lassen Sie beim Ausfüllen dieses Bogens bitte außer acht, was Sie über Ihre Antipathie gegen eine bestimmte Farbe auf den vorherigen Seiten – speziell im ersten Kapitel – gelesen haben.

Nehmen Sie sich Zeit und Ruhe, ihn unvoreingenommen zu beantworten. Selbstverständlich werden alle Angaben vertraulich und anonym behandelt.

Bitte verwenden Sie für die Antworten dieser Fragen untenstehende Antwortkarte.

1. Was ist Ihre Lieblingsfarbe?

2. Wählen Sie unter den Abbildungen einen Kleidungsstil, der Ihnen – so, wie Sie sich zur Zeit fühlen – am meisten entspricht.

3. Stellen Sie sich dabei vor, daß es dieses Kleidungsstück nur einfarbig gibt.

   a) In welcher Farbe würden Sie es am liebsten und zweitliebsten tragen?

   b) In welcher Farbe würden Sie es niemals tragen?
   1. Rot   6. Violett
   2. Orange   7. Braun
   3. Gelb   8. Türkis
   4. Grün   9. Rosa
   5. Blau

Frauen-Typen

Frauen-Typen

Männer-Typen

Männer-Typen

155

Anwortkarte

1. _____

2. Kleidungsstil Nr. _____

3a. Am liebsten in der Farbe _____

   Am zweitliebsten in _____

3b. Niemals in _____

Muster

männlich / weiblich
(bitte Zutreffendes unterstreichen)

Alter: _____

Beruf: _____

Falls Sie Ihren Farbtyp kennen,
geben Sie ihn bitte hier an:

_____

Bitte mit
80 Pf.
freimachen

Karin Hunkel

Niddagaustraße 21
60489 Frankfurt/M.

Verwendete Literatur

1 H. E. Benedikt, Die Kabbala, Freiburg 1985
2 Jacob Liberman, Die heilende Kraft des Lichts, Bern 1993
3 Khalil Gibran, Der Prophet, Olten 1973
4 Hildegard von Bingen, Heilkunde, Salzburg 1957
5 Annie Wilson/Lilla Bek, Farbtherapie, Der sanfte Weg der Heilung, Bern 1981
6 Paul Reps, Ohne Worte – ohne Schweigen, Bern 1976
7 Rosalyn L. Bruyere, Chakras – Räder des Lichts, Essen 1990
8 Mechthild Schaeffer, Die Bach-Blütentherapie, München 1981
9 Hans Gekeler, Taschenbuch der Farbe, Köln 1991
10 Anita Bind-Klinger, Heilung durch Harmonie, Grafing 1993
11 Edith Schaufelberger-Landherr, Die Kraft der Steine I und II, Cham 1992 und 1993
12 Rudolf Steiner, Meditative Betrachtungen zur Vertiefung der Heilkunst, Dornach 1986
13 Siegfried Haußmann, Licht und Heilkunst, Natur und Heilpraxis 8/93
14 K. O. Schmidt, Meister Eckeharts Weg zum kosmischen Bewußtsein, Ergolding 1969
15 Hans Cousto, Die Kosmische Oktave, Essen 1984
16 K. Wessely, Goethes und Schopenhauers Stellung in der Geschichte der Lehre von den Gesichtsempfindungen, Berlin 1922
17 J. W. Goethe, Farbenlehre, Jena 1982
18 Werner Heisenberg, Wandlungen in den Grundlagen der Naturwissenschaft, Stuttgart 1980
19 Isaac Newton, Optics, »Definition«, zitiert nach einem Vortrag von F. Hollwich, Act Nova Leopoldina 8/9-66
20 Jörg Herrmann, Mission mit allen Mitteln – Scientology-Konzern, Hamburg 1992
21 Maria Otto, Worte wie Spuren – Weisheit der Indianer, Freiburg 1985

Weiterführende Literatur zum Thema

Banzhaf, Hajo, Der Mensch in seinen Elementen, München 1993
Düchting, Hajo, Abenteuer Farbe, Augsburg 1988
Eberhard, L., Heilkräfte der Farbe, Ergolding 1954
Faber, Stephanie, Mein Farbenbuch, München 1987
Frieling, Heinrich, Gesetz der Farbe, Göttingen 1968
Gimbel, Theo, Form–Sound–Colour, Essex 1987
Itten, Johannes, Die Kunst der Farbe, Stuttgart 1961
Küppers, Harald, Harmonielehre der Farben, Köln 1989
Küppers, Harald, DuMont Farbenatlas, Köln 1978
Muths, Christa, Farbtherapie, München 1989
Nencki, Lydie, Die Kunst des Färbens mit natürlichen Stoffen, Bern 1984
Ozaniec, Naomi, Die Chakras, Braunschweig 1993
Ray, Clarissa, Die persönliche Magie der Farben, Bad Münstereifel 1992
Riedel, Ingrid, Farben in Religion, Gesellschaft, Kunst und Psychotherapie, Stuttgart 1983
Rosenkranz/Castelló, Textilien im Umwelt-Test, Hamburg 1989
Sharamon/Baginski, Das Chakra-Handbuch, Aitrang 1988
Steiner, Rudolf, Das Wesen der Farbe, Dornach 1986
Vollmar, Klausbernd, Farben – Natürliche Heilkraft, München 1991

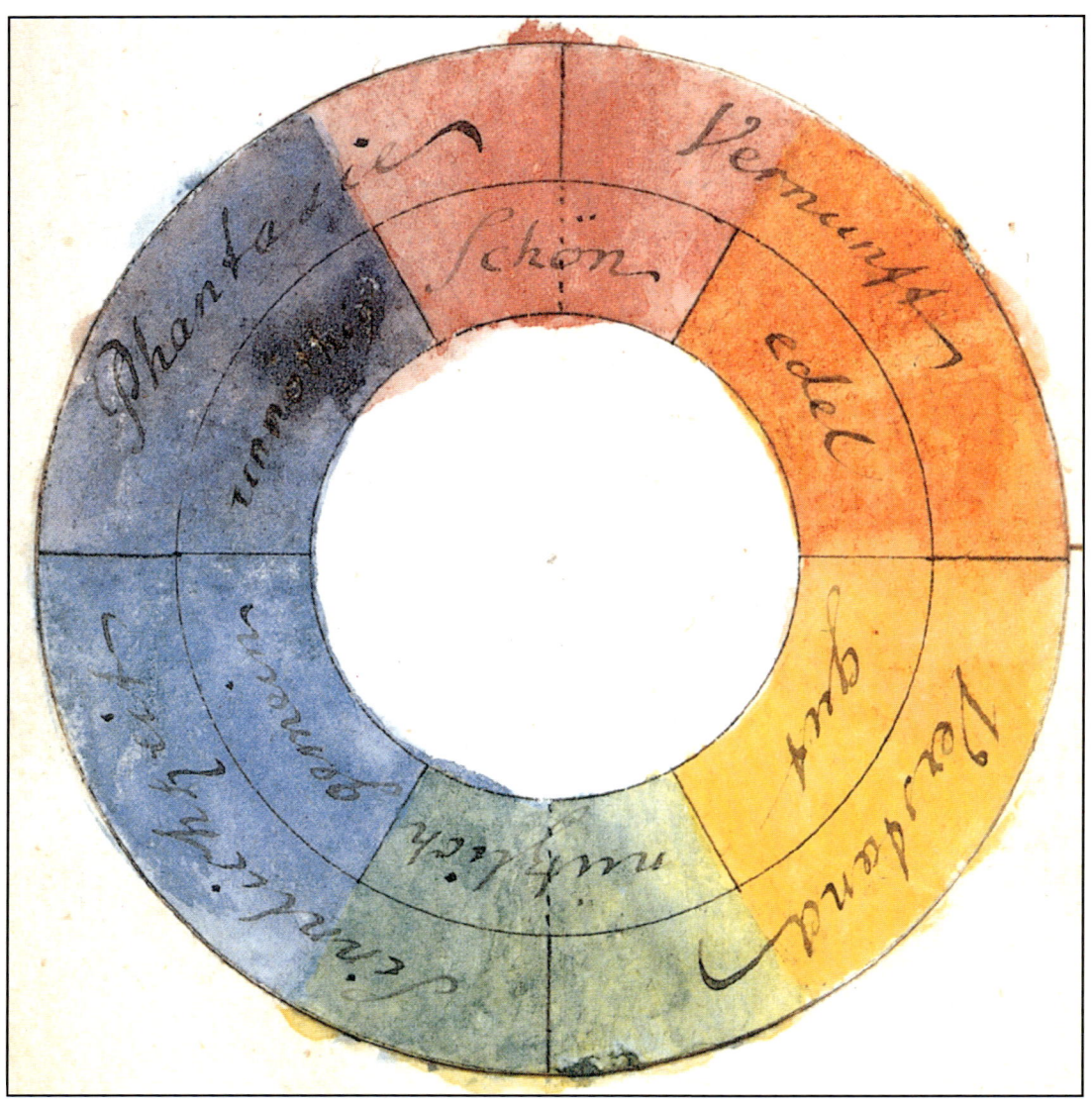

Goethes Farbenkreis

Abb. I Farbenkreis

Abb. II Komplementär-Farben

Abb. III Spektralband

Basis- oder Wurzel-Chakra
MULADHARA

Sakral-Chakra
SVADISTHANA

Solar-Plexus
MANIPURA

Herz-Chakra
ANAHATA

Hals- oder Kehlkopf-Chakra
VISHUDDHA

Stirn-Chakra oder »Das Dritte Auge«
AJNA

Scheitel- oder Kronen-Chakra
SAHASRARA

Abb. IV Indische Darstellung der Chakra-Symbole

Abb. V Physische Grundfarben und ihr Komplementär (siehe S. 14 und S. 94)

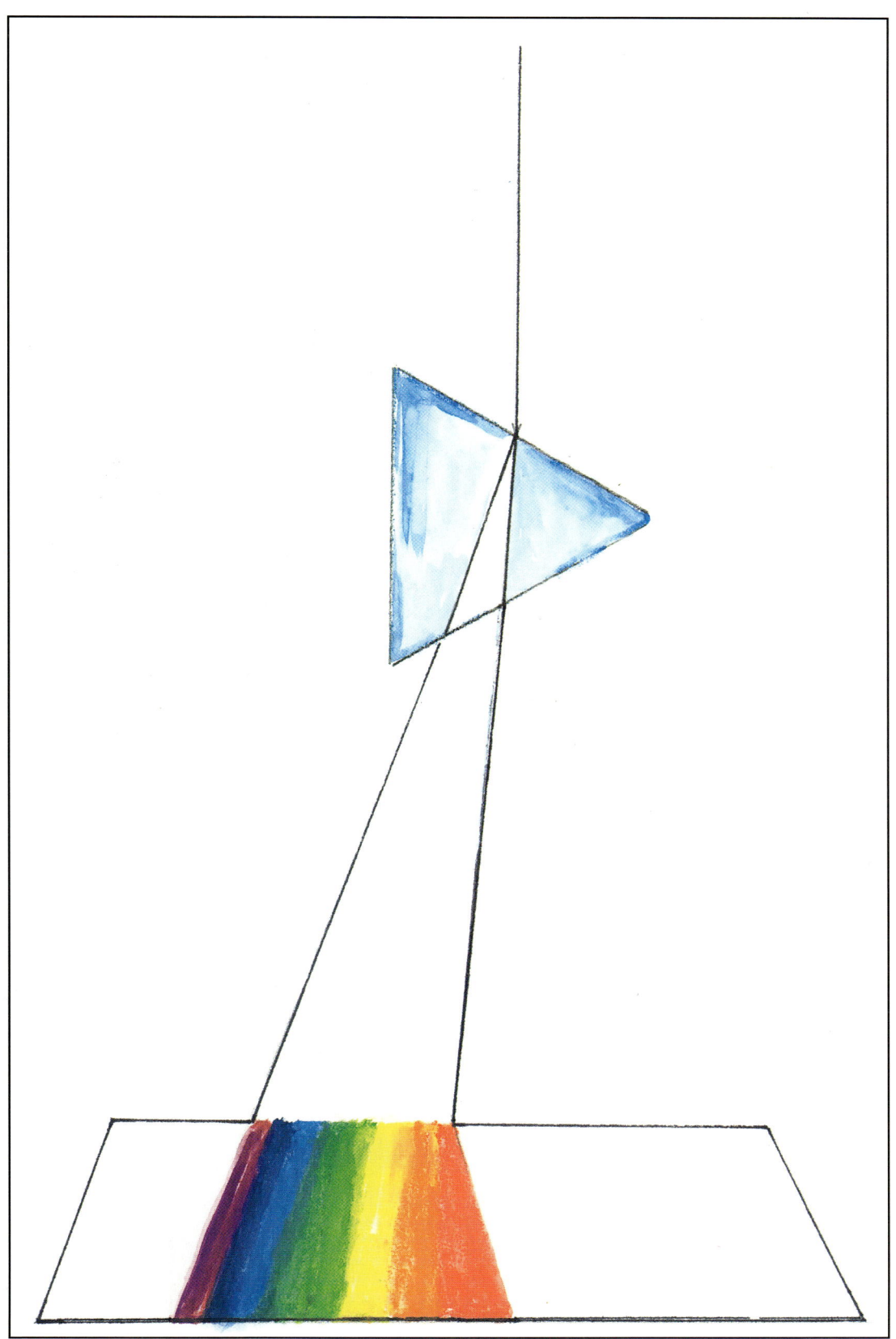

Abb. VI Reflexion durch ein Prisma

Abb. VII Physische Farben (siehe S. 98)

164

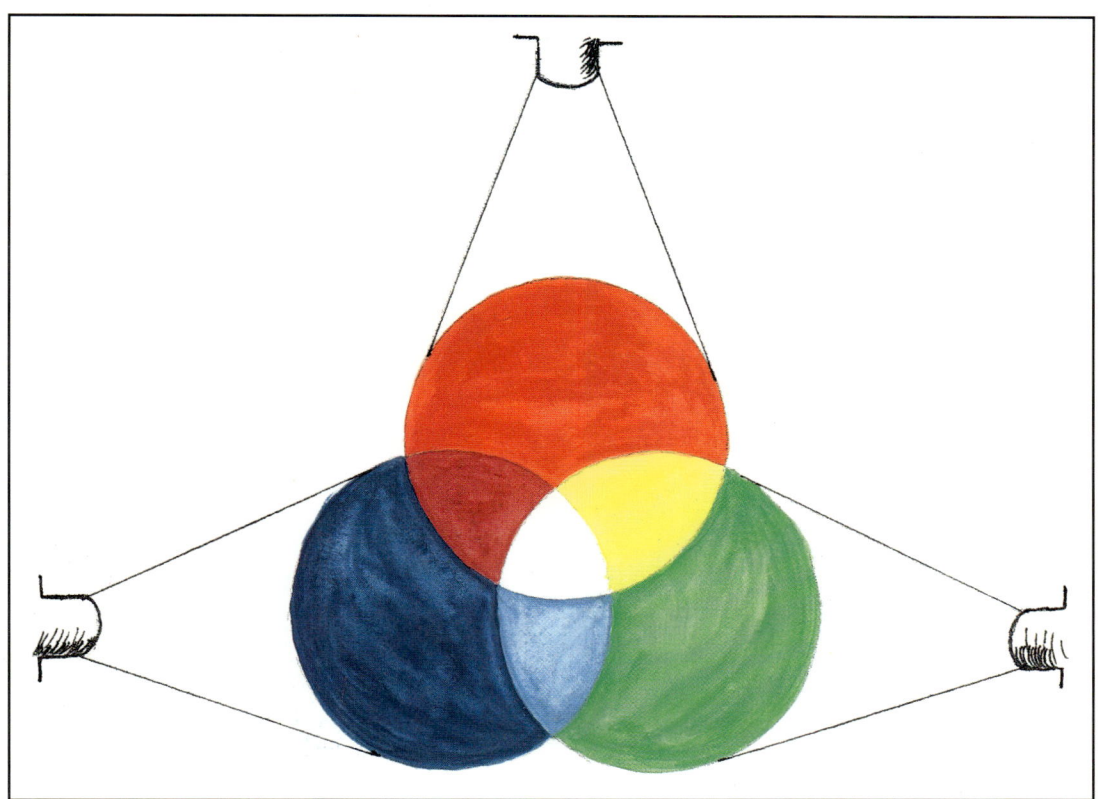

Abb. VIII Lichtfarben (siehe S. 98)

Abb. IX Frühlings-Farben (siehe S. 107)

Abb. X Herbst-Farben (siehe S. 108)

167

Abb. XI Sommer-Farben (siehe S. 108)

Abb. XII Winter-Farben (siehe S. 108)

Harmonischer Farbverlauf

Komplementär-Kontraste

Farbakzente

KARIN HUNKEL ist mit den Lebensaufgaben des Widders im chinesischen Jahr des Büffels geboren. Ihr Studium der Psychologie und Soziologie bildete die Grundlage für verschiedene Ausbildungen in alternativen Heilmethoden. Nach der Ausbildung zum »Colour Consultant« in den USA gründete sie ihr eigenes Ausbildungszentrum für »Ganzheitliche Farbberater/-innen« in Frankfurt.

Wenn Sie Interesse an Vorträgen oder Seminaren zum Thema »Farbe« oder sogar an einer Ausbildung zum Farbberater bzw. zur Farbberaterin haben, wenden Sie sich bitte an folgende Adresse:

KARIN HUNKEL
INDIGO, Zentrum für
Ganzheitliche Farbberatung
Niddagaustraße 21
60489 Frankfurt
Telefon: 069/7 89 68 88
Telefax: 069/7 89 68 00

Weitere Titel aus der Arbeitsbuch-Reihe
des Kailash-Programms

R. L. Wing

Das Arbeitsbuch zum I Ging

174 Seiten mit 71 Kalligraphien, 8 chinesischen
Holzschnitten und zahlreichen Schautafeln, Festeinband

Dieses praktische Arbeitsbuch öffnet dem westlichen Leser das Verständnis für das I Ging, das individuell auf Probleme und Lebenssituationen antwortet und vermutlich das älteste Buch der Menschheit ist. Als Orakel zu einem konkreten Problem befragt, gibt es in erstaunlicher Weise Denkanstöße für Lösungen, kann aber auch durch persönliche Eintragungen im Verlauf der Befragung als Tagebuch und Dialogpartner hilfreich sein. So wird das »Arbeitsbuch zum I Ging«, in den Worten des Autors, zu einem »Führer durch das Experimentierfeld des Lebens«. Der Leser selbst ist der Forscher – und die Versuche, die er anstellt und in diesem Buch aufzeichnen kann, werden ihm letztlich ein höheres Verständnis des Kosmos und seines Selbst ermöglichen.

KAILASH

Nicolaus Klein

Das Arbeitsbuch zur Astrologie

160 Seiten mit Abb. und 6 Beispielhoroskopen zum Ausklappen, Festeinband

In dieser umfassenden Anleitung wird eine eingängige Methode zur selbständigen Deutung von Horoskopen vorgestellt. Da viele astrologische Interpretationen daran kranken, daß sie eher einer beliebigen Aneinanderreihung von Einzelaussagen gleichen, die keine organischen Zusammenhänge erkennen lassen – während jedes Horoskop doch eigentlich eine organische, runde Einheit bildet –, soll dargelegt werden, wie Deutungselemente und Einzelbausteine der Astrologie miteinander zu verknüpfen sind, damit sich eine strukturierte Analyse entwickelt. Die ausführliche Darstellung dieser Deutungselemente bildet die Grundlage zu einer sinnvollen Vorgehensweise der Interpretation und zeigt, wie sich bei richtiger Horoskopanalyse ein Schritt aus dem anderen entwickelt. Deutungsbeispiele anhand von Horoskopen bekannter Persönlichkeiten veranschaulichen diese Methode, die astrologisches Teilwissen zu einem nutzbringenden Ganzen vereint.

KAILASH